U0740968

分权与合作

中介组织介入高等教育管理研究——基于美国的实践

杨凤英 / 著

人民出版社

策划编辑：李　斌

责任编辑：杨朝霞

图书在版编目（CIP）数据

分权与合作：中介组织介入高等教育管理研究：基于美国的实践/杨凤英
著．—北京：人民出版社，2016
ISBN 978-7-01-015828-0

Ⅰ.①分… Ⅱ.①杨… Ⅲ.①高等教育—中介组织—教育管理—研究—
美国 Ⅳ.①G649.712

中国版本图书馆 CIP 数据核字（2016）第 028905 号

分权与合作：中介组织介入高等教育管理研究：基于美国的实践
FENQUAN YU HEZUO：ZHONGJIE ZUZHI JIERU GAODENG JIAOYU GUANLI YANJIU：
JIYU MEIGUO DE SHIJIAN

杨凤英　著

人民出版社出版发行
（100706　北京市东城区隆福寺街 99 号）

三河市金泰源印务有限公司印刷　新华书店经销
2015 年 12 月第 1 版　2015 年 12 月北京第 1 次印刷
开本：710 毫米×1000 毫米　1/16　印张：16.25
字数：266 千字

ISBN 978-7-01-015828-0　定价：38.00 元

邮购地址 100706　北京市东城区隆福寺街 99 号
人民东方图书销售中心　电话（010）65250042　65289539

版权所有·侵权必究
凡购买本社图书，如有印制质量问题，我社负责调换。
服务电话：（010）65250042

　　教育部人文社会科学研究一般项目"第三方治理：美国高等教育管理中的非政府组织研究"（11YJC880138）课题成果。
　　河北大学博士后基金资助成果。

内 容 摘 要

20 世纪 80 年代中期以来，改革政府高度集权的管理体制一直是我国高等教育改革的重要内容。进入 90 年代中期，市场力量被引入我国高等教育领域，市场的引入克服了以往政府单一力量控制高等教育的某些弊端，但也引发了一些新问题。伴随着 90 年代末我国高等教育从精英教育向大众化教育的迈进，高等教育规模急剧扩张，高等教育问题凸显，高等教育管理体制改革再次成为焦点。如何处理好政府、市场和高校之间的关系，实现政府调控但不控制，市场激励但不左右，高校自治但不封闭？改革传统高等教育管理体制，多元力量合作治理高等教育应当成为我国高等教育管理体制的应然模式。推进高等教育治理从理论向现实转变，中介组织参与高等教育管理是一个可选路径。

本书首先对"中介""中介组织""高等教育中介组织""治理""高等教育治理"这些核心概念进行了阐释。在此基础上，从政府、市场、高校三个视角，论证了高等教育中介组织参与高等教育管理的必要性，认为中介组织参与高等教育管理，有助于克服单一力量控制高等教育的弊端，实现政府、市场、高校多元力量合作治理高等教育。

其次，选取美国为典型案例国家，说明高等教育中介组织如何参与高等教育管理。根据美国高等教育中介组织参与管理的领域，从联邦政府、州际区域、高等教育系统、高校内部四个层面，详细介绍了美国以协会、基金会为主的中介组织参与高等教育管理的实践。具体而言，在联邦层面，高等教育中介组织影响政府政策制定，也接受政府委托，协助政府调控高等教育系统；在州际区域层面，高等教育中介组织承担州际高等教育协作协调、管理的工作；在高等教育系统层面，高等教育中介组织在院校设置、考试、评估、职业规范、学术研究等领域发挥着高等教育界自我管理职能；在高等学校内部，中介组织是参与院校内部管理的重要力量。在美国高等教育管理领域，数量众多、类型多样的高等教育中介组织发挥着

1

沟通、协商、监督、约束等功能，是美国高等教育管理不可或缺的重要力量。

再次，本书从中介组织内外两方面分析了美国高等教育中介组织有效参与管理的成因。美国中介组织有效参与高等教育管理存在着有利的社会环境：崇尚自治的社会文化传统、三元并存的社会权力结构、相对完善的法律制度以及发达的信息公开制度等为中介组织存在和发展奠定基础；国会听证会、法院之友等具体制度的安排，为中介组织参与管理提供了正规渠道；政府有限干预、市场机制的充分运用以及高校高度自治的高等教育系统，既产生了对中介组织的需求，也促成了中介组织的供给；来自政府和公众对中介组织权威的确认，客观上促进了中介组织的发展。除上述有利于中介组织发展的外部因素外，美国高等教育中介组织的某些特征，也保障了中介组织持续发展和参与管理的能力。美国中介组织所表现的主要特征是：组织成员的专业化和敬业精神、工作目标的立意高远、工作机制的独特和成熟、监督机制的完善、组织间力量的整合、重视对中介组织的研究以及人员培训。美国高等教育中介组织能够有效参与高等教育管理，是内外多种因素聚合作用的结果。

我国从 20 世纪 80 年代以来，在国家重要教育改革文件中，多次提出要建立中介组织，将其作为推进管理体制改革的一个举措。但是反观我国高等教育实践，虽然也存在着类似于美国高等教育协会、基金会的高等教育社团，但是这些社团由于历史和现实的因素，基本游离于高等教育管理之外。在政府政策推动下，我国高等教育领域出现了高等教育咨询、评估、就业指导等官办中介性组织，但是这些组织还不完全具备中介组织的特性，依然存在浓厚的行政色彩。结合美国经验和我国实际，在我国要促成中介组织参与高等教育管理，除转变观念、营造有利的社会文化心理环境外，关键是转变政府分权路径，还权于高校，授权于中介组织。此外，中介组织也要加强自身建设，提高参与能力。在中介组织建设过程中，特别需要注意的是要建立有效监督机制，避免中介组织一旦承担管理职能后，演变为一个权力寻租机构。

目录

CONTENTS

引　言

一、研究的缘起：对高等教育实践的反思

（一）我国高等教育改革的实践

20 世纪 80 年代以来，我国高等教育领域以招生、投资和就业三项制度为引擎，进行了一系列的改革，改革的基本方向是：转变政府职能，给予高校办学自主权，发挥市场机制在高等教育资源配置中的作用。伴随着改革，如何处理好高等教育领域中政府、市场、高校之间的关系问题，被置于高等教育理论和实践的前沿。

在高等教育领域，要处理好政府、市场和高校之间的关系，需要解决以下问题：

一是政府如何实现"放权"和"调控"的平衡。伴随着高等教育规模的扩张和人们对政府权能角色认知的理性化，传统体制下全能主义的政府管理模式逐渐失去合法性，政府放权，从"全能型"政府向"有限型"政府转变成为高等教育改革的一个重要内容。但同时，由于教育活动的公益性和教育服务合同的不完全性，为避免教育服务生产者的机会主义行为，政府又必须承担教育服务的提供和监管职责。高等教育"社会轴心"地位的凸显，更使国家不可能坐视高等教育不管，任其自由发展。政府必然要管理高等教育，关键是采取何种方式去管理。正如褚宏启教授在《审视现代学校教育制度》一文中指出的"政府对学校的管制是现实存在的，具有现实性，也具有必要性甚至永恒性。政府不可能也不应该放弃管制，关键是如何管制。"① 对于政府在高等教育管理中的角色，各界基本形成共识：政府从高等教育微观管理领域退出，专注于宏观管理；变革管理手段，变直接管理为间接调控。那么，哪些职能应从政府工作领域中剥离出来？剥离出来的这些职能应由谁来承担？如何在放权的同时，保证政府有效地对高等教育进行宏观调控？

二是高校如何处理"自治"和"绩效责任"的关系。美国著名高等教育专家约翰·S. 布鲁贝克（J. S. Brubacher）在其名著《高等教育哲学》中明确指出："高等教育与中等、初等教育的主要差别在于教材的不同：高等教育研究高深的学问。"② 高等教育作为高深学问的传承和发展之地，有自身发展的逻辑，一定的自治权是它发展的必要条件。伴随我国高等教育投资和招生就业体制的改革，高校原有的"家养型组织"的生存环境被打破，高校必须提高自身的社会适应能力，通过竞争来从社会中争取更多的办学资源。高校成功参与市场竞争也需要有充分的办学自主权。所以，给予高校办学自主权既是高等教育自身发展内在逻辑也是高校适应外部环境的必然要求。从 20 世纪 80 年代中期开始，给予高校办学自主权就一直是我国高等教育改革的重要内容。但是至今，改革并没有根本解决政府过度干预的问题，给予高校应有的办学自主权仍是改革的重要内容。同时，随着高等教育对国家和社会发展重要性的提升以及它占用资源量的剧增，对高校绩效问责的呼声高涨。正如约翰·S. 布鲁贝克所说："高等教育越卷入社会的事务中就越有必要用政治观点来看待它。就像战争意义太重大，不能完全交给将军们决定一样，高等教育也相当重要，不能完全留给教授们决定。"③ 高校自治是有限度的自治，需要对高校进行必要的引导和监督，促进其适时地进行改革，规避其盲目和机会主义行为，提高其绩效，为国家和社会提供优质的服务。那么，如何在落实高校办学自主权的同时，对高校进行必要的引导和监督？如何在尊重高等教育内在发展逻辑的同时，使高等教育更好地适应外部社会的要求？高校如何处理"自治"

---

① 褚宏启：《中国教育管理评论》（第 2 卷），教育科学出版社 2004 年版，第 90 页。

② ［美］约翰·S. 布鲁贝克：《高等教育哲学》，王承绪等译，浙江教育出版社 2002 年版，第 2 页。

③ ［美］约翰·S. 布鲁贝克：《高等教育哲学》，王承绪等译，浙江教育出版社 2002 年版，第 32 页。

与"绩效责任"的关系?

三是如何既发挥市场机制的积极作用,又尽可能地规避其消极影响。政府财力的有限和官僚式管理模式的弊端,使我国从20世纪80年代开始在高等教育进行市场取向的改革。这场市场取向的改革在给高等教育注入生机和活力的同时,也引发了一些问题,如功利主义对高校的侵蚀、教育机会不平等的加剧、信息不对称导致教育欺诈的频发等。解决市场取向高等教育改革中出现的问题,加强政府管制不是良策,我国历史上曾经多次出现的"政府放权,一放就乱;一乱就收,一收就死"的教训已经说明了这一点,高等教育大众化和民主化的趋势也使政府的强力干预变得不现实。那如何在引入市场机制的同时,规避其可能的消极影响?

上述问题的解决,不仅需要观念的改变,更需要现实的制度供给,即需要有相应的组织实体和切实可行的具体措施。

(二) 发达国家高等教育的实践

我国高等教育改革中出现的政府、市场和学术力量共存的局面是否在其他国家也出现过? 它们是如何来处理三者之间的关系的,有无可以借鉴的经验呢?

1. 高等教育领域政府、市场、学术力量共存图景的出现

美国著名高等教育专家伯顿·R. 克拉克 (Burton R. Clark) 在1983年出版的《高等教育系统》一书中以国家、市场和学术权威为三维对各国高等教育管理模式进行了解说。在这个分析框架下,美国高等教育是市场力量驱动的典型,英国相当接近学术权威统治的类型,苏联是国家权力控制的代表。(如图1所示) 但是这样一种特征明显的高等教育管理类型的划分,从20世纪80年代以来逐渐出现了变化。随着现代高等教育从社会边缘逐步走向社会中心,其对社会承担的义务和责任愈益增加,对经济发展和社会进步的作用愈益增强,高等教育问题愈益演变为"社会政治问题",受到政府和社会的广泛关注。20世纪80年代以来,掀起了一场世界范围的高等教育改革浪潮。综观各国高等教育改革历程,可以发现有一些共同趋势:一是作为国家利益代表的政府不再游离于高等教育之外,而是加强了对高等教育的监管,通过各种方式介入高等教育的管理。这在传统上政府对高等教育影响有限的英美国家表现得更为明显,政府力量对高等教育

的渗透在不断地增强。二是利用市场机制，提高高等教育资源的使用效益。不仅以市场竞争为其特征的美国，市场力量在不断拓展其作用领域，而且越来越多的国家开始把市场力量的引入作为高等教育改革的重要举措。三是高校在被迫适应社会需要的同时，努力维护应有的自治。在高等教育领域，一些高等教育管理体制有着明显差异的国家开始出现了共同的趋向：高等教育领域出现了国家、市场和学术权威共存的图景。

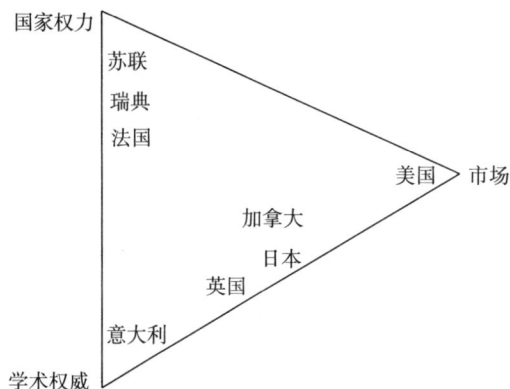

图1　伯顿·R. 克拉克三角协调图

[美]伯顿·R. 克拉克：《高等教育系统——学术组织的跨国研究》，王承绪等译，杭州大学出版社1994年版，第159页。

2. 中介组织是协调各方关系，实现多元力量共治高教的途径

在高等教育改革中，各国是如何协调国家、市场和学术权威三种力量之间的关系的？利用各种高等教育中介组织来承担某些管理职能，促进各方的沟通和协调，实现不同利益的整合是一个重要的措施。在英国，这种高等教育中介组织以负责高等教育财政拨款的高等教育基金会和负责高等教育评估的高等教育质量保证署为代表；在日本，以中央教育审议会、临时教育审议会、大学教育审议会为代表；而美国是高等教育中介组织参与高等教育活动最典型的国家，在其高等教育领域活跃着各种中介组织，以多种方式参与高等教育活动，有效地协调着政府、高校与市场的关系，促成了多元力量共同治理高等教育的模式。

为什么上述不同管理传统的国家都采用中介组织这种方式？中介组织介入高等教育管理的内在合理性是什么？中介组织是如何介入高等教育管理的？我国能否采用中介组织介入高等教育管理来解决当前高等教育改革

中的某些问题？我国高等教育中介组织发展状况如何？这些问题都是本书需要研究的内容。

（三）我国高等教育中介组织的实践

成立教育中介组织，作为推进我国高等教育管理体制创新的重要举措，从 20 世纪 90 年代以来在我国重要的教育改革文件中多次被提出。1993 年的《中国教育改革和发展纲要》指出："在九十年代，随着经济体制、政治体制和科技体制改革的深化，教育体制改革要采取综合配套、分步推进的方针，加快步伐，改革包得过多、统得过死的体制，初步建立起与社会主义市场经济体制和政治体制、科技体制改革相适应的教育体制。"在深化高等教育体制改革方面，提出："政府要转变职能，由对学校的直接行政管理，转变为运用立法、拨款、规划、信息服务、政策指导和必要的行政手段，进行宏观管理。要重视和加强决策研究工作，建立由教育和社会各界专家参加的咨询、审议、评估等机构，对高等教育方针政策、发展战略和规划等提出咨询建议，形成民主的、科学的决策程序。"在高校的招生和毕业生就业制度改革方面，提出要"建立人才需求信息、就业咨询指导、职业介绍等社会中介组织，为毕业生就业提供服务"。之后的《国务院关于＜中国教育改革和发展纲要＞的实施意见》在深化高等教育体制改革方面，进一步明确了政府的主要职能，要求把"属于学校的权限，坚决下放给学校"，并强调"为保证政府职能的转变，使重大决策经过科学的研究和论证，要建立健全社会中介组织，包括教育决策咨询研究机构、高校设置和学位评议与咨询机构、教育评估机构、教育考试机构、资格证书机构等，发挥社会各界参与教育决策和管理作用。"1999 年 6 月 13 日颁布的《中共中央、国务院关于深化教育改革全面推进素质教育的决定》则重申了建立和健全教育中介组织的重要性，并进一步把教育中介组织的作用从以前主要限定于高等教育领域扩展到"高中以及以上教育"，指出深化教育改革，为实施素质教育创造条件，必须进一步简政放权，"在高中以及以上教育的办学水平评估、人力资源预测和毕业生就业指导等方面，进一步发挥非政府的行业协会组织和社会中介机构的作用。"2010 年颁布的《国家中长期教育改革和发展规划纲要（2010—2020 年）》中再次提出："培育专业教育服务机构。完善教育中介组织的准入、资助、监管和行业自律制度。积极发挥行业协会、专业学会、基金会等各类社会组织在教育公共治理中的作用。"

建立中介组织获得了国家政策的支持，那么在高等教育实践领域，我国高等教育中介组织的现状如何？是否实现了政策的预期目标？教育中介组织是否满足了现实的需要？存在什么问题，原因何在？国外教育中介组织运行经验能否为我所用？

出于对我国高等教育实践中出现的上述问题的思考，本书选择了高等教育中介组织作为研究的对象。

二、研究对象

本书从直观来看，是在研究高等教育中介组织的管理职能，而实际是在探讨高等教育中如何处理好各利益相关者的关系问题，其中主要是政府、高等教育服务消费者（市场）和高校之间的关系。对此，以往的研究多是从学理的角度来探讨高等教育中政府、市场和高校角色的应然状态，对如何从"应然"转到"实然"研究不足，即对促进政府、市场和院校角色转变的有效途径探讨不足。本书把中介组织作为协调政府、市场、高校之间关系，实现多元力量合作治理高等教育的有效途径来研究。

鉴于已有研究的不足和我国高等教育改革的需要，本书侧重于研究中介组织承担哪些高等教育管理职能；采用典型个案研究方法，进行相对深入的探察。

现对本书研究对象做如下说明：

一是在研究高等教育中介组织介入高等教育管理的领域和活动方式时，本研究选取美国作为代表，研究其高等教育中介组织的管理职能。

因为在高等教育领域，美国较早出现了市场、政府、高校三种力量相抗衡的格局。高校自治从殖民地学院时期开始，就是美国高校的重要特征，直到今天，美国高校仍有很大的自主权；市场是美国高等教育资源配置的基本机制，美国各种类型的高校需要在各个层次展开竞争来争取自身生存和发展所需的资源；尽管美国宪法没有赋予联邦政府管理高等教育的权力，但第二次世界大战之后，联邦政府对高等教育的渗透不断加强，逐渐成为继"市场"之后对高校的另一牵制力量。对于如何处理政府、市场和高校三者的关系，美国比其他国家较早面对了这个问题。

而且，它也较成功地利用高等教育中介组织承担某些管理职能，协调政府、市场和高校之间的关系，形成了多元力量共存、共同参与高等教育治理的模式。

二是在研究美国高等教育中介组织管理活动时，围绕研究的主要目的——借鉴，主要研究两个问题：一是研究美国高等教育中介组织介入管理活动的领域和介入的方式，分析其具体承担了哪些职能，如何协调政府、市场和高校等高等教育利益相关者的关系，促成了高等教育利益相关者合作治理高等教育；二是深入分析美国高等教育中介组织有效参与高等教育管理的原因。美国高等教育中介组织数量众多，类型多样，在多个领域发挥着多种功能。但从整合高等教育系统，弥补政府、市场、高校单一力量不足，实现多元力量合作治理高等教育的角度，主要是高等教育协会和大型私人基金会这两类组织发挥作用。所以，本书研究对象以这两类组织为主。

三是在研究我国高等教育中介组织现状时，一方面与美国高等教育中介组织相对应，研究在美国承担重要管理职能的高等教育协会，在我国发展状况如何，其职能和功能与美国的协会组织有什么不同。另一方面与我国政策文件中一再提到的需要建立中介组织的领域相对应，即高等教育决策咨询、高校设置和学位评议、教育评估、人力资源需求预测和毕业生就业指导等领域，考察在上述领域，我国高等教育中介组织的发展状况如何，是否实现了政策目标。以高等教育评估组织为例，考察我国的高等教育评估组织与美国的高等教育评估组织有何不同，造成这种差异的原因何在。

三、研究方法

（一）方法论探讨

方法论，其核心是思维方式，提供了研究的思路和原则性指导思想。华东师范大学叶澜教授在《教育研究方法论初探》一书中对"方法论"内涵进行了系统的探讨，认为"方法论"知识体系由三个层次的知识组成：一是哲学层次；二是横断科学层，包括系统科学和社会科学或自然科学研究范式；三是专门科学层。对于本研究来说，主要是吸收了该书中有关哲学层次和系统科学的方法论思想。①

在哲学层次，叶澜教授认为，马克思主义哲学居于中心地位。马克思主义哲学的一些基本主张是教育研究的基本指导思想，包括：一般和特殊的关系、矛盾理论以及理论和实践结合的思想。（1）一般和特殊的关系。认为，"一般、特殊与个别，是事物之间普遍联系的一种方式，也是人类认识任何事物所经常遵循的思维路线，其上行方向表现为由认识个别逐级上升到一般，其下行方向是凭借一般逐渐认识个别"②；（2）矛盾理论。认为，构成事物之间的各种矛盾关系有主次之分，但又不只是一种主次关系，还存在相依、渗透、对立、包容和交叉的多种关系；要研究矛盾的转换，首先要依据一定的目的，去分析和反思研究对象，解决"是什么的问题"，在此基础上才能进行价值判断。也就是说，要有一个"事实"和"价值"剥离的过程。（3）理论和实践结合的思想。认为，对实践的研究，首先要描述实践，然后进行解释和说明，在对实践的研究中，要不断进行思考，以引发新理论产生的火花；对于理论来说，理论要转化为实践，一是依赖理论研究者和实践工作者的一致或沟通，二是需要找到从理论通向实践的中介层次。"理论要转化为可应用、可操作的状态，要形成能直接作用于实践的物化工具、手段与程序等载体。"③这个从理论到实践转化的中介，"在管理实践中，表现为一系列新的制度、法律、法规、新组织构建的原则和新运行机制的设定，也可能表现为一系列有关人际交往的技能、技巧的规定。"④

叶澜教授关于马克思主义哲学思想的解读为本书指出了思考问题的思路：（1）本书在研究中遵循着从一般到个别、从个别到一般往复的思维路线：中介组织介入高等教育管理应该有普遍的合理性，否则已有国家的高等教育中介组织的实践就是特例；个别国家的经验应该反映出高等教育中介组织的基本特征，个案的剖析应该表明高等教育中介组织应有的共性；（2）应该用辩证的观点来展开研究。如，在高等教育管理的权力格局中，政府、市场、高校都有介入高等教育管理的必要性，但都有限度，每一种力量自身都是一个矛盾的存在物；政府、市场、高校之间有矛盾，但三者

---

① 叶澜：《教育研究方法论初探》，上海教育出版社1999年版，第15页。

② 叶澜：《教育研究方法论初探》，上海教育出版社1999年版，第147页。

③④ 叶澜：《教育研究方法论初探》，上海教育出版社1999年版，第164页。

不是截然对立，非此即彼，可以共存。而且，叶澜教授关于矛盾转换的解说，为本书提供了研究的路径，即从事实研究到价值研究，价值判断建立在事实分析基础之上。政府、市场、高校力量介入高等教育的必要性及其局限性的研究，应该有高等教育历史和现实的根据；对高等教育中介组织功能的分析，应该是在全面考察高等教育中介组织实践的基础上；（3）应该对高等教育实践进行理性总结和反思，从中抽象出理论，以指导实践的发展；同时，理论也要转化为实践。高等教育需要政府、市场和高校的合作治理，是研究者对已有高等教育改革实践的反思；高等教育中介组织可以承担某些管理职能，是实现高等教育合作治理从理论到实践转换的中介（工具），是对已有国家高等教育中介组织实践的理论总结；中介组织的研究为我国今后高等教育中介组织建设提供理论指导。

系统科学从20世纪40年代产生以来，已经形成了一个学科群体。"系统科学的首要贡献在于它以复杂开放的系统为研究主要对象，把揭示复杂系统的结构、特征、内部运行机制，系统与环境的相互作用原理及其在不同状态下的特征，系统的演变与发展等一系列以往未被重视和深入研究过的重要问题，作为最基本的任务，为人类的认识开辟了新的领域。"[①] 系统科学确认：开放的复杂系统是世界上事物的一种普遍存在方式；系统是复杂的，是由若干相互联系、相互制约的部分组成的具有一定结构和机能的整体；系统是开放的，与环境进行能量、物质和信息的交换，也就是说系统的存在需要一定系统外部环境作为支撑；系统的结构决定了系统的功能，系统的功能需要一定的系统结构设计。

系统科学的上述观点也为本书提供了思考问题的原则：一是相关分析和整合研究结合。高等教育系统、高等教育中介组织都是复杂的，需要进行分解，分解出基本要素，进行分析，但又要有整体思维，把各个要素综合在一起，研究系统的整体特征；二是内因和外因结合。事物是开放的，高等教育中介组织存在及其有效参与高等教育管理，是内因和外因综合作用的结果；三是结构研究和功能分析结合。中介组织的组织结构设计，决定了其具有什么样的功能；要期望中介组织发挥特定的功能，也要有相应的组织结构设计。

---

① 叶澜：《教育研究方法论初探》，上海教育出版社1999年版，第194—195页。

（二）具体研究方法

主要采用以下研究方法：

一是文献法。本书围绕研究的问题进行相关文献的查阅、整理、分析、提炼，力求研究的结论能建立在翔实资料的基础之上。具体来说，文献的检索涉及以下内容：政府、市场和高校自治的有关研究、美国高等教育管理体制、美国高等教育发展历史、美国主要高等教育中介组织，以及有关美国社会文化观念、法律制度、社会权力分配等高等教育外部环境等方面的文献。

二是典型个案研究。"对分析单位（以及个案）的尝试性界定是与你对所要研究的问题类型的界定联系在一起的。"[①] 本书主要研究的是中介组织介入高等教育管理的实践，分析其如何协调政府、市场、高校之间的关系，选择"美国"作为典型个案，是为了避免研究流于空泛；在美国中介组织介入高等教育管理的不同领域，只是选取该领域的代表性组织进行研究。如以美国高校协会、评估认证组织、卡内基教学促进基金会、美国大学教授协会以及大型私人基金会作为个案，深入探察这些组织介入高等教育管理的具体领域和方式，分析其发挥的主要作用。

三是比较法。《牛津高阶英汉双解词典》中对"比较研究方法"是如此界定的：比较研究方法是对物与物之间和人和人之间的相似性或相异程度的研究与判断的方法。我国著名比较教育学者吴文侃、杨汉青认为：比较法是根据一定的标准，对不同国家或地区的教育制度或实践进行比较研究，找出各国教育的特殊规律和普遍规律的方法。[②] 本书对不同的高等教育组织进行了比较：一是比较我国和美国具有相同组织形式的高等教育中介组织，如高等教育协会，其承担的职能和发挥的功能的异同，分析存在这种差异的原因；二是比较承担同样职能的组织，如高等教育评估组织，在我国和美国在组织设置、运行模式等方面有何异同，原因何在。

---

① ［美］罗伯特·K. 殷：《案例研究设计与方法》，周海涛等译，重庆大学出版社 2004 年版，第 27 页。

② 吴文侃、杨汉清：《比较教育学》，人民教育出版社 1989 年版，第 19 页。

四、相关研究文献综述

（一）国内研究及评析

1. 研究成果发展的基本脉络

最早在我国提出"高等教育中介组织"类似概念的是王一兵，他在评述西方主要市场经济国家教育运行机制中社会参与问题时，举例提到了在高等教育领域有"一些起中介作用的机构"作为第三种力量影响学校的微观管理。[①]

"教育中介组织"在官方文件中首次出现是在 1994 年《中国教育改革与发展纲要实施意见》中。《中国教育改革和发展纲要实施意见》颁布之后，教育中介组织获得了国家政策的支持，在实践领域也逐渐发展，对教育中介组织的研究随之出现。

1994 年 1 月在长春召开的"中国高等教育学会高等教育评估研究会成立大会暨第五次学术讨论会"的大会发言中，华东师范大学陈玉琨教授最早提出了"高等教育评估中介机构"的概念。同年，原国家教委高教司司长、中国高等教育评估研究会副会长王冀生教授在《高等教育研究》上发表的《建设具有中国特色的高等教育评估制度的基本要点》一文中这一概念见诸文字。[②] 1995 年 8 月 23 日《中国教育报》刊发了张德祥、邬大光撰写的《高教管理与中介组织》一文，对英、美、日三国的高等教育中介组织在高等教育管理中的作用进行了简要介绍。此后，我国对包括高等教育中介组织在内的教育中介组织的研究逐渐增多。

2. 研究成果的主要形式和内容

从研究成果的形式来看，有期刊论文、学位论文，还有书籍的某些章节形容了高等教育中介组织。如，闵维方主编的《高等教育运行机制》、周光礼著的《教育与法律：中国教育关系的变革》、昌柏利等著的《大众化背景下的高等教育质量问题研究》、徐冬青著的《市场引入与主体重

---

① 王一兵：《发展、机制与困惑——60 年代以来西方主要市场经济国家教育发展述评与比较》，载《中国教育发展的宏观背景、现状与展望》，中国卓越出版公司 1990 年版，第 246—289 页。

② 载《高等教育研究》1994 年第 1 期。

构——现代学校制度若干问题研究》、韩映雄编著的《高等教育质量管理：体系与方法》等书中辟专章研究了教育中介组织。① 在范文曜、马陆亭主编的《国际视角下的高等教育质量评估与财政拨款》一书中对法国、德国、英国、日本和美国评估和拨款机构做的介绍中涉及了中介性评估和拨款机构。② 就本书著者所查到的资料而言，目前直接以"教育中介组织"为书名的专著只有颜丙峰、宋晓慧著的《教育中介组织的理论与实践》一书。③

综合各类研究高等教育中介组织的文献，研究的内容主要包括：

一是建立高等教育中介组织必要性的研究。有研究者从国际经验和我国教育体制改革的国情出发，认为建立教育中介组织是政府职能转变，调节政府与高校的矛盾，实现政府管理专业化、决策科学化的举措。④ 也有研究者从高校的角度，认为建立中介组织是保护高校自主权，建立现代学校制度的措施。⑤ 有研究者从政府失灵、高校失灵、信息不对称的角度分析了建立高等教育中介组织的原因，认为高等教育中介组织可以弥补上述缺陷。⑥

二是高等教育中介组织功能的研究。多数研究者根据中介组织承担的职能对其发挥的功能进行了大同小异的概括，认为高等教育中介组织可以

① 闵维方：《高等教育运行机制》，人民教育出版社 2002 年版，第 75—90 页；周光礼：《教育与法律：中国教育关系的变革》，社会科学文献出版社 2005 年版，第 51—63 页；昌柏利等著：《大众化背景下的高等教育质量问题研究》，陕西人民出版社 2008 年版，第 171—200 页；徐冬青：《市场引入与主体重构——现代学校制度若干问题研究》，辽宁人民出版社 2009 年版，第 129—144 页；韩映雄：《高等教育质量管理：体系与方法》，北京大学出版社 2013 年版，第 80—92 页。

② 教育科学出版社 2004 年版。

③ 上海人民出版社 2006 年版。

④ 金东海：《发达国家教育中介组织及其借鉴意义》，载《西北师范大学学报》（社科版）1995 年第 6 期；王冀生：《建立教育评估的社会中介组织》，载《教育发展研究》1996 年第 5 期；杨晓江：《教育评估中介机构研究》，华东师范大学 1998 年博士论文；金东海、李小红：《教育管理专业化与教育中介组织构建的思考》，载《高等理科教育》2004 年第 3 期；杨念鲁、王晓燕：《积极培育教育中介组织》，载《辽宁教育》2014 年第 10 期。

⑤ 王建华：《大学中介性组织研究》，厦门大学 2002 年硕士学位论文。

⑥ 胡春花：《我国政府与高校间中介性组织有关问题的研究》，苏州大学 2004 年硕士学位论文；王明洲：《论信息不对称与教育中介组织》，载《中国职业技术教育》2002 年第 18 期；张振宇：《试论高等教育中介组织产生的合理性》，载《大学教育科学》2005 年第 2 期。

在高校、政府以及社会之间发挥协调、服务、监督、沟通、缓冲的作用。[①]
值得提及的是有研究者在概括高等教育中介组织功能时，指出："不同的
中介组织在运行过程中功能不同；同一类中介组织在不同国家政治体制中
发挥的功能不同；同一个中介组织在同一国家的不同历史时期的功能也不
完全相同。"[②] 这提醒研究者对高等教育中介组织的功能要结合具体实践进
行具体分析。

　　三是高等教育中介组织特征的研究。研究者对高等教育中介组织的一
般性特征有一致的概括：独立性、协调性、专业性、公正性、沟通性、服
务性。[③] 值得指出的是有学者研究了我国高等教育中介组织的独特性，认
为我国高等教育中介组织具有以下特点：一是中介组织建立，要依靠政府
引导。二是中介组织权威的来源，认为来自"简政放权"。也就是中介组
织开展工作总要借助政府的权威。三是中介组织运行模式，选择综合运
用，即中介组织在开展工作时，权力运行的方式是专业权威、行政权威相
继性运用。而且，在中介组织内部也是多种决策模式相混合。四是组织定
位，体现灵活实用。[④] 除了上述这四个特点外，有研究者认为我国高等教
育中介组织还具有发展不平衡、自我发展动力不足、专业化程度不高、内
部缺乏规范的制度建设、外部缺乏成文的法律和法规约束等特点。[⑤] 上述
分析，有助于我们对我国高等教育中介组织的特殊性有更深入的认识。

　　四是高等教育中介组织运行机制的研究。专门以"高等教育中介组织

---

　　① 田平：《建立中介机构：协调政府与大学的关系》，载《高等教育研究》1996 年第 5 期；
夏天阳：《高教改革与教育社会中介组织》，载《上海高教研究》1997 年第 5 期；井维华、韩延
明：《关于高等教育理论研究有效服务于教育实践的几点理性思考》，载《辽宁高等教育研究》
1999 年第 2 期；王建华：《大学中介性组织研究》，厦门大学 2002 年硕士学位论文；胡春花：《我
国政府与高校间中介性组织有关问题的研究》，苏州大学 2004 年硕士学位论文；郭庆：《我国教育
中介组织研究——机构诠释与发展对策》，北京师范大学 2004 年博士学位论文；范履冰、曾龙：
《论教育中介组织的角色和作用》，载《国家教育行政学院学报》2011 年第 8 期。
　　② 贾群生：《中介机构：新的观点》，载《辽宁高等教育研究》1997 年第 2 期。
　　③ 杨晓江：《教育评估中介机构研究》，华东师范大学 1998 年博士学位论文；盛冰：《教育
中介组织：现状、问题与发展对策》，载《高教探索》2002 年第 3 期；戴革萍、毛水生、王庆文：
《关于高等教育评估中介机构的几点思考》，载《高等理科教育》2003 年第 3 期；陈能洁：《社会
转型时期高等教育评估中介机构的培育》，华东师范大学 2004 年硕士学位论文；昌柏利等：《大众
化背景下的高等教育质量问题研究》，陕西人民出版社 2008 年版，第 174—176 页。
　　④ 廖湘阳、王战军：《我国教育中介机构的组织特性分析》，载《江苏高教》2002 年第 5 期。
　　⑤ 李彦荣：《我国教育中介组织发展的特点与对策》，载《教育发展研究》2007 年第 19 期。

运行机制"为题的研究未见。在已有研究中：一是对高等教育评估中介组织运作方式的简单分析。如，朱光辉分析了高等教育评估组织的评估运作过程①；二是对教育中介性组织运行机制的理论构建。如，郭庆认为教育中介组织运行机制由外在机制和内在机制组成，内在机制指提高教育中介组织内部效益的内驱力，外部机制指拉动教育中介组织发育成熟的外驱力。并且，他还提出了内外机制的二元互动效应，即内外机制相互支撑。②

五是对我国高等教育中介组织存在问题及解决对策的研究。研究者把我国高等教育教育中介组织存在的问题，主要归纳为：缺乏独立性、法规不健全、专业权威性低、人员素质不高。针对以上问题，从政府、中介组织自身和相应法律法规建设几方面提出了建议。③

六是对美国高等教育中介组织的研究。对美国高等教育中介组织的研究比较深入的是对美国某类高等教育中介组织的研究，研究的领域主要是：

（1）与教师有关的教育中介组织的研究。这类研究分为三类：一是以教师领域的某一问题为核心，介绍在这一问题领域中发挥作用的教育中介组织。如，郭朝红在《影响教师政策的中介组织》一书中，围绕着教师政策的制定，介绍了美国的主要教师组织——全美教育协会（National Education Association，NEA）和美国教师联合会（American Federation of Teachers，AFT）以及专业研究团体——全国专业教学标准委员会（National Board for Professional Teaching Standards，NBPTS）、美国教学与未来委员会（National Commission on Teaching &American Future，NCTAF）、全美教师教育鉴定委员会（National Council for the Accreditation of Teacher Education，NCATE）、州际新教师评估和辅助委员会（Instate New Teacher Assessment and Support Consortium，INTASC）、南部地区教育董事会（Southern Region-

① 朱国辉：《建立我国高等教育评估中介机构的研究》，中南大学 2002 年硕士学位论文。

② 郭庆：《我国教育中介组织研究——机构诠释与发展对策》，北京师范大学 2004 年博士学位论文。

③ 王建华：《大学中介性组织研究》，厦门大学 2002 年硕士学位论文；欧金荣：《试论中国高等教育评估中介组织的创新》，华中师范大学 2003 年硕士学位论文；陈能洁：《社会转型时期高等教育评估中介机构的培育》，华东师范大学 2004 年硕士学位论文；刘耀明：《教育中介组织失灵及制度变革》，载《教育理论与实践》2012 年第 34 期；冯芳：《教育中介组织发展的现实困境与出路》，载《当代教育科学》2014 年第 21 期。

al Education Board，SREB）对教师政策产生的影响，并比较了美国与英、日、法等国教师中介组织在影响教师政策方面的不同。[①] 二是研究教师组织在某一领域的作用。如，周小虎在其博士学位论文《利益集团视角下的美国教师组织对教育政策影响的研究》中，以全美教育协会和美国教师联合会为例，介绍了这两个组织的情况，分析其对美国教师政策、基础教育政策和高等教育政策的影响。[②] 三是对某一教师组织的整体介绍。如，付淑琼对美国大学教授协会（the American Association of University Professors，AAUP）的研究，阐释了AAUP成立的原因，回溯了其发展历史，介绍了其组织结构，并分析了其对美国高校教师和高等教育的影响，并从美国高等教育系统、社会环境以及AAUP自身分析了其能够生存和发展的原因。最后，介绍了AAUP面临的挑战和存在的问题。[③]

（2）对美国高等教育评估组织的研究。国内在该领域的研究比较丰富。较早的研究是杨晓江在其博士学位论文《教育评估中介机构研究》中对美国教育评估机构的设置和主要职责进行了简单介绍。[④] 熊耕在其硕士学位论文《美国高等教育认证制度研究》中，对美国高等教育认证机构的建立、性质、分类及内部运行方式和外部"认可"制度进行了较详细的介绍。[⑤] 方乐在其硕士学位论文《美国政府与高等教育认证机构之间关系的研究》中分析了美国政府，尤其是联邦政府与认证机构之间关系的演变，并以加利福尼亚州为例展示了州政府与认证机构之间的关系，在此基础上，总结了美国政府和认证机构之间关系的特点。[⑥] 王建成以新制度经济学理论为分析视角，对美国高等教育认证制度产生与发展、认证的规则以及发挥的功能进行了研究。[⑦]

（3）对美国协会组织的研究。对美国协会组织进行整体性研究，代表性成果是熊耕所著《美国高等教育协会组织研究》一书。此书对美国高等

---

① 天津教育出版社 2006 年版。
② 东北师范大学 2006 年博士学位论文。
③ 付淑琼：《高等教育系统的专业协调力量：美国大学教授协会研究》，浙江大学出版社 2011 年版。
④ 华东师范大学 1998 年博士学位论文。
⑤ 北京师范大学 2003 年硕士学位论文。
⑥ 上海师范大学 2005 年硕士学位论文。
⑦ 王建成：《美国高等教育认证制度研究》，教育科学出版社 2007 年版。

教育协会组织成立的动力和运行环境、运行的机制进行了阐释，运用案例说明了协会组织对高等教育治理的参与，说明了协会与政府、高校的关系。①

3. 对国内相关研究的评析

国内学者对高等教育中介组织的研究，从总体来看，基本触及到了高等教育中介组织研究的各个领域，但对其中每个具体领域的研究，还缺乏深度探究。如对建立高等教育中介组织必要性的分析，认为是政府转变职能、保护高校自主权的需要，但政府为什么需要转变职能，为什么在高等教育中会出现政府失灵、高校失灵，没有作进一步的说明；对高等教育中介组织功能的研究，概括出了其功能的内容，但是中介组织这些功能具体表现在哪些方面，通过什么方式发挥这种功能，中介组织可以发挥这些功能的条件，没有予以很好回答；对高等教育中介组织运行机制的研究更是缺乏。总体来看，研究基本上是概括性、学理性的论述，特别是缺乏对高等教育中介组织实际运行情况的考察。由于已有研究缺乏对高等教育中介组织参与高等教育具体实践过程和特定运行环境的考察，结论缺乏具体实证资料的支撑，未免给人以知其然，不知其所以然的感觉，研究有流于空泛之嫌。同时，因为没有对中介组织参与高等教育管理具体实践的详细考察，以及对其能参与管理的原因和所发挥功能的深入分析，降低了研究成果对我国高等教育中介组织建设的指导价值。

就对美国高等教育中介组织的研究而言，国内对美国高等教育认证机构的研究比较深入，对其他高等教育中介组织的关注不够。这与我国实践领域高等教育评估机构对高等教育影响较大有关。但在对高等教育认证机构研究时，研究的着眼点基本上是对评估认证具体过程进行研究，没有从高等教育管理模式的角度研究这类组织存在的意义，相对忽视了这类组织对高等教育管理模式变革的价值。

（二）国外研究及评析

1. 对高等教育中介组织的研究

国外多称"中介组织"为"中介团体"（intermediary body）、"缓冲组

---

① 知识产权出版社 2010 年版。

织"（buffer organization）或"减压阀"（pressure reducing valve）。尽管中介性质的高等教育组织在 19 世纪末的西方就已出现，但对它的研究始于美国著名高等教育专家伯顿·R. 克拉克（Burton R. Clark）。1983 年伯顿·R. 克拉克从高等教育系统整合的角度，论述了介于国家和高校之间的"缓冲组织"的作用。他指出，"一个国家的高等教育系统可以主要由学术权威担任协调，不管协调的好坏，而不是通过国家官僚的命令或市场型的相互作用。"这种学术权威的协调既可以通过教授（在讲座制高等教育系统中）来完成，也可以通过被他称为"buffer organization"的缓冲组织来实现。他认为这种缓冲组织"'了解高校'，'同情它们的需要'，并为它们向政府讲话。"①

1991 年 8 月 30—9 月 1 日，国际大学协会（International Association of Universities，IAU）在英国爱丁堡举行了第五次高等教育国际会议，会议的主要议题是关于"中介组织在高等教育中的作用"。1992 年《高等教育政策》杂志（higher education policy）第 5 卷第 3 期以专集形式，汇集了这次会议的若干论文。

在这次会议提交的论文中，伊尔·卡瓦斯（Elaine El-khawas）对"中介组织"进行了界定。他认为："一般来说，中介组织可以描述为一个正式建立起来的团体，它的建立主要是加强政府部门（governmental bodies）与独立的组织的联系以完成一种特殊的公共目的（public purpose）。"② 他的这一定义以后被多次引用。也是在这次会议论文中，德·博尔（De Boer）研究了荷兰高等教育中介组织，他概括出中介组织的三种功能：第一个功能是它可以影响政府的决策。中介组织可以扮演一个压力团体的角色，它代表高校对政府施压，从而对政府的政策产生影响。第二个功能是它可以负起执行政府决策的责任。它担负着完成或部分完成政府下达的任务的职责。第三种功能是它可以提供服务，特别是为个体提供服务。当中介组织履行这一职能时，它是作为一种服务性组织出现的。③ 荷兰特温特

---

① ［美］伯顿·R. 克拉克：《高等教育系统——学术组织的跨国研究》，王承绪等译，杭州大学出版社 1994 年版，第 156—158 页。

② Elaine El-khawas, "Are Buffer Organizations Doomed to Fail? Inevitable Dilemmas and Tensions", *The Journal of Higher Education Policy*, 1992, Vol. 5 (3), p. 18.

③ De Boer, "Walking Tightropes in Higher Education", *The Journal of Higher Education Policy*, 1992, Vol. 5 (3), p. 34.

大学（University of Twente）高等教育政策研究中心（The Center for Higher Education Policy Studies，成立于 1984 年）在 1991 年 9 月至 1992 年 7 月间对 11 个国家的高等教育政策进行了研究。研究成果于 1993 年以《高等教育政策：国际比较的视角》（*Higher Education Policy：An International Comparative Perspective*）为题出版。在这本研究成果集中，多位学者论及了高等教育中介组织。如，列奥·古德盖布尔（Leo. Goedegebuure）等 4 位学者对中介组织为什么能发挥缓冲作用及其作用的有限性进行了探讨。他们认为，中介组织与政府、大学的关系可以认为是一种"交换关系"（exchange relationships）。在这种交换关系中，有关组织都希望从其他组织中获取最多的资源。由于中介组织与政府、大学双方都发生关系，它就必须建立和坚持对各方都能具有的支持作用。中介组织为了能真正扮演好缓冲器的角色，必须与双方都建立合作关系，但这比较困难。因为双方的优先选择与利益往往是不同的，而且随着时间的推移，它们的优先选择与利益还会发生变化，这种变化有时会对中介组织的本质特征和组成结构产生巨大影响。① 列奥·古德盖布尔还和另外六位学者在研究国际高等教育趋势时，对中介组织的特点进行了分析。他们认为，中介组织的最大特点是它的公正性。目前国际上的教育中介组织大多是由学术界权威组成的，它代表了学术界的利益，也是高校管理的一种延伸。原英国的大学拨款委员会（UGC）就是一例。但有不少事实证明，这种类型的中介组织正变得更多地直接服务于政府。他们得出的结论是，高等教育中介组织在中介性上做得还不够，只有当它们坚持"中间性"（neutral），站在政府与大学的中间，才有可能被双方共同接纳。一旦中介组织出现了"明显倾向于这一方或那一方"，那么它将面临合法存在的危机。②

尽管国外没有一本以"高等教育中介组织"为内容的专著，从事这个领域研究的学者也不多，但已有研究都是把高等教育中介组织作为协调政府与高校之间矛盾、促成高校与政府合作的工具来分析。

---

① L. Goedgebuure, F. Kaiser, P. Maassen and E. de Weert, "Higher Education Policy in International Perspective：An Overview", in L. Goedgebuure, etc. eds. *Higher Education Policy：An International Comparative Perspective*. Oxford：Pergamon Press, 1993, p. 11.

② L. Goedgebuure, etc, "International Perspectives on Trends and Issues in Higher Education Policy", in *Higher Education Policy：An International Comparative Perspective*. p. 333.

　　2. 对美国高等教育中介组织的研究

　　一是对美国高等教育协会组织的研究。

　　美国学者修·霍金斯（Hugh Hawkins）在《联合起来——美国全国性高等教育协会组织的兴起》（*Binding Together*：*the Rise of National Associations in American Higher Education*，1887—1950）一书中介绍了美国主要的全国性高等教育协会产生的背景、过程、组织宗旨、活动内容，重点分析了这些组织在协调高等教育与政府之间关系，以及在高等教育自我管理中发挥的作用。[①]

　　在对协会组织的研究中，研究的一个重点内容是美国高等教育协会对美国高等教育政策制定产生的影响。如，美国学者金（King）从影响联邦政府政策制定的角度，对美国高等教育协会组织进行了分类，并分析了这些组织对美国高等教育政策制定产生的不同影响[②]；库克（Cook）详细地介绍了美国六个代表性高等教育协会影响联邦政府政策制定的方式和技巧的变化过程，分析了这些组织之间的协调以及协会在影响联邦政府政策制定中存在的问题[③]；麦克·帕森斯（Parsons Michael）以1992年美国高等教育法修订为案例，分析了在高等教育政策制定过程中，高等教育协会组织与政府之间的关系。[④]

　　另一个重点内容是对美国高等教育认证组织的研究。如，1983年，肯尼斯·E. 扬（Kenneth E. Young）等在《理解认证》（*Understanding Accreditation*）一书中，对美国认证制度进行了全面的介绍，包括认证的目的、性质、认证机构的作用与特点、认证中各方的权力与责任、认证标准的发展与改进、认证机构与学校、政府的关系、区域性认证和专业性认证发展的历史和特点以及认证制度可能的发展趋势等。[⑤] 1992年，E. G. 博格

---

　　① Baltimore：Johns Hopkins University Press，1992.

　　② D. Parsons Michael，*Power and Politics*：*Federal Higher Education Policy Making in the 1990's*. New York：State University of New York Press，1997，p. 71.

　　③ Constance Ewing Cook，*Lobbying for Higher Education*：*How Colleges and Universities Influence Federal Policy*. Nashville：Vanderbilt University Press，1998.

　　④ D. Parsons Michael D，*Power and Politics*：*Federal Higher Education Policy Making in the 1990's*. New York：State University of New York Press，1997，p. 71.

　　⑤ K. E. Young，H. R. Chamber and H. R. Kells，*Understanding Accreditation*. San Francisca：Jossey-Bass Publishers，1983.

（E. Grady Bogue）和 R. L. 桑德斯（Robert L. Sanders）在《质量的证明》（*The Evidence For Quality*）一书中探讨了 20 世纪 90 年代美国高等教育认证制度在理论、标准和方法等方面发生的变化，并指出了这一制度存在的问题，如，认证的费用、众多认证机构的协调和认证中的同行保护主义等。[①] 1997 年，J. 芬彻（Janet Finch）在《权力、合法性、学术标准和高等教育质量》（*Power*，*Legitimacy and Academic Standards in Standards and Quality in Higher Education*）一文中运用马克斯·韦伯的"合法性"理论对高等教育评估中同行评估的合法性进行了论证。[②] 1999 年，哈兰德·G. 布劳德（Harland G. Bloland）对美国高等教育认证委员会（Council for Higher Education Accreditation，CHEA）的创建过程、其作用等进行了介绍。[③]

另外，有研究者对高等教育中教师协会组织进行了研究。如，Philo A. Hudcheson 在《一个专业的教授团体：联合主义、官僚主义和美国大学教授协会》（*A Professional Professoriate*：*Unionization*，*Bureaucratization and AAUP*）一书中详细介绍了美国大学教授协会（AAUP）在维护美国高校教师的利益、维护学术自由等方面所做的一系列工作。[④]

二是关于基金会的研究。

威尔德曼（Nielson Waldemar）曾著书系统介绍了美国各大基金会成立过程、所开展的活动，其中论及了基金会在高等教育领域中的一些活动[⑤]；R. L. 盖格（Roger L. Geiger）研究了基金会在美国私立高等教育发展中的作用[⑥]；哈克勒路德（Fred F. Harcleroad）把基金会看作是影响美国高等教育的"看不见的手"（the Hidden Hand），介绍了基金会在高等教育中所起

① E. Grady Bogue，Robert L. Sanders，*The Evidence For Quality*. San Francisca：Jossey-Bass Publishers，1992.

② Janet Finch，"Power，Legitimacy and Academic Standards in Standards and Quality in Higher Educatio"，in John Brennan，Peter de Vries，Ruth Williams，*Standards and Quality in Higher Education*. London：Jessica Kingsley Publishers Ltd，1997.

③ Harland G. Bloland，"Creating CHEA：Building a New National Organization on Accrediting"，*The Journal of Higher Education*，1999，Vol. 70（4），pp. 1—32.

④ Philo A. Hudcheson，ed. *A Professional Professoriate*：*Unionization*，*Bureaucratization and AAUP*. Nashville：Vanderbilt University Press，2000.

⑤ Nielson，Waldemar A，eds. *The Big Foundations*. New York：Columbia University Press，1972.

⑥ Roger L. Geiger，ed. *Private Sectors in Higher Education*：*Structure*，*Function*，*and Change in Eight Countries*. Ann Arbor：The University of Michigan Press，1986，p. 167，pp. 170—172.

的作用①；莱兹曼（Courtney Leatherman）研究了卡内基教学促进基金会在1995 年舒尔曼（Lee S. Shulman）接替欧内斯特·博耶（Ernest L. Boyer）后的工作转向。②

3. 对国外研究的评析

高等教育中介组织的研究虽然还没有引起国外学术界的广泛关注，但已有研究把高等教育中介组织视为解决政府与高校之间矛盾的工具，在此基础上对高等教育中介组织的功能、与政府和高校的关系、特点以及影响其功能发挥的因素，进行了初步的探讨。这些研究都给了我们启示，使人们意识到高等教育中介组织存在的意义和其独特性。

美国学者对高等教育协会组织的研究，不仅关注组织在承担具体职能时的具体操作过程，而且一些学者也从协调高等教育与政府的关系、表达高等教育自身利益，以及整合整个高等教育系统的视角对高等教育协会组织的作用进行了分析，使我们对美国高等教育协会组织的认识不再局限在组织的具体职能，而是从整个高等教育与政府、社会关系的高度去发现其存在的价值；对基金会在高等教育中作用的研究不多，但已经把它作为一种有别于政府、市场的另一力量看待。

五、研究目的

如何处理高等教育中存在的多元力量之间的关系，是当前高等教育改革中亟待解决的问题。本书研究问题的选择缘起于对我国和发达国家高等教育实践的反思。所以，本书研究内容具有实用价值。同时，学术研究不同于具体实践活动方案的制订，它要对纷繁的现实世界进行理性的分析，对实践进行理论的概括。鉴于此，本研究的主要目的有三：一是对高等教育管理实践进行分析，使人们对高等教育中政府干预、市场介入和院校自治的必要性和有限性形成理性的认识，从理论上论证发展高等教育中介组织，由中介组织分担某些高等教育管理职能，实现高等教育管理模式向治

---

①　Fred Harcleroad, "*The Hidden Hand: External Constituencies and Their Impact*", in Philip G. Altbach, Robert O. Berdahl, Patricia J. Gumport, eds. *American Higher Education in the Twenty-first Century*. Baltimore: The Johns Hopkins University Press, 1999, pp. 241—271.

②　Courtney Leatherman, "*The Carnegie Foundation shift its Location and Its Emphasis*", *The Chronicle of Higher Education*, 1997, Vol. 43(34), p. 34.

理模式转型的必要性；二是详细考察美国高等教育中介组织介入高等教育管理的具体领域、方式和发挥的功能，分析其高等教育中介组织有效介入高等教育管理的原因，为我国高等教育中介组织的构建提供借鉴；三是考察我国高等教育中介组织的现状，指出其存在的问题，分析制约其发展的因素，并结合美国经验和我国国情，提出加快我国高等中介组织建设，推进高等教育体制创新的可能路径。

六、研究预设和研究路径

本书的研究认同我国高等教育管理模式应该向治理模式转型的观点，认为：高等教育需要多元力量的合作治理。这不仅是高等教育外部环境变化使然，而且是高等教育活动内在属性决定的，有内在合理性。认为，教育中介组织是"高等教育治理"从理论向现实转换的有效途径，中介组织介入高等教育管理可以促成政府、社会和高校多元力量共存、合作治理高等教育的高等教育管理模式。而且，已有国家高等教育中介组织的实践证明了上述判断，可以为我国高等教育中介组织的建设提供借鉴。

本研究首先从理论上论证中介组织介入高等教育管理的必要性，阐明中介组织的介入有其内在合理性，主要解决"应是"问题。认为，中介组织是实现高等教育中政府、社会和高校多元力量共治的一种有效途径；接着，以美国为案例，考察其高等教育中介组织介入高等教育管理的实践，说明高等教育中介组织是如何促成政府、社会和高校多元力量共同参与、合作治理高等教育的，主要解决"实是"问题；在此基础上，进一步分析美国高等教育中介组织为何能够介入高等教育管理，在多个领域承担规范、沟通等职能，有效地发挥"中介"和"桥梁"的作用，主要是解决"怎是"问题。对美国已有高等教育中介组织实践的考察，不仅是对本研究最初研究预设的一种证实，更重要的是为加快我国高等教育中介组织建设，推进高等教育管理模式向"治理"转型提供参考和借鉴。所以，本书最后结合我国国情和美国经验，探讨了如何加快我国高等教育中介组织建设，扶助其参与高等教育管理活动，推进我国高等教育管理体制的完善。

七、研究特色和不足

（一）特色之处

本书是在国内已有的"高等教育治理"和"高等教育中介组织"研究基础上的深化。特色之处主要体现在以下两个方面：

1. 研究的视角

本书从高等教育管理体制深化——高等教育治理的角度审视高等教育中介组织存在的意义，研究美国高等教育中介组织开展的诸多活动的价值。

2. 研究的具体内容

本书不仅对中介组织介入高等教育管理合理性进行了理论分析，而且详细研究了美国高等教育中介组织介入高等教育管理的具体实践，注重研究结论的实践基础。

相对于国内已有的"高等教育治理"研究而言，本书着眼于研究如何利用高等教育中介组织这个有效途径推进"高等教育治理"从理念向现实转化，推进高等教育治理现代化。

相对于已有的高等教育中介组织研究而言，本书是一个更加全面、深入的系统研究。本书深入阐明了高等教育中介组织的介入对高等教育管理的意义：克服政府失灵、市场失灵和高校失灵，实现高等教育领域中政府、市场和高校多元力量合作、共同治理高等教育。同时，以美国为典型代表，详细考察了高等教育中介组织的具体管理实践活动，包括介入高等教育管理的领域，介入的方式和发挥的功能；从中介组织内外两方面分析了美国高等教育中介组织之所以能存在并有效介入高等教育管理的原因，说明了高等教育中介组织有效介入高等教育管理，既需要外部环境的支撑，也需要中介组织加强自身建设，提高组织自身参与高等教育管理活动的能力。

基于研究美国高等教育中介组织的管理活动，是为了加快我国高等教育中介组织建设，推进高等教育管理模式向"治理"转型的目的，本书还具体考察了我国高等教育中介组织发展的现状、存在的主要问题，分析了制约我国高等教育中介组织发展的因素，并提出了加快我国高等教育中介组织建设的思路。

（二）不足之处

借助高等教育中介组织来解决政府、高校和市场力量之间的冲突，协调三者之间的关系，是世界上一些国家的共同做法。除了美国之外，英国和日本也是比较典型的国家，特别是英国的高等教育中介组织承担了高等教育财政拨款的职能，使政府、高等教育界可以借助高等教育中介组织来共同协商高等教育财政拨款的方案，这对于经费日益成为影响高校发展的重要因素的今天来说，有着重要的研究价值。为了避免以往研究对上述国家高等教育中介组织"蜻蜓点水式"的概要性描述，本书舍弃了其他国家，而试图对美国的高等教育中介组织进行相对深入、系统的研究。但是，对其他国家更加多样化的高等教育中介组织的舍弃，也成了本书的缺憾。

另外，加快我国高等教育中介组织的建设，关键在于实现政府权能的转变，规范政府的行为，明确政府、高校和市场活动的边界，使政府、高校和其他高等教育利益相关者的权能明晰，并得到切实有效的保障。可以说，高等教育中介组织的建设和政府权能转变是相互促进的关系。采取哪些切实有效的措施，使政府、高校和社会按照应然的状态来行使自己的权能，是本书需要继续研究的问题。

同时，高等教育中介组织也有组织自身的局限，高等教育中介组织参与管理也会出现"失灵"，对此，本书也需要进一步关注。

第一章 基本概念和理论基础

厘清概念实际上是划定研究的范围，研究所依据的理论基础决定了对研究对象进行分析的视角。中介、中介组织、高等教育中介组织、治理、高等教育治理是本研究首先要明确说明的概念，治理理论是本研究的基本理论依据。中介组织介入高等教育管理，实现多元力量合作治理高等教育的模式是高等教育管理模式变革的产物，属于高等教育管理制度变迁的范畴。同时，任何主体参与高等教育管理都需要一定的权力，只是权力的来源、权力行使的方式以及作用范围不同。所以，新制度经济学理论和权力理论也为本书提供了理论支撑。

一、基本概念的界定

一个概念，应当有明确的内涵和外延。概念的内涵反映了界定对象的本质属性，外延框定了概念适用的范围。概念是在一定理论指导之下对感性经验的概括和抽象，感性经验和理论取向的不同，使人们对于同一概念内容的界定出现差异。概念随着人们认识和实践的发展，处于变化和发展过程之中，这种发展过程或者是原有概念内容的逐步递加和累进，或者是新旧概念的更替。本书在比较鉴别不同研究者对同一概念界定的异同的基础上，阐明本书中所指概念的内涵和外延。

（一）中介

"中介"作为一个词语来说，与"媒介"同义，是指使双方（人或物）发生关系的人或物。① 显然，"使双方发生关系"是这一概念的内涵，"人或物"是其外延。

"中介"作为一个哲学概念，主要是辩证思维的概念，是黑格尔哲学中常用的一个范畴。"黑格尔曾用'中介'一词表示不同范畴的间接联系和对立范畴之间的一种相互关系。"②

在黑格尔的哲学体系中，中介的含义主要有以下几点：其一，中介概念表明不同范畴间联系的间接性；其二，中介所表明的这种间接联系不是外在的、偶然的；其三，在涉及有关社会历史现象时，黑格尔把中介归结为居间调节；其四，中介是对立范畴的一种相互关系。"总体来看，黑格尔哲学中所说的中介，其基本含义在于，中介是不同范畴之间居间联系的环节。中介作为逻辑理念自身发展的中间环节，作为居间调节的环节，以及作为对立范畴的一种相互关系则是中介概念的基本含义的特殊表现和引申。"③ 马克思主义哲学认为中介是客观事物转化和发展的中间环节，并指出："一切差异都在中间阶段融合，一切对立都经过中间环节而相互转移。"④

可见，"中介"存在的前提是存在不同的，但又有内在联系的不同范畴；"中介"的作用是在不同范畴之间进行调节，消解矛盾；作为"中介"实体（人、物、组织）来说，它既与中介双方发生关系，又是保持相对独立性的存在。这使得"中介"不同于"中间"，"中间"是作为一个整体中的特殊部分；而"中介"是联系不同对象间的"第三者"。

（二）中介组织、社会中介组织

"中介组织"顾名思义，就是使双方发生关系的组织。在政府文件中，"中介组织"最早是 1985 年在《中共中央关于经济体制改革的决定》中提出的，"发展市场中介组织，发挥服务、沟通、公证、监督作用"。在之后的研究中，研究者多用"社会中介组织"一词。

---

① 中国社会科学院语言研究所词典编辑室：《现代汉语词典》，商务印书馆 1996 年版，第1628 页。

② 吕凤太：《社会中介组织研究》，学林出版社 1998 年版，第 20 页。

③ 毛亚庆：《从两极到中介——科学教育和人文教育方法论研究》，北京师范大学出版社1999 年版，第 172—173 页。

④ 《马克思恩格斯选集》第 4 卷，人民出版社 1995 年版，第 318 页。

"社会中介组织"目前是一个存在歧义的概念，不同的人在使用这一概念时所指称的对象不同。现将有代表性的定义列举如下：

有学者认为，"社会中介组织，是指介于政府与企事业单位、社会团体等之间发挥沟通、服务、咨询、调节等作用的各类社会组织。它们主要有会计、审计、律师、公证、代理、建筑监理、质量检查与鉴定、行业协会、职业介绍、专利服务、报关等机构。"[1] 该定义明确了社会中介组织的活动领域和发挥的功能，即"在政府与企事业单位、社会团体等之间"活动，发挥"沟通、服务、咨询、调节"等作用。

有学者认为，"社会中介组织是按照一定的法律、法规、规章（或根据政府委托），遵循独立、公开、公平、公正原则，在社会经济活动中发挥服务、沟通、公证、监督功能，实施具体的服务性行为、执行性行为及部分监督性行为的社会组织。"[2]

该定义强调社会中介组织建立和运行的规范和活动的特殊性，但把社会中介组织活动的领域局限在"社会经济活动"中，显然把社会其他领域的中介性组织排除在外。

1999年，国务院发展研究中心所属的中国经济体制改革研究基金会面向全国招标项目——中国社会中介组织的发展和培育。该课题的结题研究报告这样表述：会计（审计）师事务所、资产评估事务所、律师事务所、消费者协会、税务事务所、国有资产经营投资公司、经纪公司等，这些与市场运行直接相关的中介，一般被称为市场中介；各种研究会、学会、基金会、协会、联合会、俱乐部、联谊会、交易所、民间社团和咨询机构等，通常被称为狭义的社会中介。市场中介与狭义的社会中介被称为广义的社会中介。[3] 该定义对"市场中介组织"和"狭义的社会中介组织"进行了区分，但并未明确这两类组织的实质性区别。

另有学者认为，"社会中介机构是市场经济运行中，通过运用专门的知识和智力劳动提供特定的公正性、代理性、信息技术服务性等社会中介服务，发挥沟通、公证、鉴定、监督等作用，调整政府与社会之间、政府与企业之间不同利益主体之间的经济关系、促进各种关系达到和谐的社会

---

[1]　朱光磊：《当代中国政府过程》，天津人民出版社1997年版，第495页。
[2]　吕凤太：《社会中介组织研究》，学林出版社1998年版，第20页。
[3]　张云德：《社会中介组织的理论与运作》，上海人民出版社2003年版，第5页。

经济组织。"① 显然该定义中的"社会中介机构"是上文中的"市场中介机构"，但提出了"中介组织"提供服务的凭借手段——专门的知识和智力劳动。

2006 年中国行政管理学会课题组结合其课题研究成果，指出：中介组织，是指具有居间性的一种特殊的社会组织。在政府与市场的传统分类中，社会中介组织也就是指居于政府与市场之间的，不同于政府组织和企业组织，为政府和市场提供中介服务的一种特殊的社会组织。……从我国现有的管理体制中，社会中介组织有着较为明确的含义。结合当前各种学者提出的定义和管理实际中的使用情况，可以认为，社会中介组织是指依法在社会和经济活动中发挥服务、沟通、协调、鉴证、监督等功能的社会组织，是按照一定法律、法规、规章或根据政府委托建立的，遵循"独立、客观、公正"原则，在社会生活中发挥服务、沟通、监督等职能，实施具体的服务性行为、执行性行为和部分监督性行为的社会组织。②

从上述定义可见，研究者对"中介组织"界定基本认同的是，"中介组织"是介于不同组织或不同活动主体之间，起沟通、服务、鉴定、监督等功能的组织。

综合上述定义，本书认为，社会中介组织是指介于政府与企事业单位、社会团体等之间，按照一定的规范，运用专业知识和技能，发挥咨询、鉴定、沟通、调节等作用的各类社会组织。

这一定义包括上文中"狭义的社会中介组织"和"市场中介组织"。其中，"狭义的社会中介组织"强调组织的志愿性、非营利性；"市场中介组织"强调组织在市场经济运行中的角色，很多是营利性的。

从我国的现有情况来看，社会中介组织包括如下类型：行业自主性中介组织、社会运行监督组织、提供咨询、技术服务的中介组织、监督市场活动的中介组织、促进劳动就业的中介组织、促进科学研究、文化教育、体育卫生发展的中介组织等。③

---

① 于泓：《转变政府职能促进中介机构健康发展》，载《中国集体经济》2001 年第 3 期。
② 中国行政管理学会课题组：《中国社会中介组织发展研究》，中国经济出版社 2006 年版，第 3—4 页。
③ 代春强：《社会中介组织与我国政治发展探析》，载《云南行政学院学报》2000 年第 2 期。

（三）教育中介组织

目前，国内理论界对教育中介组织概念的界定，主要是在参照社会中介组织概念的基础上，结合各自关注的问题，从不同的视角予以阐释。

有研究者从政府职能转变和推进教育管理体制改革的角度来认识教育中介组织，强调它在教育决策科学化和民主化进程中的重要作用，认为，"教育中介组织是指参与政府教育决策和各级各类教育管理活动的教育审议会、咨询会、评议会、考试委员会、资格与证书鉴定委员会、学校董事会和家长委员会等中介性机构。"① 也有研究者从同样的角度，认为，"教育中介组织是介于政府和学校之间的具有双向服务、双向沟通特点的中观管理层，是按照一定的法律、法规、规章（或根据政府委托），遵循独立、公开、公正原则，在教育活动中发挥沟通、公证、监督和评价功能的机构。如教育决策咨询研究机构、教育信息管理机构、教育拨款审议机构、高校设置和学位评审机构、教育督导和教育评估机构、教育考试机构、资格证书认定机构、行业协会等。"②

有研究者从依法治教的角度来定位教育中介组织，强调它在推进我国教育法制化进程中的重要地位，认为"教育中介组织，是在教育、社会活动中和法定程序上起中间媒介或合法介入的社会组织。即参与政府教育决策和有关管理教育运行活动的教育审议会、咨询会、评议会、考试委员会、资格与证书鉴定委员会、学校董事会等。"③

另有研究者从建立与市场经济相适应的教育体制出发来认识教育中介组织，强调其在提供社会化专业服务方面的特性，认为"教育中介组织是从教育组织中逐步分离出来的，介于理论研究者与具体实践者之间、教育行政机关与学校之间、学校与学校之间、学校与社会其他组织之间的从事咨询、指导、评价等，以信息技术服务为主的专业化组织。"④ 另有研究者也从这个角度认为："教育中介组织是一种在市场经济条件下提供专业服

① 金东海：《发达国家教育中介组织及其借鉴意义》，载《西北师范大学学报》（社科版）1995 年第 6 期。
② 余利惠：《实施校本管理，构建现代学校制度》，载《教育发展研究》2003 年第 12 期。
③ 夏天阳：《高教改革与教育社会中介组织》，载《上海高教研究》1997 年第 5 期。
④ 井维华、韩延明：《关于高等教育理论研究有效服务于实践的几点思考》，载《辽宁高等教育研究》1999 年第 2 期。

务、依法参与教育事务、具有特殊功能的社会（非政府）组织"。①

有学者注意到了教育中介组织与其他中介组织活动目的的特殊性，认为：教育中介组织是依据一定的法律法规而成立，介于政府、学校和社会之间的，遵循公开、公平和独立原则，参与各种教育活动，促进教育发展的公益性社会中介组织。②

上述研究对教育中介组织内涵的具体表述不同，但从中也可以看到教育中介组织的共性：参与性、中介性、服务性、专业性。

本书在上文对"社会中介组织"概念界定的基础上，结合其他研究者揭示的"教育中介组织"的特殊性，认为，教育中介组织是指介于学校与其活动利益相关者③之间，按照一定的规范，运用专业知识和技能参与教育活动，发挥咨询、鉴定、沟通、调节等作用的社会（非政府、非学校）组织。教育中介组织是存在于政府、学校之外的第三方。

有研究者对教育中介组织进行了分类，认为教育中介组织主要包括四类：一是拨款中介组织；二是评估中介组织，包括评估所、认证机构；三是服务中介组织，包括就业指导、留学中介等；四是行业协会，包括教师工会、各种学会和协会。④ 本书认为，除上述类型外，还有一类重要的教育中介组织，即研究咨询类教育中介组织。

(四) 高等教育中介组织

同"教育中介组织"一样，研究者对"高等教育中介组织"从不同角度进行了界定。

有研究者认为，高等教育中介组织是政府和大学之间的，对高等教育不具有直接的行政权力，但对高等教育管理产生重大影响的组织。中介组织不仅包括英国的大学拨款委员会或高等教育基金会，还包括各国的教师、学生、校长联合组织，高等教育基金会、民间高等教育质量监督机构

---

① 桑锦龙：《教育中介组织建设：教育体制创新的重要环节》，载《教育科学研究》2000 年第 4 期。

② 范履冰、曾龙：《论教育中介组织的角色和作用》，载《国家教育行政学院学报》2011 年第 8 期。

③ 教育活动利益相关者主要是政府、教育服务消费者（学生及家长、用人单位）、教职员工。

④ 杨移贻：《中介组织：现代高等教育管理的重要一环》，载《高等教育研究》2003 年第 7 期。

以及政府的高等教育咨询审议机构，等等。① 有研究者更具体化了高等教育中介组织的地位和功能，认为，高等教育中介组织是一种在高校、政府、学生、家长以及各用人单位等不同主体之间进行中介性服务的非营利性社会组织，它可以帮助这些主体克服教育活动中因为"理性无知"或信息不对称而出现的错误判断与选择。②

另有研究者对高等教育领域中的某类中介组织进行了界定，如，"政府与高校间中介性组织""高等教育评估中介组织（机构）""大学中介性组织"。③

结合著者对"教育中介组织"的认识，并吸纳已有研究者的界说，本书认为，高等教育中介组织是指存在于高校与其高等教育活动利益相关者之间，按照一定的规范，运用专业知识和技能参与高等教育活动，承担沟通、研究咨询、评估监督、协调等职能的组织。也就是说，高等教育中介组织参与教育活动，但不承担行政管理职能和育人职能。

从各国存在的高等教育中介组织承担的职能来看，主要有以下几种类型：评估型，如，英国的高等教育质量保障署（Quality Assurance Agency for Higher Education，QAA）、美国的各类专业和院校认证组织、荷兰的荷兰大学协会和荷兰高等职业教育学院联合会；高等教育经费拨付和筹措型，如，英国的高等教育经费拨付机构④、中国香港的大学和理工教育资助委员会、美国的私人独立基金会；研究咨询型，如，日本的中央教育审议会、临时教育审议会、大学审议会，美国的卡内基高等教育委员会；行业自律和权益维护型，如，美国的大学教授协会（American Association of University Professors，AAUP）、美国大学生协会（United States Student Association，USSA）；有信息和人员交流服务型，如，留学中介服务机构、各种研究会、学会。从高等教育中介组织经济属性来看，可以分为营利性和非

①　贾群生：《中介机构：新的观点》，载《辽宁高等教育研究》1997年第2期。
②　尤伟：《我国高等教育中介组织的公共治理》，载《现代教育管理》2014年第11期。
③　胡春花：《我国政府与高校间中介性组织有关问题的研究》，苏州大学2004年硕士学位论文，第3页；王建华：《大学中介性组织研究》，厦门大学2002年硕士学位论文，第4页。
④　英国的高等教育经费拨付机构出现过更替：1919年成立的大学拨款委员会（University Grants Committee，UGC），1988年成立的取代UGC的大学基金委员会（Universities Funding Council，UFC），到目前的成立于1992年的高等教育基金委员会（Higher Education Funding Council，HEFC）都是中介性质的高等教育拨款机构。

营利性两类；从举办者来说，有官办、民办、半官方。

需要说明的一点是，本书所要研究的是上述"高等教育中介组织"中的"非营利组织"部分，即公益性组织。同时，对某一组织是否属于中介组织，不是从组织的举办者，而是根据组织职能性质来认定。也就是说，本书所要研究的是介于高校与其活动利益相关者之间，按照一定规范，运用专业知识和技能参与高等教育活动，发挥沟通、咨询、评估、监督和调节等作用的公益性组织。

本书研究的"高等教育中介组织"具有以下特征：

1. 正规性，也可称为有组织性，指高等教育中介组织的成立要经过合法的程序，经过注册取得合法身份。同时，必须有成文的规章制度、正规的管理制度和组织结构、固定的负责人和工作人员等。

2. 非政府性，这是中介组织区别于政府的根本特征，高等教育中介组织不应是政府的附庸，其职能是非行政性的，但这并不意味着非营利组织不能接受政府的资助。事实上，高等教育中介组织的发展，需要政府的经济支持，政府也应当对其进行经济支持，包括财政的拨款和税收的优惠。

3. 非营利性，这是中介组织区别于企业的根本属性。中介组织可以有服务性收费活动，但活动不以营利为目的，不能以任何形式将组织的财产转变为私人财产。

4. 自治性，指组织应当有自我判断、自我管理和自我行动能力，不受外部强制力的控制。

（五）治理

英语中的"治理"（governance）源于拉丁文和古希腊语，原意是控制、引导和操纵。长期以来它与统治（government）[①] 一词交叉使用，并且主要用于与国家的公共事务相关的管理活动和政治活动中。1989 年世界银行在概括当时非洲的情形时，首次使用了"治理危机"（crisis in governance）一词。此后，"治理"被西方政治学家和经济学家赋予新的含义，不仅其涵盖的范围远远超出了传统的经典意义，而且涵义也与 government 相去甚远。它不再局限于政治学领域，也被广泛运用于社会经济领域。

---

① government 有时也译为"政府管理"。

1. 对"治理"内涵的界定

20 世纪 90 年代以来，西方学者特别是政治学家和政治社会学家，对"治理"做出了新的界定。治理理论的主要创始人英国学者詹姆斯·罗西瑙（J. N. Rosenau）认为，治理是一系列领域里的管理机制，它们虽然未得到正式授权，却能有效地发挥作用。他指出，"治理"与"统治"不同，治理是一种由共同的目标支持的活动，这些管理活动的主体未必是政府，也无须依靠国家的强制力量来实现。[①]

另一位研究治理理论的英国学者罗伯特·罗茨（R. Rhodes）认为，治理是一种新的管理社会的方式，是不同于"统治"的管理过程。他详细列举了六种关于治理的不同定义。这六种定义是：（1）作为最小国家的管理活动的治理，它指的是重新界定公共干预的范围和形式，以及利用市场或准市场的方法来提供公共服务。（2）作为公司管理的治理，它指的是指导、控制和监督企业运行的组织体制。（3）作为新公共管理的治理，它指的是将市场的激励机制和私人部门的管理手段引入政府的公共服务。（4）作为善治的治理，它指的是强调效率、法治、责任的公共服务体系。（5）作为社会—控制论体系的治理，它指的是政府与民间、公共部门与私人部门之间的合作与互动。在特定政策活动领域，没有一个行动者拥有完成活动任务所需的所有能力和资源，不同行动者存在依赖关系，需要互动和合作。（6）作为自组织网络的治理，它指的是建立在信任与互利基础上的社会协调网络。在此基础上，他认为"治理"包括了上文的（1）最小国家、（5）社会—控制论体系和（6）自组织网络，并指出了"治理"的基本特征是：（1）组织之间的相互依存；（2）相互交换资源以及协商共同目的的需要导致的网络成员之间的持续互动；（3）相互间的互动以信任为基础，由网络参与者协商和同意的游戏规则来调节；（4）保持相当程度的相对于国家的自主性。实际上罗茨的"治理"指的是自组织的组织间网络，由于这种网络的存在，社会秩序得以维持。[②] 简·库伊曼（J. Kooiman）对此进行了进一步的解释："治理可以被看做一种在社会政治体系中出现的模式或

---

① ［英］罗西瑙：《没有政府统治的治理》，转引自俞可平：《治理与善治》，社会科学文献出版社 2000 年版，第 2 页。

② 罗茨：《新的治理》，《政治学研究》1996 年第 154 期，转引自俞可平：《治理与善治》，社会科学文献出版社 2000 年版，第 86—106 页。

结构，它是所有被涉及的行为者互动式参与努力的'共同'结果或者后果。这种模式不能被简化为一个行为者或者一个特殊的行为者团体。"①可见，在库伊曼所指的这种社会治理模式中，社会秩序（或者说政策结果）的实现依靠的是政策利益相关者之间的互动，是相互间妥协与合作的产物，而不是某个特殊行为者（包括政府或社会利益团体）单独行动的产物。

在诸多关于"治理"的解释中，全球治理委员会在 1995 年发表的题为《我们的全球伙伴关系》的研究报告中，对"治理"的界定被认为是具有代表性和权威性的。该委员会认为，治理是各种公共的或私人的个人和机构管理其共同事务的诸多方式的总和。它是使相互冲突的或不同的利益得以调和并且采取联合行动的持续的过程。这既包括有权迫使人们服从的正式制度和规则，也包括各种人们同意或认为符合其利益的非正式的制度安排。它有四个特征：治理不是一整套规则，也不是一种活动，而是一个过程；治理过程的基础不是控制，而是协调；治理既涉及公共部门，也包括私人部门；治理不是一种正式的制度，而是持续的互动。② 我国研究治理理论的权威学者俞可平在列举和比较了上述有关"治理"的定义后指出，"治理"一词的基本含义是指在一个既定的范围内运用权威维持秩序，满足公众的需要；治理的目的是在各种不同的制度关系中运用权力去引导、控制和规范公民的各种活动，以最大限度地增进公共利益。③ 也就是说，在一个活动范围内，秩序的维持凭借的不是单一力量，而是活动的各利益相关者，包括公共的和非公共的部门和私人共同参与，通过沟通和协调来实现活动收益的最大化，这一公私力量通过协调采取多种方式实现活动目标的过程，就是治理。

2. "治理"与"统治"的比较

对"治理"和"统治"的异同进行阐释，有助于理解"治理"的涵义。"治理"和"统治"作为管理的过程，都需要权威和权力，管理的目

---

① J. Kooiman，"Social-Political governance"，p. 258，转引自俞可平：《治理与善治》，第92 页。

② 全球治理委员会：《我们的全球伙伴关系》，牛津大学出版社 1995 年版第 23 页，转引自俞可平：《治理与善治》，第5 页。

③ 俞可平：《引论：治理和善治》，载俞可平：《治理与善治》，第 4—5 页。

的是维持正常的秩序，这是两者的共同之处。"说到底，治理所求的终归是创造条件以保证社会秩序和集体行动。因此，治理的产出和统治并无任何不同之处。如果说有什么差异，那也只在于过程。"① 二者在管理过程的区别主要表现在：以统治为特征的管理模式，政府角色是全能型的，政府垄断公共事物管理权力，利用国家权威进行强制性管理，管理者与被管理者之间是一种控制与被控制、命令与服从的关系，施威方式是自上而下的发号施令；在以治理为特征的管理模式下，政府角色是有限的，公共事务的管理职能由政府和公民社会来分担，管理的权威不单单来自政府，强调通过合作、协商、伙伴关系、确立共同目标等方式来实现对公共事务的管理，施威的方式是一个上下互动的过程。

具体来说，"统治"和"治理"这两种管理模式主要有以下几个方面的区别：

其一，两种模式的管理权力主体不同。治理需要权威，但权威来源不一定是政府部门，行使管理权力的主体是多元的，可以是政府部门，也可以是私人机构，还可以是政府部门与私人机构的合作。也就是说，治理模式中管理公共事务的权力是分散的。而统治的权威来源一定是政府部门，管理公共事务的权力主体是单一的，权力是垄断的。

其二，两种模式的管理权力运行向度不同。统治的权力运行是单向度的，政府自上而下发号施令、制定政策和实施政策。而治理则是一个上下互动的管理过程，上情下达，下情上达，是多向度的。

其三，两种模式所利用的管理手段不同。统治依靠的是国家权威，运用命令、控制的手段来实现管理目标。治理主要是依靠行动主体之间的协商和合作，依靠互动、协调，通过彼此的利益协调和相互博弈来实现共同目标。"所谓协商，就是各类行动主体的观点不受限制地交流，这些观点涉及管理实践并总是潜在地促进偏好的改变。"② 在互动、博弈的过程中，参与者自由、公开地表达或倾听各种不同的意见，通过理性的思考，审视各种理由，或者改变自身的偏好，说服他人，进而做出合理的选择。

---

① ［英］格里·斯托克：《作为理论的治理：五个论点》，华夏风编译，转引自俞可平：《治理与善治》，社会科学文献出版社 2000 年版，第 32 页。

② Maeve Cooke, "Five Arguments for Deliberative Democracy", *Political Studies*, 2000, Vol. 48 (5), pp. 947—969.

其四，两种模式下的公私关系不同。在统治模式下，公共部门和私人部门是管理与被管理的关系，甚至是对立的关系。在治理模式下，公私部门是相互依赖、互相合作的关系。因为参与公共活动的组织，无论是公共部门还是私人部门，都不拥有充足的知识和资源来解决所有问题，不能独立来完成活动任务，必须通过谈判和交易，在实现共同目标的过程中来实现各自的目的。

其五，两种模式的组织形态不同。统治模式下的组织形态是等级制，治理模式下的组织形态是网络式组织。这种网络式组织既不同于传统的自上而下的等级制，也不同于市场机制。它是由参与公共管理的各个政策群体，为了获取他人的支持和帮助而放弃自己的部分权利（社会组织和个人放弃部分经济自主权，政府放弃部分强制权），依靠自己的优势和资源，通过对话以增进理解，树立共同目标并相互信任，建立短期、中期和长期的合作以减少机会主义，相互鼓励并共同承担风险，最终建立一种公共事务的管理联合体。这种联合体的特征不再是监督，而是自主合作；不再是集权，而是权力在纵向和横向上的同时分散；不再追求一致性和普遍性，而是追求多元化和多样性基础上的共同利益。[①]

表1 "统治"与"治理"的比较

比较维度		统治	治理
共同点	是否需要权威和权力	需要	需要
	目的	维持秩序	维持秩序
不同点	权力主体 （权威或权力来源）	单一 （来源于政府部门）	多元 （来源于政府或非政府部门）
	权力运行的向度	单向（自上而下）	多维（纵横互动）
	管理手段	国家强制力 （命令、控制）	协商、合作、认同
	公私关系	管理与被管理（对立）	依赖、合作、互补
	组织形态	等级制	网络式

3. "治理"与"新公共管理"的比较

20世纪80年代以来，为应对20世纪30年代以来政府管理职能扩张

---

① 张璋：《治理：公共行政的新理念》，载《公共行政》2000年第3期。

带来的问题，一场被称为"再造政府""重塑公共部门"的新公共管理运动在英、美等国应运而生，并迅速扩展到西方各国。"新公共管理"与"治理"的相同之处是看到了政府能力的有限性，主张对政府职能进行调整，提高政府的能力。但是二者又有不同，"新公共管理"实质上还是政府本位的，着眼点是如何提高政府的管理绩效，重塑政府的形象来捍卫政府权威；出路是扩大市场机制的适用范围，即把市场和私人部门的管理方式引入公共部门，主张用市场管理的方式和手段来提高公共部门的效率。而治理是公民社会本位的，既看到了政府的局限也看到了市场的局限，主张政府权能改变；出路是改变政府的控制地位，还权于社会。

表2 "新公共管理"与"治理"的不同①

比较维度	新公共管理	治理
政府与社会关系	政府主导	政府与社会相互依赖的网络关系
政府角色	小而强的政府角色	网络过程管理者角色
权力流向	市场	公民社会
服务对象	顾客需求	社会公共利益
追求价值	效率	民主、效率、人文主义
组织形态	扁平化式组织	网络式组织
理论基础	新制度经济学、管理主义、公共选择理论	资源依赖理论、网络组织理论、公民社会理论
运用层次	管理技术的讲求	行政与社会的互动关系

（六）高等教育治理

高等教育治理是治理模式在高等教育管理中的应用，基于对"治理"的理解，本书所指的"高等教育治理"指的是这样一种管理模式：高等教育系统的有效运行靠的是高等教育活动利益相关者的共同参与，政府、非政府组织以及其他高等教育活动主体通过彼此的协商、合作来实现利益整合和高等教育活动效用最大化。美国学者简·库伊曼在分析治理各参与主体互动网络形成的条件时，指出"这些活动是……以承认（相互）依存为基础的。任何一个行动者，不论是公共的还是私人的，都没有解决复杂

---

① 史美强、廖与中：《知识经济、网络社会与新治理模式之探讨》，知识经济体系的管理思潮研讨会，东海大学出版社2002年版，第33页。

多样、不断变动的问题所需的所有知识和信息；没有一个行动者有足够的能力有效地利用所需的工具；没有一个行动者有充分的行动潜力，单独地主导一个特定的政府管理模式。"① 高等教育需要治理，一是高等教育活动利益相关主体相互依存关系的存在；二是高等教育系统达到相当的复杂多样，以致没有一个单一的权力主体可以有足够能力来有效调控这一系统。

这种高等教育治理模式具有以下特征：（1）高等教育管理的权力主体是多元的，不同权力主体间相对独立又相互依存；（2）权力运行的向度不是单向的；（3）不同权力主体间互动的方式是协商和谈判；（4）建立在共识基础上的集体行动。

二、理论基础

本书认为中介组织介入高等教育管理是高等教育管理模式向治理模式转型的有效路径，治理理论是本书研究的核心理论基础。同时，高等教育中介组织介入高等教育管理，促成政府、市场和院校力量共存、合作治理的高等教育管理模式，是高等教育管理制度的变革，属于制度变革的范畴。另外，任何组织的活动都需要一定的权力。因此，新制度经济学理论和权力理论也为本书的研究提供了理论支撑。

（一）治理理论

1. 治理理论的基本观点

上文对"治理"概念内涵的解释，涵盖了治理理论的基本主张。此外，治理理论作为应对西方社会运行中政府和市场协调失败而出现的一种理论主张，当这一理论为越来越多的人接受，并开始影响一些国家的社会治理实践时，有研究者开始思考治理成效问题，认为：治理可以弥补市场和政府的不足，但它不是政府和市场的替代物；任何一种社会调控方式都不是万能的，治理也不例外，它也同样存在失效的可能。如何克服治理的失效，使治理更加有效地解决问题逐渐进入了治理理论研究者的视野。一些学者提出了"元治理"（meta-governance）、"健全的治理""有效的治理"

---

① Kooiman，"Social-Political governance"，p. 4，转引自俞可平：《治理与善治》，社会科学文献出版社 2000 年版，第 93 页。

和"善治"的概念。其中，"善治"的理论影响最大。

对"善治"（good governance）的具体内涵、基本要素，尽管研究者还有不同的见解，但概括地说，善治是使公共利益最大化的社会管理过程。善治的本质特征是政府与公民社会对公共生活的合作管理，是政治国家与公民社会的一种新颖关系，是两者的最佳状态。它有六个基本要素：（1）合法性（legitimacy），指的是社会秩序和权威被自觉认可和服从的性质和状态。合法性获得的主要途径是尽可能地增加公民的共识和认同感。合法性的程度越高，善治的程度便越高。所以，善治要求有关的管理机构和管理者最大限度地协调各种公民之间以及公民与政府之间的利益矛盾，以便使公共管理活动取得公民最大限度的同意和认可。（2）透明性（transparency），指的是信息的公开性。透明性要求与公民利益相关的政策信息能够及时地为公民所知，以便公民有效地参与公共决策过程，并且对公共管理过程进行有效的监督。透明性越高，善治的程度也越高。（3）责任性（accountability），指人们应当对自己的行为负责。在公共管理中，指管理机构及其管理人员应当履行其职责和义务。公众尤其是管理人员和管理机构的责任性越大，善治的程度越高。（4）法治（rule of law），指法律是公共政治管理过程的最高原则，公民和政府官员都依法行事，法律面前人人平等。法律不仅规范公民的行为，更制约政府的行为。法治是善治的基本要求。（5）回应（responsiveness），与上述责任性密切相连，指公共管理人员和管理机构必须对公民的要求做出及时的和负责的反应。在必要时，主动向公民征询意见、解释政策和回答问题。回应性越大，善治的程度越高。（6）有效（effectiveness），主要是管理的效率。既指管理机构设置合理，管理程序科学，管理活动灵活，也指最大限度地降低管理成本。善治程度越高，管埋的有效性也越高。善治的实现依靠的是政府和公民社会的良好合作。所以，一个健全和发达的公民社会是善治的基础。①

概括地说，治理理论的主要观点如下：

其一，治理意味着多权力中心，这包括政府，但又不限于政府。它不承认政府是唯一的权力中心，认为，各种公共的和私人的机构只要其行使

---

① 俞可平：《引论：治理与善治》，载俞可平：《治理与善治》，社会科学文献出版社2000年版，第7—11页。

的权力得到了公众的认可，就可能成为某个活动领域的权力中心。

其二，治理意味着在寻求解决社会和经济问题的方案时，存在界线和责任的模糊。在现代社会中，国家正在把原先由它独自承担的责任转给公民社会，即各种私人的部门和公民自愿性团体，后者正在承担原先国家承担的责任。

其三，治理承认在涉及集体行动的各个社会公共机构之间存在着权力依赖。也就是集体行动中的组织之间相互依赖，相互之间要交换资源。

其四，治理意味着参与者最终形成一个自主的网络。这个自主的网络在某个特定的领域中拥有发号施令的权威，它与政府一起在特定的领域合作，分担政府的行政责任。

其五，治理意味着办好事情的能力并不仅限于政府的权力，不限于政府的发号施令或动用权威。在公共事务的管理中，存在着其他的管理方法和技术。

其六，治理不是国家和市场的替代物，是两者的补充；治理也存在失效的可能。要克服治理的失效，实现有效的治理，即善治，就要促成国家和公民社会的良好合作。公民社会是有效治理的基础。

2. 治理理论产生的原因

（1）直接原因：对政府失灵和市场失灵的反思

西方的政治学家和管理学家之所以提出"治理"的概念，直接原因是他们对已有的社会运行调控方式失灵进行了反思，他们既看到了在社会资源配置中市场的失灵，也看到了政府的失灵。

在自由资本主义时期，西方国家奉行亚当·斯密的古典自由主义理论，主张限制政府的权能，认为"管的最少的政府是最好的政府"，提出了"守夜人"的政府角色设定，推崇市场调节。然而，市场在利用竞争机制，发挥市场主体积极性的同时，在限制垄断、提供公共产品、约束个人的极端自私行为、克服生产的无政府状态等方面存在着内在局限，单纯的市场手段不可能实现社会资源配置的帕累托最优。20 世纪 30 年代爆发的经济危机，破除了市场的神话，市场也会失灵。"即使市场机制是完全的发挥作用，也解决不了全部问题，这叫市场失灵。"① 之后，以凯恩斯为代表的保守主义开始登上历史的前台。这一理论学派主张扩大政府的权力和职能，加强政府对社会生活的干预。尽管这种理论的提出使西方国家渡过了经济危机，但也引发了一系列的负效应。尤其是进入20世纪70年代之后，由于长期奉行凯恩斯主义，政府在一定范围内代替市场成为资源配置的主体，政府干预带来的弊端日见暴露：财政危机加剧，社会福利政策难以为继，政府机构日趋庞大臃肿、效率低下。人们开始认识到，在弥补市场失灵的过程中，"政府行政机制本身并非不要成本，实际上，有时它的成本大得惊人"②，因此，应当认识到既存在着市场失灵，也存在着政府失灵。政府职能扩张，政府规模扩大，效率低下，服务无法满足公民的需要，引发了公众对政府信任的危机。在这种情形下，新自由主义开始重新研究政府干预的问题，重提限制政府权力、扩大市场力量的话题，并把市场力量的引入作为革新传统公共行政弊端的良方，引发了一场以提高行政效率为目标的"新公共管理改革"。但由于改革对市场力量过于倚重，忽视了公共行政领域与经济活动领域的不同，在实践中暴露出了诸多问题。面对政府失灵、市场失灵的两难困境，愈来愈多的人热衷于以治理机制对付市场或国家协调的失效，有别于二者的治理理论出现。

治理理论在理念上，超越了传统的政府与市场的二分法。认为，在社会的许多领域，存在政府失灵和市场失灵的情况，应当引入第三只手——公民社会，政府力量、市场力量和公民社会力量多种力量共存，相互之间通过互动和合作，共同分担管理社会事务的责任。"由民间组织独立行使或他们与政府一道行使的社会管理过程，便不再是统治，而是治理……治理的本质是公民社会对社会公共事务的独立管理或与政府的合作管理。"③

（2）现实基础：公民社会的日益壮大

治理理论主张由非政府组织和个人来分担社会管理任务，一个前提是公民社会的日益壮大。"治理和善治的本质特征是公民社会组织对社会公

---

① ［日］野尻武敏、百百和：《经济政策学》，魏杰等译，经济日报出版社1993年版，第24页。

② ［美］R. 科斯：《社会成本问题》，载 R. 科斯等：《财产权利与制度变迁》，刘守英等译，上海三联书店、上海人民出版社1994年版，第23—24页。

③ 俞可平：《中国公民社会的兴起与治理的变迁》，载俞可平：《治理与善治》，社会科学文献出版社2000年版，第328—329页。

共事务的独立管理或与政府的合作管理，善治需要公民社会的发展，没有健全的公民社会，不可能有善治；反之，公民社会的发展必然直接或间接地影响治理的变迁。"①

公民社会（civil society）也被称为市民社会、民间社会等，这三种译法有一些微妙的差别："市民社会"是最为流行的术语，也是 civil society 的经典译法，来源于马克思主义经典著作的中文译名，但在实际使用中带有一定的贬义，传统上人们往往把它等同于资产阶级社会；"民间社会"是台湾学者的译法，它是一个中性的称谓，但不少人认为它过于边缘化；而"公民社会"则是一个褒义的称谓，它强调公民对于社会政治生活的参与和对国家权力的监督和制约，因而越来越多的青年学者喜欢这一新的译名。② 对于"公民社会"，各国学者从不同的角度给出了定义，大致上可以分为两类：一是政治学意义上的，强调其"民间性"，即公民社会主要是指保护公民权利和公民政治参与的民间组织和机构；二是社会学意义上的，强调其"中间性"，即公民社会是指介于国家和家庭、企业之间的中间领域。可以看到上述两种定义关注到了公民社会的不同方面：政治学视角关注到了公民社会的属性，即非政府、非国家、民间性；社会学视角关注到了公民社会的存在领域，即国家与家庭、企业之间。英国学者戈登·怀特（Gordon White）对公民社会的定义，是上述两种定义的集合，也是当前颇具代表性的定义。他认为："当代使用这个术语的大多数人所公认的公民社会的主要思想是：它是国家和家庭（个人）之间的一个中介性的大众领域，这个领域由同国家相分离的组织所占据，这些组织独立于国家，享有相对于国家的自主权并由社会成员自愿结合形成以保护或增进他们的利益或价值。"③ 俞可平在分析治理兴起和公民社会发展的关系时，指出："在这里我们把公民社会当做是国家或政府之

---

① 俞可平：《中国公民社会的兴起与治理的变迁》，载俞可平：《治理与善治》，社会科学文献出版社 2000 年版，第 329 页。

② 何增科：《公民社会与第三部门》，社会科学文献出版社 2000 年版，第 2 页；俞可平：《中国公民社会的兴起与治理的变迁》，载《治理与善治》，社会科学文献出版社 2000 年版，第 326—327 页。

③ Cordon White, "Civil Society, Democratization and Development", *Democratization*, 1994, Vol. 1（3）,pp. 375—390. 转引自何增科：《公民社会与第三部门》，社会科学文献出版社 2000 年版，第 3 页。

外的所有民间组织或民间关系的总和，其组成要素是各种非国家或非政府所属的公民组织，包括非政府组织（NGO）、公民的志愿性社团、协会、社区组织、利益团体和公民自发组织起来的运动等，它们又被称为'第三部门'（the third sector）。"① 可见，公民社会是一个相对宽泛的概念，是由上述各种类型的公民组织构成的一个介于国家和个人之间的领域。

公民社会发展的一个标志是第三部门的存在和活动的兴盛。20 世纪 80 年代以来，一场全球性的"社团革命"正在悄然兴起，第三部门机构数量众多，活跃在诸多领域。例如，在美国，第三部门的活动几乎无所不在。据统计，1998 年，美国大约有 120 万个各种类型和规模的第三部门组织，第三部门工作人员和志愿者，占到美国人口的 1/10，第三部门创造了国家收入的 4.6%，如果加上志愿者的工作时间，这一比例将达到 6.7%。在法国，私人社团的数量同样获得了迅猛发展。仅 1987 年一年就有 54000 个组织成立。在英国，第三部门在整个国民经济中具有举足轻重的地位，其支出占 GDP 的 4.8%，相对规模仅次于美国，居世界第二位。据 1997 年的统计数据，在英国有近 100 万人在第三部门供职，占总人口的 4%。另外，约有一半以上的人经常参加志愿活动。英国第三部门活动的领域主要在教育、文化娱乐和社会服务三大方面。第三部门不仅在这些有历史传统的发达国家继续发展，而且在本来第三部门不太发达的亚洲，如，日本、韩国、新加坡等，在过去十几年中，第三部门的数量也急剧增加。另外，在一些发展中国家，如，东欧国家、印度、巴西、埃及等国家都不同程度地出现了一大批独立性很强的民间团体。② 第三部门组织不断地发展壮大，为治理模式的出现提供了组织和人员支撑。这些第三部门组织或者独立承担某种社会管理职能，或者和政府机构一起合作，共同行使某些社会管理职能。由第三部门组织独立行使或它们与政府一起行使的社会管理过程，便是治理。

（3）社会背景：现实社会复杂性的增加

美国学者简·库伊曼（J. Kooiman）认为公私部门之间的互动模式在

---

① 俞可平：《中国公民社会的兴起与治理的变迁》，载俞可平《治理与善治》，社会科学文献出版社 2000 年版，第 327—328 页。

② 颜丙峰、宋晓慧：《教育中介组织的理论和实践》，上海人民出版社 2006 年版，第 36—37 页。

最近所发生的变化与我们生活其中的世界的复杂性（complexity）、动态性（dynamicity）和多样性（diversity）的逐渐体现有关。[①] 动态性指世界处于不断地变化之中，变化的速率加快；多样性和复杂性指事物属性和状态的多样。从第二次世界大战之后，政治、经济、文化等活动所面临的环境的复杂性增加，变动增快。单一的力量难以应对这种情势，需要发动更多的力量，通力合作，以解决面临的问题。

（二）新制度经济学理论

中介组织介入高等教育管理，实现多元力量合作治理高等教育，实际上是一种高等教育管理模式的变革，属于制度变迁的范畴。新制度经济学关于制度存在意义以及制度变迁理论对于理解美国高等教育中介组织有效介入高等教育管理的原因，以及如何借鉴美国经验，加快我国高等教育中介组织发展有理论指导意义。

1. 制度的功能：降低交易费用

新制度经济学的重要贡献是使人们认识到制度的重要性，制度不再是经济发展的外在变量，而是影响经济发展的内在要素。尽管新制度经济学者对制度内涵的具体界定不同，但是对制度功能的解释是一致的，认为，制度作为调节人与人之间、人与组织之间以及组织和组织之间互动的规则，通过提供一系列规则来框定人们的选择空间，约束人们的行为，减少不确定因素，降低交易成本，促进生产性活动。

新制度经济学的代表人物罗纳德·科斯（Ronald Coase）通过交易费用范畴和科斯定理创立了新制度经济学。科斯发现市场中的交易实际上是要耗费大量成本的，也就是说市场机制是需要成本的。搜寻交易对象、讨价还价、签订契约、履行契约以及监督契约执行都需要费用，科斯把这些费用称为"交易费用"。之后的新制度经济学者把"交易费用"概念广泛运用于产权结构、代理关系、企业内部考核、外部性问题、集体行动、寻租活动、多种体制组织形态的形成和发展、经济史、政治制度等广泛的研究领域，并将交易费用扩展为产权界定和保护费用、信息搜寻费用、谈判费用、执行和监督费用等各个方面。通过交易费用范畴的广泛运用和内涵

---

① ［美］简·库伊曼：《治理和治理能力：利用复杂性、动态性和多样性》，周红云编译，载俞可平：《治理与善治》，社会科学文献出版社 2000 年版，第 218 页。

扩展，实现了交易费用理论的一般化，阐明了在交易费用为正的现实世界中，制度安排的重要性，即制度能够降低交易费用，从而优化资源配置和提高经济效益。

新制度经济学家以"交易费用"为分析工具，分析组织和制度存在的意义。科斯在阐明现实世界中存在"交易费用"之后，提出了"科斯定理"，即在交易费用为正的情况下，一种制度安排与另一种制度安排的资源配置效率不同。他在"交易费用"概念基础上，分析企业存在的意义。他认为，为减少交易的费用，经营者才采用企业这种形式来组织经济活动，用企业管理费用来替代交易费用。也就是说，企业存在的意义是为了降低市场活动中的费用。以科斯定理为基础，奥利弗·威廉姆森（Oliver·Williamson）则侧重于如何节约交易费用的研究。他从契约角度来看待和研究经济组织，认为经济组织的主要目的和效果是节约交易费用，从而设计出交易费用最低的企业治理结构。经济学家张五常认为，经济活动中到底采用哪种合约形式，以交易费用多寡为依据。他还从制度的角度出发，认为交易费用实际上就是所谓的"制度成本"，只要是在多于一人的经济活动中，就会有制度，只要存在制度或只要存在社会，成本就会产生。在这个意义上，交易费用就可以看做是一系列制度成本，包括信息成本、监督管理的成本和制度结构变化的成本。诺斯（Douglass C. North）更是直接把"科斯定理"概括为：当交易费用为正时，制度是至关重要的。新制度经济学认为制度结构和制度变迁是影响经济效益以及经济发展的重要因素。

强调制度的重要性是制度经济学的一贯立场，但直到交易费用概念出现，制度的重要性才有了经济学意义。从交易费用的角度来看，制度存在的意义就是降低交易费用，制度建设的进步就是用交易费用更低、更有效率的制度去代替交易费用高、效率低的制度。

新制度经济学"交易费用"的概念以及在此基础上对于制度功能的阐释，有助于理解中介组织介入高等教育管理这样一种制度安排的价值，也就是减少高等教育运行中的交易费用，提高高等教育政策执行的有效性，减少高等教育资源配置中的浪费，提高高等教育的效益。

2. 制度变迁理论

制度变迁不是指制度的任何一种变化，而是特指一种效率更高的制度代替原有的制度。新制度经济学者沿袭了新古典经济学"需求—供给"的分析范式来研究制度的变迁。

（1）制度变迁的原因

制度的变迁是从制度的非均衡开始，变迁能否发生取决于人们对制度创新的预期收益和成本的计量。制度的均衡是人们对一种制度安排的满意状态，不会产生变革这一制度的动机和行为。这种状态存在是因为在现有的制度安排下，人们的净收益大于零，而且在多种可选择的制度中，这种制度的净收益最大。当人们对现有的制度安排不满意，产生变革制度的动机时，就出现了制度的非均衡。但并不是出现了制度非均衡，制度变迁就一定出现，制度的非均衡可以持续相当长的时间。制度非均衡的持续既可能是因为有效制度需求的不足，也可能是因为有效制度供给的不足。只有出现了有效的制度需求和供给，制度变迁才会发生，从非均衡到新的均衡。

诺斯从稀缺性、竞争、认知和选择来分析制度变迁的发生。"在稀缺经济和竞争环境下，制度和组织的持续交互作用是制度变迁的关键；……竞争使组织持续不断地在发展技术和知识方面进行投资以求生存。这些技能、知识及组织获取这些技能、知识的方法将渐进地改变我们的制度。"[①] 在稀缺的竞争环境中，组织不断地去获得新的知识和技能，审视、判断现有制度的成本和收益，产生对新制度的需求。

（2）制度变迁的方式

制度变迁的方式主要有两种：诱致性和强制性。诱致性制度变迁是一种自下而上的制度变迁，是受利益的驱使。"诱致性制度变迁指的是现行制度安排的变更或替代，或者是新制度安排的创造，它是由个人或一群（个）人，在响应获利机会时自发倡导、组织和实施。"[②] 这种变迁具有渐进性、自发性和自主性特征。强制性制度变迁是一种自上而下的制度变迁，主导者是国家。"强制性制度变迁由政府命令或法律引入和

---

① ［美］道格拉斯·诺斯：《制度变迁理论纲要》，载《改革》1995 年第 3 期。

② 林毅夫：《关于制度变迁的经济学理论：诱致性变迁与强制性变迁》，载 R. 科斯等：《财产权利与制度变迁》，刘守英等译，上海三联书店、上海人民出版社 1994 年版，第 384 页。

实行。"① 这种制度变迁具有突发性、强制性、被动性，是依靠国家强制力量来消除制度的不均衡。

（3）制度变迁的路径依赖

诺思认为，在制度变迁的过程中存在着收益递增现象，从而形成了自我强化的力量，使制度变迁出现了"路径依赖"。也就是说，一种现存的制度及其所塑造的人们的社会行为，都会具有一种"惯性"，一旦采用了某种制度，形成了某种社会行为，就进入了某种既定的路径，这种制度或行为也就有了惯性，影响人们下一步的选择。按诺思的说法，即人们过去的选择在很大程度上可能决定着他们现在或将来的选择。

制度变迁理论对于理解美国高等教育中介组织介入高等教育管理的原因，以及我国高等教育中介组织发展的滞后提供了启示。

（三）权力理论

任何组织参与社会事务的管理都要凭借一定的权力，组织可以从多方面获得权力。权力理论有助于认识高等教育管理中各权力主体参与高等教育管理权力的不同。

1. 权力的概念

"权力"是充满争议的概念，不同的学科和不同的学者对它有不同的界定和使用方式。如，霍布斯（T. Hobbes）、罗素（B. A. W. Russell）、拉斯韦尔（H. D. Lasswell）、韦伯（M. Weber）等都曾对"权力"做过解释。② 但多数学者还是认为，"'权力'基本上是指一个行为者或机构影响其他行为者或机构的态度和行为的能力"。③ 在社会生活中，凡是依靠一定的力量使他人的行为符合自己的目的的现象，都属于权力现象。④

对"权力"的这种认识虽然强调了权力拥有者对他人或机构的干预能力，但实际上，这种干预能力的存在，也说明权力拥有者有自主行动的能力。所以说，所谓"权力"不仅仅是某个个人或机构影响他人或机构的能

---

① 林毅夫：《关于制度变迁的经济学理论：诱致性变迁与强制性变迁》，载 R. 科斯等：《财产权利与制度变迁》，刘守英等译，上海三联书店、上海人民出版社 1994 年版，第 384 页。

② 汪玉凯：《现代政治学》，陕西人民出版社 1989 年版，第 60 页。

③ ［英］戴维·米勒、韦农·波格丹诺：《布莱克维尔政治学百科全书》，中国政法大学出版社 1992 年版，第 594—595 页。

④ 《中国大百科全书（政治学卷）》，中国大百科全书出版社 1992 年版，第 498 页。

力，也指某个个人或机构按照自己的意志行事的能力，即自治的能力或自主的能力。①

2. 权力的来源

是什么赋予权力的行使者自主行动或影响他者态度或行动的能力呢？有三种解释：

其一，资源论。现代政治学把权力的来源归结为对权力资源的占有和掌握。认为，人们所拥有的权力的差别来自他们所掌握的权力资源的差别。②

所谓权力资源包括：人员、金钱、土地、武力、知识、声望、职位、传统、习俗等有形或无形的东西。

其二，结构论。这种理论摒弃了"资源论"的个体分析方法，运用了整体分析方法，在"社会"层面上来观察和理解权力。卡尔·马克思、塔尔科特·帕森斯（Talccot Parions）和路易·阿尔都塞（Louis Althusser）是这一理论的代表。结构论者认为，权力是非人格化的"社会结构"的产物。权力来源于社会结构，某种特定的权力来自社会结构中的某个特定的位置，主体拥有某种权力是因为它占据了某个"位置"或担当了某个"角色"，它一旦离开这个"位置"或者失去这个"角色"，它拥有的权力也随之消失。

其三，功能论。功能主义社会学者认为，处于社会之中的主体只有承担了一定的社会功能，才能获得资源，才能拥有某种权力。主体所拥有的权力，是社会对它满足了某种社会需求的回报或酬谢。也就是说，只有那些有效地响应了社会需求的主体，才能拥有权力。此外，新的权力的形成或新的权力主体的崛起往往与新的社会需求的出现相联系。

综上所述，权力的大小和性质既取决于占有资源的数量、质量，也取决于权力主体的功能和所处的外部环境。

（四）上述理论观点在本研究的应用

治理理论、新制度经济学理论以及权力理论分别从不同的角度为本书研究提供了理论工具。其中，治理理论是贯穿本书研究的核心理论工具，

---

① 康晓光：《权力的转移——转型时期中国权力格局的变迁》，浙江人民出版社1999年版，第45页。

② 《中国大百科全书（政治学卷）》，中国大百科全书出版社1992年版，第498—499页。

建立教育中介组织的必要性是因为高等教育管理模式需要走向治理模式，而高等教育中介组织介入高等教育管理是高等教育治理从理论向现实转化的一个有效途径。高等教育中介组织介入高等教育管理、多个权力主体合作治理的高等教育管理模式是高等教育管理制度的新发展，属于制度变迁的范畴。所以，在分析高等教育中介组织何以能存在并有效介入高等教育管理时，新制度经济学关于制度的功用、制度产生以及制度变迁的理论提供了说明。而高等教育各权力主体在参与高等教育管理时，都需要拥有一定的权力，只是这种权力的来源不同、权力运行的方式不同。所以，权力理论也为本书提供了理论支撑。

具体而言，就治理理论而言，"治理"是在日益复杂、多样和变动的社会中，应对社会运行调控中"政府失灵"和"市场失灵"的一种理论主张，这种理论为人们跳出非政府即市场的二元思维提供了路径，非政府组织（或第三部门）可以作为政府和市场的重要补充，弥补二者的不足。治理理论对于政府和市场单一力量调控社会运行弊端的解说，为高等教育活动中政府和市场单一力量的不足提供了注脚，既有助于说明中介组织介入高等教育管理的必要性，也有助于我们认识中介组织介入高等教育管理的价值，即中介组织是弥补政府、市场和高校中任何一种力量单一管控高等教育不足的一种工具，它的有效介入可以实现高等教育管理的多元力量合作治理。

新制度经济学关于制度功能的解说，有助于我们认识变革高等教育管理制度的重要意义，也提供了评判一项制度变革成效的标准，即是否有利于降低交易成本；该理论关于新制度能否产生取决于制度有效需求与有效供给的契合，以及制度变迁中存在着路径依赖的观点，为分析美国高等教育中介组织何以能存在并有效地发挥作用提供了解释，也有助于我们找到我国高等教育中介组织发展滞后的症结。此外，关于制度变迁存在路径依赖的观点，也提醒研究者在加快我国高等教育中介组织建设时，应该注意到我国的历史和国情。同时，应该意识到：加强我国中介组织建设，推进我国高等教育管理向"治理"转型是一个渐进的过程。

权力理论为分析政府、市场、高校、高等教育中介组织何以存在于高等教育管理场域中，以及比较上述各种力量的不同提供了视角。

第二章　中介组织介入高等教育管理的必要性

　　高等教育活动的属性，以及它在国家和社会发展中显现的重要性，使政府不可能，也不会放手高等教育不管，但政府过度干预高等教育暴露出了高等教育供给与社会需求的脱节，制约高等院校自主管理等诸多问题，会出现高等教育管理政府失灵。20 世纪 90 年代以来，为了消除以往政府管理高等教育的弊端，以及应对高等教育大众化带来的挑战，一些国家进行了市场取向的高等教育改革。但市场固有的弊端和高等教育的特殊性，导致高等教育活动中市场失灵的出现，说明市场在高等教育领域适用范围的有限。高校面对外部环境的变化，一方面要保持一定程度的自治，这是其发展内在逻辑使然；另一方面高等教育所承担的社会责任，又决定了高校必须适应外部社会的要求和接受外部的监督，也就是说高校自治也是一定限度的自治。政府、市场、高校自治力量各有其存在的理由和限度。在高等教育领域中，如何处理政府、市场和高校的关系，做到政府的干预有限且有效、市场机制优势的充分发挥和高校自治与绩效责任的结合，是当前世界很多国家高等教育发展面临的共同问题。

　　为了协调政府、市场、高校之间的关系，一些国家建立了高等教育中介组织。这些中介组织的具体职能不同：有评估型，如，英国 1964 年至 1991 年间的国家学位授予委员会（Council for National Academic Award，CNAA）、1992 年至 1996 年间的高等教育质量委员会（Higher Education Quality Council，HEQC）、1997 年成立至今的高等教育质量保证署（Quality Assurance Agency of Higher Education，QAA）、澳大利亚的大学质量保证署（Australian Universities Quality Agency，AUQA）、美国的地

区性、全国性和专业性认证机构等；有融资型，如，英国 1919 年至
1987 年间的大学拨款委员会（the University Grants Committee，UGC）、
1988 年至 1991 年间的大学基金委员会（the Universities Funding Council，
UFC）、1992 年设立至今的高等教育基金委员会（Higher Education Fun-
ding Council，HEFC）、美国的各种基金会等；有研究咨询型，如，美国
的卡内基高等教育委员会、日本的大学审议会等；有行业自律和权益维
护型，如，美国的各种类型的院校协会以及与高等教育活动相关的各类
人员协会、日本的国立大学协会、联邦德国的大学校长会议、英国的全
国大学副校长委员会、德国的高校校长联合会等。这些组织在高校与政
府之间、高校与社会之间以及高等教育系统内部多个领域，承担多种职
能，发挥了沟通和协调作用，是多元力量合作共同参与高等教育管理的
重要渠道。

一、政府的视角：有限且有效地干预高等教育

追溯高等教育的发展历史，政府插手高等教育是近代以来的事情。
这种干预随着高等教育社会地位的提高，有不断加强的趋势。20 世纪
50 年代之后，许多国家甚至出现了"高等教育的国有化"。不仅在传
统的中央集权国家，政府几乎垄断了高等教育事务，即使在一直以市
场作为高等教育发展基本驱动力的国家，在第二次世界大战之后，政
府对高等教育的渗透也不断加强。政府干预高等教育有其必然性，但
政府对高等教育的干预会出现失灵。克服政府失灵，需要调整政府的
职能，"有限且有效"是政府干预的应然状态，建立高等教育中介组织
有助于这一理想状态的达成。

（一）政府干预高等教育的必要性

国内外学者多从教育活动的属性出发来论证政府在教育活动中的角
色。如，美国著名经济学家保罗·萨缪尔森（Paul A Samuelson）从公共产
品理论出发，把教育归结为公共产品和混合产品，认为政府应当提供并生
产部分教育产品。[①] 米尔顿·弗里德曼（Milton Friedman）、约瑟夫·斯蒂

---

① ［美］萨缪尔森：《经济学》（下）（第 12 版），高鸿业等译，中国发展出版社 1992 年版，
第 1198 页。

格利茨（Joseph Eugene Stiglitz）和哈维·罗森（Harvey S. Rosen）从教育的外部性出发，说明了政府应当提供教育的理由。① 国内学者王善迈、曹淑江、陆根书和钟宇平等从教育服务的外部性论证政府在教育资源配置中的重要作用；劳凯声、朱新梅等从教育的公益性出发，论述教育领域中政府角色的应然状态。② 上述学者对教育活动属性的阐释，适合于解释政府干预高等教育的必要性。

1. 高等教育活动的外部性

外部性，也称为外部效应。公共部门经济学认为，外部性是指某些个人或厂商的经济行为影响了其他个人或厂商，却没有为之承担应有的成本费用或没有获得应有的报酬的现象。③

外部性有正负之分，正外部性就是对第三方有益的影响，负外部性就是对第三方不利的影响。

高等教育活动具有外部性，这种外部性也分为正外部性和负外部性。高等教育的正外部性是指高等教育投资不仅仅为投资者个人带来经济收入增加、社会职业变更和职位升迁以及个性发展等收益，也会对社会产生积极效应。这种积极效应包括对社会经济发展、政治民主化、社会文明程度的提升等多方面。以美国教育经济学家舒尔茨（T. W. Schultz）为首的人力资本理论，从整体国家的层面论证了国民教育水平的提高对国家经济发展的贡献。④ 罗莫（Romer）和卢卡斯（Lucas）、阿西莫格鲁（Acemoglu）、罗坦博格（Rotemberg）和萨落钠（Saloner）等研究者则专

---

① ［美］米尔顿·弗里德曼：《资本主义与自由》，张瑞玉译，商务印书馆1986年版，第83页；［美］斯蒂格利茨：《公共部门经济学》（第3版），郭庆旺等译，中国人民大学出版社2005年版，第359页；［美］哈维·S. 罗森：《财政学》（第6版），赵志耘译，中国人民大学出版社2003年版，第93页。

② 王善迈：《关于教育产业化的讨论》，载《北京师范大学学报》（人文社科版）2000年第1期；曹淑江：《教育制度和教育组织的经济学分析》，北京师范大学出版社2004年版，第40—50页；陆根书、钟宇平：《高等教育成本回收的理论与实证分析》，北京师范大学出版社2002年版，第85—86页；劳凯声：《社会转型与教育的重新定位》，载《教育研究》2002年第2期；朱新梅：《政府干预与大学公共性的实现——中国大学的公共性研究》，教育科学出版社2007年版，第114—119页。

③ 高培勇、崔军：《公共部门经济学》，中国人民大学出版社2001年版，第23页。

④ T. W. Schultz, "The Economic Importance of Human Capital in Modernization", *Education Economics*, 1993, Vol. 1 (1), pp. 13—19.

门研究了教育发展水平对区域经济发展和技术进步的影响。[①] 国民教育水平的提升为社会经济发展提供人力和技术支撑。同时，国家政治民主化进程也直接受制于国民教育水平，而社会政治制度又会影响社会经济的发展。"经济的现代化要求政治的现代化，政治的现代化要求政治的民主化，而政治民主化受制于公民参政的意识和参政的能力。无疑，教育有助于提高公民的民主意识和有效参与的能力。"[②] 国民教育程度的提升，会改变人的观念、言语和行为方式，是整个社会文明和谐有序发展的基础。

高等教育的负外部性指不是所有的高等教育投资都能促进经济发展，也不是所有的高等教育活动都会对国家和社会发展起积极作用，当高等教育发展与社会需求不匹配时，高等教育投资会对经济和社会发展产生不利影响。第二次世界大战后，在人力资本理论的刺激下，西方发达国家加大教育的投资，使得各级教育快速发展。20 世纪 70 年代末，随着越来越多的人接受高等教育，很多国家出现了教育文凭贬值的现象，高等教育毕业生就业困难、毕业生待遇下降。面对这一问题，美国学者理查德·B. 弗里曼（Richard B. Freeman）出版了《过度教育的美国人》（*The Over-educated American*）一书，他将自 1970 年以来的教育收益率下降、知识分子失业的现象称之为"教育过度"。[③] 这种现象不只在美国出现，很多国家都陆续出现了受过高等教育的人从短缺到过剩的问题，研究者对过度教育的关注也逐渐增多。不同的学者对"过度教育"的具体界定不同。如，毕晓普（J. Bishop）认为，过度教育是指一个社会或个人拥有的教育超过了这个社

---

① P. M. Romer, "*Increasing Returns and Long-run Growth*", *Journal of Political Economic*, 1986, Vol. 94（5）, pp. 1002—1037; R. E. Lucas, "On the Mechanics of Economic Development", *Journal of Monetary Economics*, 1988, Vol. 22（1）, pp. 3—42; D. Acemoglu, "Why do New Technologies Complement Skill? Direct Technical Change and Wage Inquality", *Quarterly Journal Economics*, 1998, Vol. 113（4）, pp. 1055-1089; J. J. Rotemberg & G. Saloner, "Competition and Human Capital Accumulation: A theory of Inter-regional Specialization and Trade", *Regional Science and Urban Economics*, 2000, Vol. 30（2）, pp. 373—404.

② I. Fagerlind& L. Saha, *Education and National Development*. 2nd. Oxford：Pergamon, 1989. 转引自陆根书、钟宇平：《高等教育成本回收的理论与实证分析》，北京师范大学出版社 2002 年版，第86 页。

③ Richard. B. Freeman, *The Over-educated American*. New York：Academic Press, 1976.

会或这个人的需要。① 约翰·罗布斯特（John Robest）认为，一个人获得的教育超过了他的职业所要求的水平就属于过度教育。② 亨利·莱文（HenIy M. Levin）则认为过度教育包括三个方面：一是与历史上受过较高教育水平的人相比，现在受相同教育水平的人的经济地位下降了；二是受过教育的人没有实现他对事业成就的期望；三是指在岗员工拥有比他的工作岗位要求更高的教育技能。③ 尽管对"过度教育"的具体界定不同，但是过度教育的基本表征是某一层次或某一类型的教育供给超出了社会对该层次或类型教育的需求，导致该层次或类型受教育者无法找到与其教育背景相匹配的工作岗位，不得不从事非专业或者低教育程度者从事的工作的现象。研究者研究证明，当过度教育现象大量存在的时候，不仅会造成教育投资的浪费，投资者无法收到预期的教育收益。而且，大量毕业生的失业和低收入，还会对社会稳定带来巨大冲击。

就高等教育正外部性的存在而言，消费者会低估投资高等教育的收益，高等教育个人需求量将低于社会最佳需求量，从而造成社会总体利益的损失，为减少这种损失，需要政府进行必要的干预；就高等教育可能出现的负外部性而言，政府需要调控高等教育的规模和结构类型，保证高等教育人力资源的供给与社会需求的动态匹配，避免结构性失业和人才短缺。

2. 高等教育的国家战略地位

伴随着社会经济发展类型的变化，高等教育经历了这样一个过程：从游离于社会世俗生活之外，逐步发展为与社会保持密切联系，进而成为"经济发展和国家生存绝对不可缺少的事物"④。自 12 世纪巴黎大学等早期中世纪大学的出现至 18 世纪末的漫长时期，大学作为保存传统文化的"象牙之塔"，远离世俗社会。尤其是在 17、18 世纪，"虽然在这个时期大学仍旧存在，但就大多数时期来讲，它们在各自国家的创造性智力生活中

---

① ［美］M. 卡诺依：《教育经济学国际百科全书》（第 2 版），闵维方等译，高等教育出版社 2000 年版，第 484 页。

② 孙志军：《过度教育：西方的研究与经验》，载《比较教育研究》2001 年第 5 期。

③ 刘志业、栾开正、李卫东：《教育过度与高校毕业生就业问题分析》，载《高等教育研究》2003 年第 4 期。

④ ［英］阿什比：《科技发达时代的大学教育》，滕大春、滕大生译，人民教育出版社 1983 年版，第 12 页。

并没有发挥出什么重要的作用"①。直到 19 世纪初，被拿破仑战败之后普鲁士国王腓特烈·威廉三世出于"国家在物力上的损失，必须以精神的力量来重新获得"的动机，授命洪堡创办柏林大学，大学开始以科学研究的方式"为国家服务"。19 世纪末 20 世纪初美国初级学院的诞生和发展，威斯康辛思想的出现和传播，使大学开始以直接介入现实生活的方式"为社会服务"。第二次世界大战之后，不仅在美国这种发达国家，"大学仅次于政府成为社会的主要服务者和社会变革的主要工具，……它是新思想的源泉、倡导者、推动者和交流中心"②。而且，从世界范围看，高等教育正从社会的边缘逐渐成为社会的中心。按照社会学家帕森斯（Talcott Parsons）和贝尔（D. Bell）的说法："大学已经成为社会的中心机构，大学教育之良窳足以影响乃至决定一个社会的文化与经济的盛衰。"③ 当前，越来越多的国家已经把高等教育作为国家发展战略之一，究其原因，主要是以下两个因素：

一是国际间经济和科技发展水平的竞争促使国家和社会对高等教育越来越重视。第二次世界大战后，国际间的竞争实质上是经济和科技发展水平的竞争，而且这种竞争的场域从欧美扩大到全球范围。要想从根本上保证国家的安全和提高国家的地位，就要发展经济和科技，而知识和人才是二者发展之基。如，美国学者波特（Poter）指出，在全球竞争激烈的世界，经济发展的主要因素除了天然资源与资本之外，最重要的是新知识的创造与应用。④ 经济合作和发展组织（OECD）1996 年也认定知识为经济发展的要素之一。⑤ 高等教育作为高等专业人才培养和高深知识传承和创新之所，自然日益受到国家的重视。

二是思想和文化的竞争是国家不可坐视高等教育自由发展的重要因

---

① 〔美〕菲利蒲·G. 阿尔特巴赫：《比较高等教育：知识、大学与发展》，人民教育出版社教育室译，人民教育出版社 2001 年版，第 27 页。

② 〔美〕约翰·S. 布鲁贝克：《高等教育哲学》，王承绪等译，浙江教育出版社 2002 年版，第 21 页。

③ 金耀基：《大学之理念》，生活·读书·新知三联书店 2001 年版，第 5 页。

④ L. R. Alley, "Diverting a Crisis in Global Haman and Economic Development: a New Transnational Model for Lifelong Continuous Learning and Personal Knowledge Management", *Higher Education in Europe*, 1999, Vol. XXIV (2), pp. 187—195.

⑤ 李松龄：《关于发展知识经济若干理论问题的探讨》，载《财经理论与实践》1999 年第 1 期。

素。第二次世界大战之后，全球化和信息化时代来临，且全球化和信息化的影响已超出了经济发展的单一含义，它带来了思想和文化的多元化。对于文化多元化的影响，学界有不同的主张。以美国著名政治学家亨廷顿（Huntington）为代表的学者认为，文化的多元化将带来世界文明的冲突。但也有学者认为，文化多元化是人类进步的助推力，不同文化应该相互借鉴和互补。[①] 本书认为，全球化带来的文化多元化既促进文化的相互交融，也会带来文化的冲突和激荡。如何解决本土文化和外来文化的冲突，维护政府所倡导的思想文化的主流地位，直接关系着国家和民族的前途。教育作为一项使年轻一代系统社会化的活动，它所具有的对受教育者思想观念的形塑作用，使任何一个国家的政府都不会放弃自己的监管权力。更不用说，高等教育还为社会各领域培养着大量的精英人物，政府更不会坐视不管，任其自由发展。一向标榜追求自由、民主的美国，高校的教学和研究也必须在其政府确定的界限之内，20 世纪 50 年代"麦卡锡主义"殃及高校是最好的证明。

3. 高等教育问题民生化

随着社会向工业社会、后工业社会的转型，教育对社会分层的影响越来越大，即教育程度逐渐成为影响社会成员谋取职业岗位，进而影响人们社会地位获得的重要因素。如，1967 年布劳（Blau）和邓肯（Duncan）对美国社会的职业结构与职业流动进行了系统研究，认为，对个人职业地位影响最大的因素是教育程度[②]；来自马克思和韦伯的传统阶级结构理论，则把教育或技术资格看成划分阶层结构的重要依据；以工业化、现代化、科技化为背景的功能主义理论的基本观点之一，即认为教育和职业在社会地位的获得中居于中心地位。[③] 因此，社会成员比以往更加重视高等教育，需求增大，要求提高，高等教育问题成为引人关注的民生问题。

当前我国社会中，教育程度已经成为影响社会分层的重要因素，这种影响主要表现在以下几个方面：

---

① 梁金霞：《文化、文化多样化和多元文化》，载国家教育行政学院：《国际视野中的高等教育管理》，广西师范大学出版社 2006 年版，第 316—318 页。

② ［美］伊恩·罗伯逊：《社会学》，黄育馥译，商务印书馆 1991 年版，第 505 页。

③ R. Erikson& J. Goldthorpe, *The Constant Flux: A Study of Class Mobility in Industrial Societies.* Oxford：Oxford University Press, 1992, p. 5.

一是影响社会成员的职业选择。20 世纪 80 年代以来，随着我国社会一系列制度安排的改变，职业岗位直接与权力、财富和声望相连，"职业"已经取代"身份"成为社会地位的指示器。而当前我国职业竞争市场上，文凭封闭和拒斥问题突出，低学历者被排斥在竞争的门槛之外。即使在学历上占比较劣势的人加入职业岗位竞争者的行列，一般来说，其成功的概率也较低。中国人民大学刘精明通过研究得出结论：从 1978 年以来，进入中高级白领职业阶层的教育标准，在我国经历了由中等职业技术教育向高等职业技术教育再向正规普通高等教育逐步强化的过程，较低文凭者已被排斥在中高级白领阶层之外。①

二是影响社会成员收入的多寡和稳定性。随着经济因素在我国社会生活中重要性的提升，阶层划分的直接依据已向以金钱和财富为表征的有形资产转变。在我国，受教育程度已经成为影响居民个人收入的重要因素。近几年，国家统计局有关居民收入的调查显示：居民的收入与文化程度成正比，城镇居民个人收入总趋势是文化程度越高，职务职称越高，收入越高。中国人民大学在 20 世纪 90 年代的一项研究成果显示，高学历正在带来高收入，教育程度与收入成正比例关系，小学、初中、高中（包括中专、职高等）、大专、大学等各层次的收入以 18%—24% 的比例依次递增。② 有良好教育背景的社会成员不仅职业收入较高，而且收入稳定性强。随着社会用人竞争的加剧，教育程度对职业选择、收入多少和稳定性的影响依然明显。有研究者利用 2007 年和 2008 年的中国城镇居民入户调查数据统计结果分析得出：学历仍然是影响职业选择和收入差距的主要因素，高学历者在政府机关、企事业单位等所谓"好工作"单位所占的比例远远高于低学历者的比例，即使在是流动性较强的商业、服务业和收入较差的农林牧渔水利业，高学历者占据各个职业固定工或长期合同工岗位的比重也明显高于低学历者的比重。而且，低学历劳动者在各个职业种类上的年平均收入均低于高学历劳动者。③

---

① 《教育与社会分层结构的变迁——关于中高级白领职业阶层的分析》，载《中国人民大学学报》2001 年第 2 期。

② 戴炳源、万安培：《中国中产阶层现状特点及发展态势简析》，载《财政研究》1998 年第 9 期。

③ 田晓青：《教育程度在劳动力市场中形成的职业分割研究》，载《中国市场》2014 年第 28 期。

三是影响代内和代际流动。教育背景直接影响受教育者一生社会地位的获得。20 世纪 90 年代有些学者开始关注高等教育与社会分层、社会流动的关系。吴忠民、林聚任鉴于我国社会分层中职业的重要性，选取"职业流动"作为社会流动研究的可操作性概念，对山东省五个地级市进行了实证调查。调查结果显示，教育程度是影响社会流动的重要变量。[①] 进入 21 世纪，虽然随着高等教育规模的不断扩张，高等教育毕业生就业出现困难，但是教育背景依然是影响社会流动的重要因素。[②] 同时，前代人的教育背景还会影响后代人的社会地位。在现代社会中，这种影响主要是通过影响子女的教育成就来间接实现的，即家庭的经济、文化等状况直接影响子女的受教育机会和教育成就，进而影响子女的社会地位。随着我国高等教育成本分担制度的实施，家庭经济状况直接影响子女接受高等教育的类型、方式和层次。有研究表明，贫困家庭的子女在高考时，更多考虑所报考院校的学费高低、是否有学费减免和资助措施，较少考虑学校的学术地位和专业兴趣；家庭经济状况的限制也使一些低收入家庭的子女放弃了攻读研究生或出国深造的愿望。[③] 家庭经济条件对子女教育的影响是直接的，父母文化水平的差异对子女教育的影响往往是间接和易忽视的。有学者指出，文化阶层高的家庭可以给子女教育以科学的指导，父母对子女教育成就的期望较高，也促进子女成就动机相应提高，从而间接影响子女的教育成就。

总体来看，较高的教育程度意味着较好的职业岗位、较高的社会地位，高等教育对于受教育者自身以及家庭发展的重要性明显，使社会成员比以往更加关注高等教育机会的公平分配。高等教育机会分配是否公平承载着社会是否公正的意味。一旦高等教育机会分配中，一些群体产生"相对剥夺感"，会从对教育制度的不满，发展到对整个社会制度的不满，从而给社会稳定带来隐患。

鉴于上述理由，政府对高等教育的干预是必然的。正如褚宏启教授所

① 吴忠民、林聚任：《城市居民的社会流动——来自山东省五城市的调查》，载《中国社会科学》1998 年第 2 期。

② 向冠春、刘娜：《我国高等教育与社会流动关系嬗变》，载《现代教育管理》2011 年第 1 期。

③ 丁小浩：《对中国高校不同家庭收入学生群体的调查报告》，载《清华大学教育研究》2000 年第 2 期。

说："政府对学校的管制是现实存在的，具有现实性，也具有必要性甚至永恒性。政府不可能也不应该放弃管制，关键是如何管制。因此，将来的政校关系与现在政校关系的区别，不是'管'与'不管'的区别，而是管什么、怎么管的区别。'管'是不变的，而管什么、怎么管是变化的。"①

（二）政府干预高等教育的失灵

社会公益的提供应成为政府组织的最核心功能。在现实中，政府往往以公共利益实现者的角色出现，对社会生活进行广泛干预。韦伯科层制理论的提出和推广，使人们确信行政组织的官僚制具有精确性、稳定性、可靠性、高效率等优势，是政府行政体制的理想组织模式。但随着20世纪70年代西方各国经济滞胀的出现，之前大行其道的凯恩斯主义遭到了质疑，人们开始重新审视政府的角色，对政府过度扩张权力以及官僚制的弊端进行批判，提出了"政府失灵"论。

在高等教育领域，高等教育的功能和高等教育服务的属性为政府干预高等教育提供了理由，尽管各国政治、经济和文化以及历史传统存在差异，但是高等教育普遍成为政府干预较多的领域，甚至在某些国家还建立了由政府大包大揽的高等教育体制。然而，政府过度干预高等教育存在诸多弊端，在高等教育领域政府干预已出现失灵。

1. 高等教育领域政府干预失灵的表现

（1）哈耶克的观点

英国著名经济学家哈耶克（Hayek）承认政府存在的必要是提供市场不能有效提供的服务，但是，他认为，政府的行动应当区分"目标的可欲和手段的可欲"。在哈耶克看来，衡量手段的可欲性的基本原则便是个人自由或人身自由，亦即国家的所作所为不能对个人实施它本不应该施加的强制。在讨论国家的权力限度或政府的权力限度时，他将服务业作为一个典型的个案予以分析，而教育则是这个典型个案中的一个重要构成部分。他在《自由秩序原理》（*The Constitution of Liberty*）一书中，探讨了"教育与研究"的有关问题。

哈耶克指出，将整个教育制度置于国家管理或指导之下，固然可以促

---

① 褚宏启：《审视现代学校制度》，载《中国教育管理评论》（第2卷），教育科学出版社2004年版，第90页。

使一个国家的经济迅速崛起，可以为所有的公民提供一种共同的文化背景，但切切实实地隐含着种种危险。

其一，引发政治冲突，也有损文化的多元和人的自由。

在哈耶克看来，教育中的问题多半是价值问题。如果教育为国家控制，那么，占支配地位的社会群体会利用教育这一工具把自己认同的价值观念强加于全社会。正是因为教育具有价值观塑造的功能，而所有的教育又都必须且应当根据某些明确的价值观念加以指导的事实，是公共教育制度（system of public education）会产生真正危险的根源。

危险一，引发政治冲突。社会中不同群体之间会争夺教育的控制权。"在多民族的国家中，应当由谁来控制学校制度这个问题，已逐渐成为民族之间摩擦的主要根源。"①

危险二，对"自由"的损害。他在《自由秩序原理》中"教育与研究"一章的开头，就援引了约翰·穆勒（J. S. Mill）《论自由》中的一段话，来说明政府垄断教育对知识、社会和文化的多元化存在和个人心灵自由的损害。"一般的国家教育（state education），仅是一项将人们模塑成完全相似的人的人为设计；而通过此种教育强加于人们的模型，则又定是那些能令政府中的支配性力量——不管它是君主、牧师、贵族还是当今社会的多数——感到满意的东西；随着这种国家教育的效率及成功程度的提高，它将渐渐确立起一种控制人们心智的专制，而这也势必会导致确立一种对人身的专制。"② 哈耶克认为，"事实上，人们对教育所能拥有的对人的心智的控制力评价越高，则人们就越应当相信将此一控制权置于任何单一权力机构支配之下所具有的危险。"③

其二，有损公平和效率。

哈耶克指出，政府愈来愈把教育当做一种实现平均主义目标的工具来运用，试图通过国家的力量来对社会成员的前途做出平均主义的安排。他认为，这是一种机械主义的平等观，这种平均主义的观念混淆了"确保机

---

① ［英］哈耶克：《自由秩序原理》，邓正来译，生活·读书·新知三联书店1997年版，第163页。

② ［英］哈耶克：《自由秩序原理》，邓正来译，生活·读书·新知三联书店1997年版，第159页。

③ ［英］哈耶克：《自由秩序原理》，邓正来译，生活·读书·新知三联书店1997年版，第164页。

会平等"与"使机会同能力相适应"这两种欲求。哈耶克认为，如果从机械主义的平等观出发，认为社会中所有成员都应当从同样的起点出发，拥有同样的机会才是平等的话，那么，这种平等是不公平的。"因为只有通过剥夺掉某些人所具有的但却不可能提供给所有的人的机会这种方式，才能达致这一点。"① 哈耶克认为，高等程度的教育只能为部分人享受是合理的。但是，"无论如何，某些利益必为某些人享有这个事实，绝不意味着某个单一的权力机构应当拥有排他性权力，以决定这些利益应当归谁享有。"② 显而易见的是，任何单一权力机构在下述几个方面都不应当享有垄断性的判断权：一是判断某种特定类型的教育具有多少价值，二是判断应当对进一步的教育给予多少投资，三是判断应当对不同类型教育中的哪一种教育进行投资。如果政府用排他性的力量，用单一的标准，对教育制度做出安排，是有损社会公正和效率的。因为任何社会都不存在一种唯一的标准，可供我们据以对不同目标的相对重要性做出判断，或对不同方法的相对可欲性做出判断。人们能够不断地获得各种替代性方法以供选择，这一点在教育领域或许要比在其他任何领域都重要，因为教育领域的任务乃是使年轻人获享各种能力以适应变化不定的世界。

他认为，国家通过某种标准化的考试来控制进入高等教育领域的资格，也是有损公平和效率的。因为并非所有能使人们做出特殊贡献的天赋能力都可以借助考试或测验来确定。"热爱知识的欲求或多种兴趣的特殊组合，可能要比显见的天资或任何可以测得的能力更重要；而那种可以养成一般性知识和兴趣的背景或者由家庭环境养成的对知识的高度尊重，可能会比天赋能力更有助于成功。"③ 另外，他也认为，群体与群体之间存在差异，每一群体中都有一些成员有机会享受高等教育。"我们还有更为充分的理由认为，由于一个国家中存在着许多不同的群体，所以应当给予每一群体中的某些成员以接受这种教育的机会，尽管某些群体的最优者可能不如其他群体中并未获得这种机会的成员有资格。正是基于此一理由，不同地域

---

① ［英］哈耶克：《自由秩序原理》，邓正来译，生活·读书·新知三联书店 1997 年版，第 172 页。

② ［英］哈耶克：《自由秩序原理》，邓正来译，生活·读书·新知三联书店 1997 年版，第 170 页。

③ ［英］哈耶克：《自由秩序原理》，邓正来译，生活·读书·新知三联书店 1997 年版，第 172 页。

的群体、不同宗教信仰的群体、不同职业的群体甚或不同种族的群体，都应当能够帮助某些年轻的成员获享接受高等教育的机会，并通过那些接受高等教育的人来反映各自群体对教育的尊重程度以及他们对教育的看法。"①

哈耶克认为既然人与人之间的差异、群体与群体之间的差异是客观存在的，那么，就应当采取差异对待的原则，而不是用同一个标准裁量。否则，就违反了公平原则。同时，人的发展是多样性的，社会的发展也在于每一个人充分利用自己的条件。如果人为限制这种多样性，阻断人们利用各种途径发展的机会，既是不公正的，也是无效率的。由此，他认为，政府单一权力控制教育是有损公平和效率的。

（2）我国高等教育中政府干预失灵的考察

1949年新中国成立后，我国建立了中央高度集权的教育管理体制，这种体制在特殊的国内外形势下，具有集中全国力量办教育、教育与社会其他各领域发展计划同步、便于政府管理教育的优势，但在发展中暴露出其存在的问题。以1949年新中国成立后到20世纪90年代初期，我国高等教育管理体制为例，说明政府单一力量、过度干预高等教育的弊端。

一是政府单一力量供给高等教育服务，无法满足社会需求。1949年新中国成立之初，我国有普通高校205所，其中，公立高校占60%，中国人创办的私立高校占30%，接受外国津贴的高校占10%。② 从1951年起，政府开始回收教育权，私立改公立，到1952年底，私立高等学校全部改为公立高等学校。之后，政府承当了提供高等教育服务的几乎全部责任。但是由于政府财力的限制，高等教育供给能力有限，高等教育发展难以满足社会需求。国家高等教育供给不足与社会对高等教育需求持续增加的矛盾，一方面与国家教育经费投入在国民生产总值中的比例偏低有关，另一方面与单纯依靠国家对教育的投入有关。③

二是政府直接插手高校内部事务，高校缺乏应有的自主权。新中国成立后到20世纪90年代初期的我国高等教育活动主要是政府通过指令性计划来管理高校内部事务，包括专业设置、课程开设、教材选用、招生和就

---

① ［英］哈耶克：《自由秩序原理》，邓正来译，生活·读书·新知三联书店1997年版，第174页。
② 朱国仁：《建国以来高等教育改革与发展的回顾》，载黄宇智：《当代中国高等教育论要》，汕头大学出版社1994年版，第49页。
③ 邬大光：《新形势下高等教育的选择》，载黄宇智：《当代中国高等教育论要》，第29页。

业、人事制度、教师职称评定等，高校成了政府的附属机构，无权决定自己的内部事务。高校作为高层次人才培养和科学研究的重要基地，不同专业之间人才成长的规律不同，高校科研也有自己的规范。政府部门用"外行"领导"内行"的方式管理高校，政府的决策不完全符合高校自身运行的逻辑，出现了以"政治"代替"学术"的问题。有学者在总结新中国成立 40 年来的学术发展时，指出：40 年的惨痛教训表明，对学术发展最不利的是来自行政力量的不恰当干预。① 有学者甚至指出，政府对学术研究的过度干预不仅仅导致我国学术自由精神的不彰，而且还是诱发学术腐败的重要根源。②

三是政府对高等教育的大包大揽，导致高校既无动力也无能力去适应社会，变革迟缓。在计划经济体制下，政府投入成为高校办学经费唯一来源，政府制定招生计划，负责分配学生。高校无需为办学经费来源发愁，也无生源之忧，更无学生就业的压力。在这种政府"圈养"状态下，高校缺乏变革的动力。同时，政府管控高校的所有事务，高校缺乏应有的自主权，也无法主动根据社会需要对自己的专业设置、人才培养方案等进行调整。高校与社会之间的联系，是通过"政府"这一中介来完成的，高校没有主动适应社会需求变革的能力。一方面是政府财力有限，高校办学经费紧缺；另一方面是高校缺乏变革的动力，资源使用效率低下。如，生均经费指数是评价一国教育投入状况和资源利用效率的重要指标。李福华引用了联合国教科文组织的相关研究，说明我国在 1990 年之前的高等教育财力资源的利用效率与其他国家相比是较低的。

表 3　生均经费指数的国际比较

国别	生均经费指数 1980 年	生均经费指数 1990 年	与中国之比 1980 年	与中国之比 1990 年
美国	No	0.21	No	9.2
法国	0.29	0.23	12.5	8.4
德国	0.31	0.29	11.7	6.7
英国	0.80	0.42	4.5	4.6
澳大利亚	0.51	0.56	7.1	3.4

① 袁伟时：《学术的尊严与学者的自尊》，载《开放时代》1996 年第 4 期。

② 周光礼：《学术自由与社会干预——大学学术自由的制度分析》，华中科技大学出版社 2003 年版，第 191—194 页。

国别	生均经费指数 1980 年	生均经费指数 1990 年	与中国之比 1980 年	与中国之比 1990 年
埃及	0.58	0.82	6.2	2.4
印度	0.72	0.83	5.0	2.3
巴西	0.59	1.10	6.1	1.8
中国	3.62	1.93	1.0	1.0

注：1. 通常用生均事业费占人均 GDP 的比例代表生均经费指数，其计算公式为：年度生均事业费/年度人均 GDP。

2. 联合国教科文组织 http://www.unsco.org 以及 UNSCO Statistical Yearbook，1993. 转引自李福华：《高校资源利用效率研究》，北京师范大学出版社 2002 年版，第 12—13 页。

2. 政府干预高等教育失灵的原因

政府对高等教育的管理会出现失灵，这既是由于政府组织和高校组织的属性存在本质差异，也因为高等教育的复杂性逐渐超出了政府单一供给和管控的能力。

（1）基于政府组织的分析

第二次世界大战之后，西方国家为了弥补市场的不足，加强了政府的干预，对其经济持续发展起到了一定的作用。但是，在发展中，政府的局限性也逐渐显现。从 20 世纪 70 年代以后，人们开始重新审视政府角色，意识到政府也不是万能的，市场调节存在着失灵，政府干预同样出现无效，而且政府干预的失误所造成的影响比市场调整的失灵后果会更严重，影响范围更大，造成的资源浪费更多。一些研究者对全能型政府管理模式提出了批判，其中影响较大的是公共选择理论，其观点有助于揭示政府干预失灵的原因。[①]

公共选择理论是现代政治经济学的一个分支学科，20 世纪 60 年代由詹姆斯·M. 布坎南（James M. Buchanan）和沃伦·纳特（G·Warren Nutter）创立，后经丹尼斯·缪勒（Denis C. Mueller）等加以完善。该理论把经济人假设、交易行为和个人利益最大化等用于分析政治决策，分析了官僚体制设计的弊端，打破了政府组织是公共利益最优实现者的表象。公共

---

① 袁刚：《有限且有效：政府干预高等教育的应然模式》，载《河北师范大学学报》（教育科学版）2010 年第 3 期。

选择理论代表人物布坎南认为，如果"经济人"的假设成立，那么每个人在市场中的行为是理性自私的，行为的目标是追求个人利益最大化，那么他们在非市场行为也会受到"经济人"本性的驱动，也会追求个人利益。"当个人由市场中买者和卖者转为政治过程中的投票者、纳税人、受益者、政治家或官员时，他们的品性不会发生变化。"① 即使政治家在行动时，虽然可能有促进公共利益的愿望，但是这只是他诸多愿望中的一种，他们优先考虑的还是个人利益的得失，其利益在于获得地位、权力和威望等。安东尼·唐斯（Anthony Downs）对此进行了精辟的论述，在他看来，"政党（政治家）所感兴趣的并不是社会资源的有效配置，相反，每个政党所追求的只是通过获得最多的选票从而再次当选。"②

公共选择理论对政府行为的分析不完全正确，但是也揭示了政府行为中的问题。政府在做出决策时，不一定完全是为了公共利益，会受到个人利益、部门利益驱动的影响。

政府官僚科层体制的设计，也存在着问题。科层制度的优点是信息传递的速度快，有利于工作效率的提高。但是科层制也不可避免地出现信息传递失真和片面的问题，因为基层人员在向上传递信息时，必然对信息进行筛选和缩减。否则，高层就将被信息湮没。高层根据经过筛选和缩减的信息进行的决策有可能丧失科学性。所以，唐斯认为，科层制的层级原则会导致决策权安排与信息传递结构的背离。组织结构层级原则的设计使组织中处于最高层的人拥有对最重要、全局性问题的决策权，而组织中的信息通道是越往上越狭窄，信息量越小。经过层层筛选和加工的信息，不能完全、客观地反映现实，依据这些信息做出的决策可能是不科学的。

根据西蒙的决策原理，任何人都是"有限理性的"。即使政府官员不存在公共选择理论所指出的私利，但是因为每个人专业知识和能力的有限，政府官员完全出于公益的决策，也未必就是科学的。

此外，政府部门效率低下。政府部门缺乏有效的绩效考评制度，政府的职责是提供公共产品，而公共产品使用效益一般难以量化衡量；政府机构工作人员一般不存在因为竞争而失业的危险，因而缺乏改进工作、提高

---

① ［美］布坎南：《宪法经济学》，载刘军宁：《市场社会与公共秩序》，生活·读书·新知三联书店 1996 年版，第 341 页。

② 高培勇、崔军：《公共部门经济学》，中国人民大学出版社 2001 年版，第 83—84 页。

成效的外在压力。而且，政府机构从政策制定到政策实施，存在着一系列的滞后问题：一是认识时滞，也就是从问题出现到进入政府考虑层面需要一段时间；二是决策时滞，从政府认识到某一问题到寻找到问题解决方案，中间需要很长时间的讨论、选择时间；三是执行与生效时滞，从政府公布某项政策到政策实施并取得成效需要一段时间。①

政府部门工作的迟缓、低效降低了政府决策解决问题的成效。

（2）基于高等教育组织的分析

政府不能完全管控高等教育，还在于高等教育组织活动特性使然。首先，高等教育作为人才培养和科学技术发展的基地，其基本特点是专业化，以专业为单位开展教育教学和科研活动。美国高等教育专家伯顿·克拉克在分析高校组织特征时认为，高校具有专门化特征，很久以来就由若干专业组成，且有专业日益增多的趋势；而且专业间自主性程度越来越高，专业与专业之间、专业知识与中小学所传授的普通知识之间的距离正在扩大，越来越多的领域表现出内在的深奥和固有的自主。学科和专业知识属性的差异，决定了不同学科之间、不同专业都有自己特殊的教育教学和科研方式。所以，高校人才培养活动的复杂性使其不应受到刻板一致的规限。"将外在于人的资源变成人自身的价值是抵制标准化的，因为学生在学术资质、兴趣、心智倾向、社会与文化特质、教育与职业目标以及其他很多方面，都有极大的个性差异。而且，高等教育机构的相关学科与专业需要多样的探究途径、心智结构，把研究方法和理念与个人与社会价值联结起来的方法，以及把知识与人类经验联结起来的过程也是多样的。学习是一个微妙的过程，它的本质可能因学生、机构、学科、学者（或教师）、学生发展层次的不同而有所差异。由于学习与研究两者都具有错综复杂性与不可预测性，因此，如果一所高等教育机构要有效运转，则需要具备高度的自由，以明智地限制外力的介入与控制。"②

其次，当代高等教育规模的庞大、结构的复杂与变革的快速，超出了政府单一力量管控的能力。第二次世界大战后兴起于发达国家的高等教育

---

① 蒙丽珍、古炳玮：《财政学》（第3版），东北财经大学出版社2013年版，第65页。

② Robert O. Berdahl&T. R. McConnell, *Autonomy and Accountability：who Controls Academe?* in Philip G. Altbach, Patricia J. Gumport, Robert O. Berdahl, *American Higher Education in the Twenty-first Century*. Baltimore：The Johns Hopkins University Press, 1999, p. 70.

大众化，到 20 世纪八九十年代成为世界趋势。大众化不仅是一个量的扩张，同时伴随着高等教育层次类型、培养目标的多样化以及高等教育参与的民主化。美国教育社会学家、加利福尼亚大学伯克利分校的马丁·特罗（Martin Trow）教授分析了高等教育大众化乃至普及化所带来的变化。他认为，伴随着高等教育对象从少数精英向大众化过渡，直至普及化的发展过程，在观念上，接受高等教育从"少数出身好或天赋高或两者兼备的人的特权"转变为"具有一定资格者的权利"和全体人的"一种义务"；在目的和功能上，从"塑造统治阶层的心智和个性，培养政府和学术精英"转向"提高人们的社会适应能力，为发达工业社会大多数人的生活做准备"；在高等教育系统方面，学校类型从单一的全日制普通高校演变为包括全日制、部分时间制等多种办学模式共存的多样化系统；学术标准从共同的高标准趋向多样化；在入学与选拔上，从根据"考试成绩、英才成就"到引入"非学术标准"，以及凭借"个人意愿"；在领导与决策上，社会公众逐渐介入原来由"少数学术精英团体"所垄断的决策；在学校行政领导和管理上，也从"由学术人员兼任"转变为由"专业管理者、管理专家"专门管理并吸收校内外人士参与。[①]

高等教育规模的扩大、层次和功能的多样，使高等教育系统日益复杂。同时，高等教育作为与社会联系最直接、最紧密的教育层次，当它越来越多地承担为社会提供高素质劳动者的角色时，高等教育机构需要及时了解社会的需求，进行适度的调整。面对庞大、复杂、变革的高等教育系统，单一政府力量难以应对高等教育发展的需要。

（三）中介组织的介入有助于政府有限且有效地干预高等教育

政府干预高等教育是必要的、合理的，但政府的干预应当有其边界和范围。同时，政府的干预又应当是有效的，在其应当承担职责的领域，充分发挥自己的作用。有限且有效是政府干预高等教育的应然角色。

要实现政府对高等教育有限且有效的干预，可以建立一些介于政府与

---

① Martin Trow, *Problem in the Transition from Elite to Mass Higher Education.* Conference on Future Structures of Post-secondary Education, Paris 26th-29th June, 1973, pp. 63-71；转引自潘懋元、谢作栩：《试论从精英到大众高等教育的"过渡阶段"》，载陈学飞、秦惠民：《高等教育理论研究精论集》，中央编译出版社 2004 年版，第 23—24 页。

高校之间的教育中介组织，承担咨询、审议、评估、拨款等某些专业性比较强的管理职能。如，英国的高等教育基金委员会（Higher Education Funding Council，HEFC），印度、新西兰、巴基斯坦、澳大利亚、以色列等国家也设有类似的高等教育拨款组织，法国全国高等教育和科学研究审议会，法国全国公立高等教育机构评估委员会，美国高等教育认证组织，日本的教育审议会，中国香港的教育统筹委员会、教育委员会、大学及理工教育资助委员会、职业训练局、研究资助局。

这些中介组织承当某些专业性比较强的管理职能，除减轻政府工作压力，弥补政府在人力、信息和专业知识领域的不足外，也有助于提高政府管理高等教育的绩效。具体来说：

1. 参与政府政策制定和执行过程，提高教育政策的有效性

教育政策是政府调控高等教育的重要手段。任何教育政策都要追求有效、经济地解决教育问题，分配教育利益。教育政策的有效性是表征教育政策价值的一个维度。教育政策的"有效性"（efficacy）指教育政策的效能，是效益、效率、效果的统一，其含义是指教育政策活动以最小的代价获得具有最大化正价值的政策结果，是教育政策功能和效益的最大化。[1]

教育政策的有效性取决于教育政策制定是否科学与政策执行是否有效。首先是政策目标确定和方案选择的合理，其次是政策得到切实的执行。高等教育中介组织活动有助于这两个目标的实现。

上文提到政府失灵的原因之一是因为决策存在失误，也就是教育政策制定中就出现了问题。一是因为信息传递中的过滤和失真，决策人员不能掌握全面、真实的信息；二是因为任何人都是有限理性的。哈耶克认为，人类"具有一种不可避免的无知"，这是由知识的分散性所决定的，任何人都不可能是无所不知的。高等教育活动内容的高深和专门的特点，更使学科之间的知识壁垒明显，非专业的人士难以正确评判特定专业领域的事务。高等教育中介组织凭借专业知识背景，加上广泛调研，为教育决策提供咨询，提出的政策方案会更加切实、科学，保证政策制定环节的有效。同时，各种中介组织对教育问题广泛、充分的研讨，使更多的高等教育工作者参与到政策制定和执行中，使执行者可以更准确地把握政策的实质要

---

① 刘复兴：《教育政策的价值分析》，教育科学出版社 2003 年版，第 49 页。

义，减少政策执行中的失真；因为广泛的参与，政策获得了更多人的支持，减少了执行中的阻力。

2. 承担专业性管理职能，促进政府职能的转变

克服政府失灵，并不意味着政府权力从教育领域中完全退出，而是调整政府的职能，纠正目前政府管理中存在的缺位、越位、错位的现象。政府可以而且必须发挥的一个作用就是宏观调控。正如戴维·奥斯本（David Osborne）所说，政府要在公共管理中扮演催化剂和促进者的角色，要学会"掌舵"，而不是"划桨"。由高等教育中介组织来承担某些专业性较强的、具体的任务，如，高等教育质量鉴定、入学资格测试、专题研究等，政府就可以从此类"不该管也管不好"的繁琐具体事务摆脱出来，集中精力于事关全局和长远的工作，真正"有所为，有所不为"。

3. 承担监督职能，协助政府调控教育

政府失灵的一个表现是高等教育资源利用的低效，高等教育资源总量不足与浪费并存。提高资源的利用效益，加强对高校的监管，促进高校适时变革，提高教育教学活动的绩效，是20世纪90年代以来高等教育变革的重要内容。高等教育中介组织承担某些专业的职能，如，评估、审议、经费拨付等，提高活动的专业化和规范化水平，使对高校绩效的评定更加科学合理，在此基础上政府来确定资源分配的方案，提高资源使用效益。同时，政府可以利用中介组织对高校进行评估、监督，在不干预高校内部活动过程的情况下，引导高校活动符合国家和社会的利益，实现政府"结果控制"和高校"过程自由"的结合。

中介组织介入高等教育领域有助于克服政府失灵，但是在高等教育实践领域，因为主客观因素的制约，高等教育中介组织并没有得到重视，远没有发挥其应该发挥的功能。无论是公共选择理论还是哈耶克都主张通过在教育领域中引入和发挥市场的作用，以此克服政府控制教育的弊端。而他们的这种主张已经被很多国家付之于实践，20世纪80年代以来，一场市场取向的高等教育改革在世界上很多国家展开，很多国家把克服政府失灵的出路放在了市场力量的增强上。这场市场取向的教育改革是否如改革者所愿，是医治高等教育领域中问题的良方呢？

二、市场的视角：克服失灵，发挥市场优势

美国学者伯顿·克拉克在其 1983 年问世的名著《高等教育系统——学术组织的跨国研究》一书中从国家、市场和专业权力三个维度分析了不同国家高等教育协调系统的特征。但是，20 世纪 80 年代以来，许多国家高等教育改革都出现了一个共同的取向，即市场力量在高等教育领域的引入和扩张。在英国学者玛丽·亨克尔（Mary Henkel）和布瑞达·里特（Brenda Little）主编的《国家、高等教育与市场》（*Changing Relationships between Higher Education and the State*）一书中，欧洲的高等教育研究者认为 20 世纪 80 年代以来西欧高等教育的重要变化是市场力量的引入[①]；传统上以市场协调为特征的美国，市场的触角不断延伸，即使一直以来被认为是政府作用范围的公立高等教育领域，也进行了市场化的改革。我国从 20 世纪 90 年代以来，在高等教育中，市场因素开始发挥作用，并迅速地改变着高等教育中的各种关系。综观这场市场取向的高等教育改革，其动因是希望借助市场之力去克服以往高等教育管理中的弊端，提高高等教育资源的效益，并应对高等教育大众化的挑战。但是，随着改革的推进，人们逐渐意识到，市场在给高等教育发展注入生机与活力的同时，也带来了一些负面影响，市场失灵逐渐显现。政府掌控高等教育有其弊端，但市场也不是万能的。如何去弥补市场的缺陷，高等教育中介组织是解决问题的一种途径。

（一）市场介入高等教育的必要性与成效

为什么有着不同高等教育管理传统的国家都开始青睐市场？已经进行的市场取向的高等教育改革是否实现了改革的预期目标呢？

1. 市场介入高等教育的必要性

在探讨是什么原因导致欧洲高等教育出现了市场取向的改革时，《国家、高等教育与市场》一书中文版主译者谷贤林将本书作者的观点概括为以下三方面：一是高等教育大众化的影响；二是国际竞争；三是新公共管

---

① ［英］玛丽·亨克尔、布瑞达·里特：《国家、高等教育与市场》，谷贤林等译，教育科学出版社 2005 年版，第 1 页。

理理论的影响。① 从 20 世纪 90 年代以来，我国有些学者从高等教育产品属性出发，分析了市场介入高等教育的可能。② 也有研究者从解决高等教育经费不足，充分发挥高等教育经济功能以及应对国际高等教育市场竞争等角度论述高等教育采取市场方式运作的必要性。③

本研究认为，20 世纪 80 年代以来市场取向高等教育改革的出现，既是高等教育服务属性使然，也是克服之前高等教育管理中的弊端，提高高等教育绩效，以及应对高等教育大众化带来的挑战的一个举措。具体来说：

（1）高等教育服务的准公共性和较高的私人收益率

市场引入高等教育的一个重要举措是实行高等教育成本分担，高等教育实行缴费入学。学者们从高等教育产品的准公共性以及高等教育投资较高的私人收益率，说明了高等教育实行成本分担的合理性。

高等教育服务一方面具有外部性，单纯市场供给难以达到供给与需求的帕累托最优。另一方面，高等教育服务又不具备公共产品的典型特征：非排他性和非竞争性。高等教育服务的享用是有排他性的。高等教育资源的相对稀缺性使得并非人人都能拥有接受高等教育的机会，而高等教育资源享用的排他性在技术上具有可行性，且成本不高。同时，高等教育服务的享用也是有竞争性的。在一定的规模范围内，增加一个学生，学校的边际成本为零，不会影响对其他学生的教育服务水平。但是在高校内部对高等教育资源的消费是有竞争性的，一个学生使用着图书、仪器设备，其他学生就暂时不能使用；学校规模超过一定的限度，会使在校学生享受到的服务质量大打折扣。所以，高等教育是准公共产品，需要政府资助，但政府不必承担教育服务提供的全部责任。

20 世纪 50 年代，以舒尔茨为代表的学者研究了教育对国家经济发展的贡献率，提出了人力资本理论。之后，教育收益率的研究进一步深入，研究表明教育投资的私人收益率要高于社会收益率，而且随着教育层级的

---

① ［英］玛丽·亨克尔、布瑞达·里特：《国家、高等教育与市场》，谷贤林等译，教育科学出版社 2005 年版，第 1—3 页。

② 劳凯声：《教育市场的可能性及其限度》，载《北京师范大学学报》2005 年第 1 期。

③ 邬大光：《全面理解高等教育的产业属性》，载《有色金属高教研究》1999 年第 4 期；邬大光、柯佑祥：《关于高等教育产业属性的理论思考》，载《教育研究》2000 年第 6 期；史秋衡：《高等教育产业理念比较及匡正》，载《高等教育研究》2001 年第 3 期。

提高，两者的差距逐渐拉大。据此，美国教育经济学家约翰斯通（John-stone）在1986年提出了高等教育成本分担理论，本着"谁受益，谁出资"的原则，由受教育者个人或家庭对高等教育费用进行分担。

表4　不同类型和水平国家的平均教育收益率（%）

地区或国家类别	私人收益率			社会收益率		
	小学	中学	大学	小学	中学	大学
非洲	45	26	32	26	17	13
拉丁美洲	31	15	18	27	15	13
发展中国家	32	23	23	26	18	16
中等发达国家	17	13	13	13	10	8
发达国家	No	12	12	No	11	9

注：no表示没有相关数据

资料来源：G. Psacharopoulos, "Returns to Education: A Future International Update and Implications", *The Journal of Human Resources*, 1985, Vol. 20(4), pp. 583—604.

（2）解决高等教育供给与需求的矛盾

政府负担公立高等教育的几乎全部费用一直是世界各国的普遍做法。这种经费资助方式使高等教育可以有基本的经济保障，但政府的财力也限制了高等教育的规模。第二次世界大战之后，知识和技术的发展，社会用人标准提高，使得越来越多的社会成员有接受高等教育的愿望。但从20世纪70年代后期开始，许多国家的政府由于经济、社会、政治等多方面原因，开始减少对高等教育的投入。英国自1981年起开始削减高等教育经费，在以后3年削减高等教育经费的17%；澳大利亚从20世纪70年代中期到80年代中期，高等教育经费占政府总支出的比例下降了35%；日本从20世纪70年代初政府的支持占高校总收入的80%下降到80年代中期的66%，下降了14个百分点。[①]

这一势头在20世纪90年代并没有大的转机。美国高校经费来源中政府资助的比例呈下降趋势。我国从20世纪90年代以来高等教育中国家财政投入的比例也不断下降。一方面是社会对高等教育旺盛的需求，另一方面是政府财力投入的有限。如何突破财力的限制来满足社会的高等教育需求？改革经费筹措方式，增加社会投入，无疑成为必然选择。

① 王英杰：《高等教育私有化国际趋势述评》，载《比较教育研究》1995年所庆专刊。

表5　美国高校经费来源中政府资助所占比例（%）

年份 来源	公立高校			私立高校		
	1990—1991	1993—1994	1996—1997	1990—1991	1993—1994	1996—1997
联邦政府	10.3	11.0	11.0	15.4	14.5	8.2
州政府	40.3	35.9	35.6	2.3	2.1	1.0
地方政府	3.7	4.0	3.9	0.7	0.7	0.6
总量	54.3	50.9	50.5	18.4	17.3	9.8

资料来源：U. S. Department of Education, National Center for Education Statistics, Finance FY1997 中数据整理。

表6　1993—2003 年中国高校经费支出中公共教育支出所占的比例（%）

年份 来源	1993	1994	1995	1996	1997	1998	1999	2000	2001	2002	2003
国家财政性教育经费	90.1	84.4	82.8	80.1	76.5	64.2	61.8	57.3	53.4	49.7	49.9
国家预算内教育经费	79.7	74.3	72.4	69.7	65.2	59.4	58.1	53.9	50.7	47.7	42.2

数据来源：根据教育部财政司、国家统计局社会与科技司：《中国教育经费统计年鉴》（1993—2004）中相关数据计算而得，中国统计出版社，1994—2005 年。

（3）促使高校进行改革，提高教育教学活动的成效

高校作为一个非营利性的机构，往往缺乏成本意识。同时，从历史上看，高校作为社会高深学问传承和研究之地，与世俗社会保持了一定的距离，具有一定的保守性。在某些国家，政府供给和控制高校的模式，使得高等教育活动效率低下，变革迟缓。当社会发展越来越依赖高层次人才和先进技术时，社会要求高等教育能够及时对社会需要做出回应。改革高等教育，提高资源利用效率，增加其社会适应性提上日程。一些国家希望借助市场竞争机制，促进高校的改革，提高高等教育活动的成效。

（4）应对大众化引发的高等教育变化的需要

美国高等教育从20世纪40年代启动大众化进程，至60年代末，在校大学生、数超过18—21岁青年人口的一半。在此期间，西欧多数国家高等

教育规模也成倍增长。①

美国教育社会学家、伯克利大学的马丁·特罗教授以美国和战后西欧国家高等教育发展为研究对象，探讨了这些国家高等教育发展过程中量变与质变的问题，提出了高等教育发展的"精英、大众和普及"的三阶段说。接着，他从量变到质变的发展观出发，剖析了精英、大众到普及三个阶段高等教育观念、功能、管理和课程等方面所发生的质的变化。在分析政府管理高等教育失灵时，具体阐述了这些变化。高等教育大众化、普及化所带来的这些变化，不仅导致政府单一力量管控高等教育难度增加，而且也是直接引发越来越多的国家在高等教育领域引入市场力量的一个原因。

我国学者谢作栩归纳了西方发达国家高等教育从精英向大众、普及阶段转变的量变指标和 10 个质变特征。

表 7　高等教育发展三阶段的量的变化和质的 10 个维度变化

维度 三阶段	精英阶段	大众阶段	普及阶段
高等教育规模 （毛入学率）	15% 以下	15%—50%	50% 以上
高等教育观	上大学是少数人的特权	一定资格者的权利	人的社会义务
功能	塑造人的心智和个性 培养官吏和学术人才	传授技术与培养能力 培养技术与经济专家	培养人的社会适应能力 造就现代社会公民
课程	侧重学术与专业、课程高度结构化和专门化	灵活的模块化课程	课程之间、学习与生活之间的界限被打破，课程结构泛化
教学形式 与师生关系	学年制、必修制 重视个别指导 师徒关系	学分制 讲授为主，辅以讨论 师生关系	教学形式多样化、应用现代化手段 师生关系淡化
学生的学习经历	住校、学习不间断	走读、多数学生的学习不间断	延迟入学、时学时辍现象增多
学校类型与规模	类型单一 每校数千人 学校与社会间界限清晰	类型多样化 三四万人的大学城 学校与社会间界限模糊	类型多样甚至没有共同标准 学生数无限制 学校与社会间界限逐渐消失

---

① Trow Martin, "The Expansion and Transformation of Higher Education", *International Review of Education*, 1972, Vol. 18(1), pp. 61—63.

三阶段　　　维度	精英阶段	大众阶段	普及阶段
领导与决策	少数精英群体	受政治、"关注者"影响	公众介入
学术标准（质量标准）	共同的高标准	多样化	"价值增值"成了标准
入学与选拔	考试成绩、英才成就	引进非学术标准	个人意愿
学校行政领导学校内部管理	学术人员兼任高级教授控制	专业管理者初级工作人员和学生参与	管理专家民主参与校外人士参与

资料来源：潘懋元、谢作栩：《试论从精英到大众高等教育的"过渡阶段"》，载陈学飞、秦惠民：《高等教育理论研究精论集》，中央编译出版社2004年版，第26—27页。

第二次世界大战后起于发达国家的高等教育大众化，到20世纪八九十年代成为世界趋势。我国也从20世纪90年代末启动了高等教育大众化的进程。从上述研究者的研究可以看出，大众化不仅是一个量的扩张，同时伴随着高等教育层次类型、培养目标的多样化以及高等教育参与的民主化。这种规模的扩大、层次和功能的多样，使高等教育系统日益复杂，政府单一控制的模式难以应对。同时，也需要高校直接面对社会，以适应社会的广泛要求。

2. 市场取向高等教育改革的措施和成效[1]

各国在借助市场力量进行高等教育改革时，采取了基本相同的措施：

（1）实行高等教育成本分担，建立多渠道经费筹措制度

为解决政府财力有限和高等教育社会需求旺盛的矛盾，越来越多的国家实行了高等教育成本分担，建立多渠道筹措高等教育经费制度。

作为福利国家的特征之一，20世纪初到80年代之前，英国的高等教育对其本国学生是不收学费的，在校学生还可以享受助学金，补贴在读期间的住宿和生活费用。20世纪80年代和90年代英国高等教育改革的重要内容之一就是学费政策和资助制度发生了变化。20世纪80年代中期，在读大学生可依社会福利领取的住宿费补助（housing benefits）被取消。从1988—1989学年开始，高校学生已开始依据其家庭经济状况交付学费。自

---

[1] 杨凤英、毛祖桓：《市场取向高教改革的成效、问题及原因》，载《高等工程教育研究》2008年第3期。

此，英国拉开高等教育收费的序幕。进入20世纪90年代以来，英国高等教育经费来源主要是：政府拨款、产学研结合收入、学费、民间捐赠、招收留学生收入。①

表8　英国高校经费来源各部分所占比例（％）

年度	政府拨款	学费和教育合同	科研拨款与合同	其他收入	捐赠和投资收入
2000/2001	39.6	22.6	16.4	19.3	2.1
2001/2002	39.3	23.0	16.8	19.1	1.8
2002/2003	38.6	23.9	16.5	19.5	1.5
2003/2004	38.6	24.2	16.1	19.7	1.4
2004/2005	38.4	24.0	15.9	19.9	1.8
2005/2006	38.7	23.8	16.0	19.8	1.7
2006/2007	37.7	25.4	15.9	19.1	1.9
2007/2008	36.3	26.7	15.8	19.0	2.2

资料来源：Resources of Higher Institutions 2007/2008. 转引自戴志敏、石毅铭、蒋绍忠：《大学教育基金会管理研究》，浙江大学出版社2010年版，第34页。

美国高等教育的学费也不断上涨。从1985年到1995年之间，美国私立大学的学费增加了105%，私立学院增加了108%，公立大学增加了115%，公立两年制学院增加了228%。

表9　1974—1994年度美国公立、私立大学每年学费变化情形（美元）

年度	私立高校		公立高校	
	大学	学院	大学	两年制学院
1974/1975	2614	1954	599	277
1979/1980	3811	3020	840	355
1984/1985	6843	5135	1386	584
1989/1990	10,348	7778	2035	756
1994/1995	14,510	10,698	2982	1914
1990—1995年所增加的百分比%	40	86	47	153
1985—1995年所增加的百分比%	105	108	115	228

资料来源：National Center for Education Statistics, *Digest of Education Statistics*, 1995（Washington, D. C.：U. S. Department of Education），table 306。

① 东北财经大学经济与社会发展研究院课题组：《高等教育经费的筹措》，载《经济研究参考》2005年第28期。

我国从 1985 年中共中央颁布《关于教育体制改革的决定》后，逐步进行高等教育经费筹措制度的改革。1989 年，国家从政策上肯定了高等教育实行成本分担和成本补偿制度。1992 年开始较大范围地推行招生收费制度改革，自费学生比例和学费水平有所提高，并提出了逐步实行公费、自费并轨的思路。1993 年颁布的《中国教育改革和发展纲要》更明确提出："要逐步建立以国家拨款为主，辅之以征收教育税费，收取非义务教育阶段学杂费、校办产业收入、社会捐资集资和设立教育基金等多种渠道筹措教育经费的体制。"1993 年至今，多渠道筹措教育经费的制度不断完善，并用法律的形式确定下来。

多渠道筹措经费，一定程度上弥补了政府单一力量提供高等教育服务的不足，为高等教育快速发展提供了物质基础。我国高等教育规模的快速扩张，就是在国家财政投入比例不断下降的情况下，依靠社会多元筹资来实现的。1978 年的毛入学率为 1.4%，1990 年为 3.7%。[1] 1998 年到 2010 年，全国各类高等教育总规模由不到 800 万人（其中，普通高等学校本专科在校生 340.87 万）增加到 3105 万人（其中，普通高等学校本专科在校生 2231.79 万），增长了 2.9 倍，先后超过俄罗斯、印度和美国，位居世界第一位；高等教育毛入学率由 9.8% 提高到 26.5%。[2] 到 2005 年，我国高等教育毛入学率达到 21%。撇开高等教育规模扩张带来的一些问题，我们不得不承认，高等教育规模的扩张，为在传统体制下无法获得高等教育机会的人提供了接受更高程度教育的机会，客观上提高了整个人口的文化和科学素质。

（2）利用竞争机制来促使高校进行改革，提高资源使用效率

竞争机制一直是美国高等教育保持活力和社会适应性的重要手段。20 世纪 90 年代以来，政府拨款的减少，社会竞争的加剧，促使高校不得不进行管理改革，以期提高经营管理的成效。美国教育理事会（American Council on Education）1994 年对 406 所院校应对市场化竞争的措施进行了调查，可以看出美国高校进行各种改革，提高学校经营效益。

---

① 纪宝成：《中国高等教育大众化的政策选择》，载郑富芝、范文曜：《高等教育发展政策国别报告》，教育科学出版社 2002 年版，第 47 页。

② 刘宝存：《高等教育强国建设与我国高等教育改革的政策走向》，载《河北师范大学学报》（教育科学版），2012 年第 1 期。

表 10　美国高校校园发展趋势调查表（％）（1994 年）

	所有院校	公立院校	私立院校
全面减少预算	45	53	32
减少部分部门预算	58	65	46
更严格控制开支	80	81	78
改组行政部门	64	67	59
减少行政部门	34	39	26
减少高级行政职务	29	33	22
取消专业	40	43	33
重组院系等学术单位	43	51	29
新建或扩大能够增加收入的专业	50	51	49
与企业一起设计专业	48	51	49

资料来源：American Council on Education，"Campus Trends"，*The Chronicle of Higher Education*，1994，Vol. 40（27），p. 37.

我国从 1985 年以来的市场取向的改革，使我国高校有了市场竞争的压力。一是生源市场的竞争。高等教育成本分担，使求学者有了成本意识，他们开始计算求学的成本与收益。同时，双向选择的就业制度，也使求学者有了压力。他们更加关注就读院校和专业的社会声誉、办学质量、就业前景。随着高校就业压力的持续，求学者开始有了选择的意识，选择不同层次、不同专业、不同课程，高校的声誉在吸引生源方面的影响越来越大。高校招生已经开始从卖方市场走向了买方市场，为争取到优质的、充足的生源，各个高校都利用各种渠道招生。高校招生中，开始出现了被录取学生不报到的现象，而且这种倾向愈加严重。[①] 尽管高考生放弃录取机会的选择不完全是理性的，但是高校特别是非重点高校，以往的卖方市场开始动摇了。二是就业市场的竞争。我国从 1985 年以来，一直探索高校毕业生分配制度的改革，到目前完全实行通过就业市场，自主择业的制度。随着高校规模的扩张，高等教育毕业生就业形势愈加严峻，供需矛盾突出。不同层次、不同类型、不同专业的毕业生供需状况、工作待遇差异明

---

① 志学：《录取新生不报到：值得注意的新动向》，载《高校招生》2002 年第 1 期。

显。而毕业生就业状况又反过来影响生源多寡和质量优劣。三是优秀师资的竞争。优秀的教师具有号召和凝聚作用，不仅可以为学校吸引优秀的生源，而且对学术队伍的稳定和壮大起着重要的作用，其人力资本具有难以替代性的价值。伴随着我国人事制度的改革，计划经济时代的"单位人"已经向"社会人"转变，寻求最佳工作环境的人才流动现象普遍，高校之间优秀师资的争夺愈演愈烈。

面对竞争，各高校普遍有了忧患意识，采取各种措施改进教育教学环境，满足社会的需求，提高学校教师员工的工作满意度，发挥人力、物力资源的使用效益，提高自己的社会声誉。一是进行教育教学改革，适应社会和求学者的多样化需要。课程设置上，采用了选修课、专辅修制和"大专业，小口径"的"模块化"的课程组合，呈现出课程结构灵活化的特征；教学管理上，打破长期以来实行的固定的学年制，采用学分制，适应学生多样化发展的要求。二是进行后勤社会化改革，减轻学校负担，使高校可以集中有限的财力资源用于教育教学改革。三是人事分配制度改革，提高人力资本的使用效益。主要内容是全员聘任制、职员制、分配制度改革，高校人事管理的总原则是"按需设岗，公开招聘，平等竞争，择优聘用，定期考核，合约管理，优劳优酬"，使高校教职员工普遍有了工作的压力和动力，职责明确，奖赏分明，凸显了人才的价值。

（3）政府对高校绩效进行评估，注重投资的效益

英国政府从 20 世纪 80 年代以来开始注重对高校绩效进行评估，试图提高高等教育投资的效益，主要表现为高等教育拨款方式的改变。在 1988 年英国《教育改革法》中，改变了以前固定的大学拨款方式，大学拨款完全建立在学生数量的基础上，拨款跟着学生走。2003 年英国政府发布《高等教育的未来》白皮书中承诺政府继续承担高等教育经费的主要部分，但同时指出"政府需要仔细考虑研究资金管理和分配的方式，使之能够以最有效的形式发挥作用"。目前，英国政府对高校的拨款以大学在"研究评估活动"和"教学质量评估"中的成绩为依据。英国政府与大学的关系从原来的自我控制——资助关系逐步转变为交换关系。政府通过评估，通过结果控制来督促高校改进教学和科研，从而促使大学改进办学绩效，提高投资的效益。

我国自新中国成立以来，就建立了高度中央集权的高等教育管理模式，为适应市场取向的改革，从 20 世纪 80 年代中期以来，我国高等教育宏观管理体制不断改革，总的趋势是：政府转变职能，分权、放权，改变管理手段，试图还高校以自主权，以刺激高校适应不断变化的社会。一是全面调整大学的层级管理和布局结构，大量中央所属的高校划归到地方管理，形成了中央与省级政府两级管理，以省级政府管理为主的新体制；二是还原高校某些权力。1993 年《中国教育改革和发展纲要》提出高校要真正成为面向社会、自主办学的法人团体；1999 年实施的《高等教育法》以法律的形式确定了高校的办学自主权。同时，政府改变以往单纯依靠行政手段管理高校的做法，运用立法、评估、拨款、规划等多种方式，力图从微观事务中摆脱出来，从控制型向监督型转变。

（二）市场介入高等教育的失灵

政府全面控制高等教育的模式与高等教育发展的内在逻辑有冲突矛盾之处，高等教育大众化的来临使这种矛盾、冲突凸显，各国都开始寻求高等教育管理模式的变革，一场市场取向的高等教育改革席卷而来，当我们看到这场改革可以消除以往政府控制高等教育的某些弊病，给高等教育发展注入活力的同时，也看到改革并没有完全实现预期的目标，出现了新问题，市场失灵显现。①

1. 高等教育中市场失灵的表现

市场力量在高等教育中的广泛运用，引发了一系列的新问题：

（1）高校短期和盲目机会主义行为增多，影响高校长远发展

在经济活动中，市场活动主体会采取各种手段，追求自身利益最大化。当政府改变拨款方式，财政拨款比例不断下降而且竞争激烈时，高校不得不寻求外部资金的支持，高校面对市场的压力和诱惑，功利主义抬头，经济效用成为影响高校决策的重要因素，短期和盲目行为增多，市场的波动性与高等教育发展的较长周期性冲突，影响高校的教育教学质量。

在美国，"一所大学最为关注的两点，一是申请入学新生的众多，一

---

① 杨凤英、毛祖桓：《市场取向高教改革的成效、问题及原因》，载《高等工程教育研究》2008 年第 3 期。

是慈善基金会捐款的高额"。① 办学经费的压力，使得一些高校不得不降低自己高标准就读要求，以吸引更多的学生入学。曾以英国女王伊丽莎白"缺乏学术资格"而拒绝颁予其名誉学位的美国芝加哥大学，是美国中西部一所备受学术界尊崇的高校，历史上产生了 70 位诺贝尔奖金获得者。它的与众不同之处在于坚持传统教学标准，四年学制中有两年是必修课，包括物理、微积分以及人文科学与社会科学的艰难科目。然而，"在什么都是商业化的形势下，芝加哥大学自持清高的立场已不可维持"。为了迁就和争取到新生，近年来芝加哥大学已在开始减少两年必修课，而以较为轻松的科目代替。同时，高校为节省开支，削减那些非实用性的学科。"削减费用（临时解雇）的可能性，也是在不同的领域里有所不同。它更可能是发生在不那么显赫的领域里，发生在被认为是远离'市场'的领域里——例如，在与自然科学和数学相对的教育、艺术和社会科学领域。"②

在我国，20 世纪 90 年代以来市场取向的高等教育改革，给高校注入活力，带来繁荣的同时，也引发了诸多问题。一是以市场需求为办学指南，市场要什么就办什么，什么"热门"就办什么，一些专业有名无实。市场需求的波动性、变化性与人才培养的长周期性矛盾，盲目跟风造成人力、物力浪费。二是利用各种机会，把教育教学服务商品化，利用各种机会创收。2004 年，审计署对教育部等中央部门直属的 18 所高校 2003 年度财务收支情况进行了审计，违规和不规范收费现象普遍。据审计署 2006 年第 1 号（总第 13 号）审计结果公告中披露：2003 年，18 所高校收取未经批准的进修费、MBA 学费等 64,427 万元，收取国家明令禁止的费用 6010 万元，自行设立并收取辅修费、旁听费等 7351 万元，超标准、超范围收取学费、住宿费等 5219 万元，强制收取服务性、代办性收费 3284 万元，重修费、专升本学费等 554 万元，共计 8.68 亿元。③ 三是盲目扩张，甚至举债办学，引发财政危机。中国社会科学院在 2005 年底发布的社会蓝皮书《2006 年：中国社会形势分析与预测》公布：我国高校向银行贷款总量在 1500 亿到 2000 亿之间。截至 2004 年底，浙江、山东、广东、江苏 4 个省

---

① 白雪：《美国大学学府的变质》，载《世界教育信息》1999 年第 4 期。

② Sheila Slaughter, "Retrenchment in the 1980s: the Politics and Prestige of Gender", *Journal of Higher Education*, 1993, Vol. 64 (7), pp. 250—282.

③ 郄建荣：《18 所高校违规收费 8.68 亿元》，载《法制日报》2006 年 3 月 30 日第 6 版。

份的高校未偿还贷款余额达到了 100 亿以上，是中国高校贷款数额最高的省份……由于贷款额数太大，随着还贷高峰的到来，部分高校已经没有了偿还能力，甚至连利息都还不起，存在巨大贷款风险。[①] 四是教育资源不足，影响教学质量。1999 年之后，我国高等教育规模迅速扩张，一些高校招生规模远远超出学校的办学条件，影响了教学质量。据教育部对 900 所高校的调查显示，有 535 所高校的教学投入不到整个经费的 10%，有的甚至不到 5%；以 1998 年与 2000 年相比，生均教学及辅助用房减少 2 平方米，生均教学仪器设备减少 550 元，生均图书减少了 33 册。[②] 据统计，我国普通高等学校连续 3 年大幅度扩大招生之后，全国本科普通高校学生数和专任教师数的比例，即生师比，已从 1998 年的 11∶1 飙升至 18.6∶1，其中 30 所本科高校生师比甚至已达 34.8∶1。[③] 学校办学条件下降，生源质量也随之下降，教师不得不降低教学要求。据报道，某高校某专业课期末考试，全班 50 人，就有 35 人不及格，教师只有降低及格线，40 分算及格了；某系 200 多人，期末补考人数竟达 200 多人次，有的学生竟有 5—6 门不及格。[④]

在市场冲击下，高校出现了机会主义行为，不顾办学条件开设新专业，扩大招生规模，降低学业标准，降低教育教学水平，造成人力资源的浪费，也把高校最终引入困境。

（2）功利主义对师生价值观念的腐蚀

除了上述这些我们可以看到的显性问题外，伴随市场力量侵入而来的更为严重的隐性问题，是经济利益、商界钱物交易规则对高校中教育者和受教育者价值观念的腐蚀。教育的主要功能是人的社会化。它承担的不仅是社会知识和技能的传递和生产功能，同时也承担着社会文化和价值观念传递和塑造功能。学校发挥教育功能的途径除了正规的课堂场域之外，教育者的立身行事以及学校的整体文化环境也是重要的渠道。作为社会知识和文化精英阶层，高校教师本应具有文化人的品行，具有

---

① 邬大光、陈桑鹰：《2006 年中国高等教育盘点》，载《高等教育研究》2007 年第 2 期。

② 史晓宇：《关于高校扩招后提高教学质量的思考》，载《云南师范大学学报》2002 年第 4 期。

③ 王建平：《高校扩招与质量保证》，载《重庆大学学报》（社会科学版）2001 年第 5 期。

④ 王正威：《高校扩招后必须"宽进严出"》，载《洛阳师范学院学报》2000 年第 6 期。

某种超凡脱俗的理想主义的价值追求。以往单纯强调教师的奉献而置教师于清贫的境地，难以体现知识的价值。而今当高校在市场化的浪潮中行进时，市场中等价交换原则逐渐成为高校中的普遍原则，价格的杠杆作用发挥得淋漓尽致，教学和科研工作明码标价，不同职称的教师具有不同的身价。教师这一传统上有些清高的文化人逐渐变为了功利的世俗人，甚至某些教师变为了纯粹的经济人，现实利益的得失成为其行为取舍的标准。高校中的学术失范不再仅仅是个案，世人心目中的学术殿堂渐渐失去其神圣之光。学校的财力毕竟有限，靠物质激励的作用有限。更何况，育人和科研不仅需要可以计量的时间的投入，更需要无法计量的爱心、热情的投入。当教师头脑中充斥着利益观念时，受教育者的价值观念不可避免受其浸染。

（3）教育机会不平等导致的社会不公平

尽管美国社会学家詹姆斯·科尔曼（James Coleman）和瑞典的托尔斯顿·胡森（Torsten Husen）在 20 世纪六七十年代对教育机会的研究中指出，教育机会平等永远不能完全实现，它只是一种不断接近的过程；同时，要实现这种接近，必须进行更广泛的社会改革。但是，教育机会平等仍是社会公正的一种表征。

伴随高等教育收费而来的是教育机会不平等的加剧。根据美国学者兹德曼（Ziderman）、阿尔布雷克特（Albrecht）的研究，学费是影响求学者教育选择的一个因素。他们研究的结论是，学费上涨 10%，会有 6.2% 的中学毕业生做出不上大学的决定。[①] 我国实行高等教育成本分担制度以来，学费的上涨超出了一些家庭的承受能力，特别是社会中处境不利的家庭无力承担子女的就学费用。根据袁连生的研究，2000 年，我国有 7 个省、自治区 90% 的农村居民，13 个省、自治区 50% 的城镇居民负担不起高等教育的学费。[②]

目前，家庭背景已经成为影响子女高等教育机会的一个重要因素。卢乃桂和许庆豫以父亲的职业为指标，研究了我国 20 世纪 90 年代以来的教育机会不平等现象。研究结果如下：

---

① A. Ziderman, D. Albrecht, Financing Universities in developing Countrits. Abingdox：Routledge Falmer,1995,p.41.

② 袁连生：《我国居民高等教育支付能力分析》，载《清华大学教育研究》2001 年第 3 期。

表11 不同职业家庭的本科大学生构成（%）

父亲职业	机关干部	专业技术人员	大中小学教师	管理人员	工人	农民	其他
占大学生比例	15.0	13.5	7.9	8.9	17.7	29.0	8.0

资料来源：卢乃桂、许庆豫：《我国90年代教育机会不平等现象分析》，载《华东师范大学学报》（教育科学版）2001年第4期。

从表中看出，本科大学生中父亲职业为农民的比例最高，为29.0%，但是农民及其相关职业的从业人口占整个从业人口的比例高达69.3%；机关干部以及企事业负责人在整个从业人口中所占比例只有2.02%，但是他们的子女在本科大学生中的比例为15%；专业技术人员在整个从业人口中的比例为5.43%，但他们的子女在本科大学生中的比例为13.5%。

1998年的一项大规模调查结果表明，父母不同职业阶层的子女在不同类型的高校中所占的比例差异明显。该项由世界银行和教育部资助的调查涉及不同层次的高校（大专除外）37所，1994级和1997级学生近7万人。结果表明，农民子女的比例随着高校层次的升高而降低；干部、企业管理人员和专业技术人员子女的比例则逐渐升高。而且，与1994级学生相比，1997级学生中，这种比例降低和升高的趋势更加明显。

表12 37所不同层次高校学生的家庭出身阶层分布（%）（1994、1997级学生）

高校层次	农民	工人	党政干部	企业管理人员	专业技术人员	军人	个体、私营业主	其他
第一类国家重点	21.8	23.1	14.4	10.3	16.4	0.8	3.7	9.5
第二类一般重点	30.8	19.5	12.6	8.9	14.4	0.5	5.0	8.3
第三类普通高校	29.8	23.4	9.7	8.2	12.0	0.8	3.5	12.6
第四类地方高校	45.6	17.2	9.5	6.0	7.1	0.6	5.6	8.4
高校样本总体	31.4	20.0	11.7	8.4	12.7	0.7	4.4	9.9

资料来源：谢维和、李雪莲：《高等教育公平性的调查与研究报告》，载曾满超：《教育政策的经济分析》，人民教育出版社2000年版，第268页。根据原文作者的说明：第一类为最高层次的学校；第二类为国家部委和省属重点院校；第三类为一、二类之外的跨地区招生的普通高校；第四类为主要限制在地区内招生的地方性院校。

随着我国教育社会分层功能的强化，不同教育机会的获得意味着不同的职业地位，意味着未来不同的社会生活处境。教育机会分配中的不平等使教育在一定程度上，不再是促进社会阶层流动的机制，反而成为了阶层固化和复制的工具。

（4）教育腐败的滋生和蔓延

市场之手的优势本在于市场活动主体之间的公平竞争，但伴随着市场迅速侵入高等教育而来的是各种形式的腐败。由于高校之间竞争的加剧，有形资源（人、财、物）和无形资源（社会声誉）占有的数量和质量直接影响高校的生存和发展，资源分配权力的拥有者成为高校不敢怠慢和攀附的对象。高等教育机会，特别是优质高等教育机会在社会成员就业、升迁中的重要性，使得高校，特别是层次高的高校也成为某些社会成员不得不求助的对象。制度转型期的各种政策监管制度的不完善，滋生出高等教育中的各种腐败现象。

有学者把高等教育领域中存在的教育腐败现象概括为七类：①考试舞弊；②权学交易和钱学交易；③学校乱收费；④学术腐败；⑤在各种评估中弄虚造假，寻求各种关系的支持；⑥大学少数领导干部和职工贪污、受贿；⑦办学过程中的不规范、不公正行为。[①] 更令人担忧的是高等教育领域中腐败现象的普遍化、组织化。如，2001 年，上海某高校的一份招生材料在网站中泄露了该校招生的内幕。在该校校方开列的一份供内部讨论的招生参考名单中，一些考生背后都有委托人，委托人里既有市里的政要，也有教育部的官员和当地教育部门的负责人；既有两院院士，也有企业老总等。"令人担心的不仅是在高校招生中有人'递条子''接条子'，而是这些条子被学校堂而皇之的记录下来，并列成一张表供内部讨论，把不正常的、与高校招生规则相悖的现象'制度化'。"[②] 除了招生中的腐败外，在高校课题申报和评估中，也存在着权力寻租。有研究者指出，当前在我国高校课题申报和评估中存在"跑评"现象，一些学术骨干迫于奔命地往返于政府与学校之间，无法安心教学和科研，还滋生出一批专事评估和评

---

① 杨东平：《试论教育腐败》，载《北京大学教育评论》2003 年第 2 期。
② 周春红：《净土不净：高校领域腐败现象透视》，载《中国监察》2003 年第 15 期。

审的"专家"来。① 在各个高校竞争激烈的情势下，某些权力部门手中的权力对各个高校来说比原有体制下显得更重要，能否得到政府的重点资助，能否申请到课题，能否发表数量多的科研成果，直接关系到高校的生存处境。在监督制度不健全的情况下，市场竞争和权力掌控的双轨作用滋生了权力寻租，教育腐败蔓延。

（5）高等教育欺诈频发

高等教育社会分层功能的增强，使社会成员比以往更加重视高等教育，高等教育社会需求旺盛，而目前高等教育资源相对稀缺，特别是优质高等教育资源稀缺，使高等教育市场从总体上看仍是一个卖方市场。高等教育活动的专业性和层次类型的多样性，使缺乏相关知识的高等教育消费者难以分辨好坏真伪，高等教育市场上出现了各种"陷阱"，欺诈行为出现，并不断变换形式。此外，高等教育就业市场竞争的加剧，使毕业生市场也出现了欺诈。

一是高校招生中的诈骗。近几年来，高考结束高校招生工作开始之时，都会出现各种形式的高校招生诈骗。鉴于此，教育部会发布预警，提醒考生和家长避免受骗。有媒体总结了高考招生诈骗的主要方式：有的是伪造大学录取通知书；有的是谎称有"机动指标""计划外招生"，收取中介费用；有的则有意混淆不同的高等教育办学形式，如，实为网络教育、高等教育自学考试助学、成人高考等非普通高等教育，但收取普通高等教育的费用；谎称与某高校合作办学，收取高额费用；把"自主招生"渲染为"自由招生"，让家长误以为自主招生可以无视成绩，学校说了算；等等。② 高考招生中的诈骗形式不断出新，给考生和家长带来难以弥补的损失。

二是高校教育教学中的欺诈。近年来，随着高等教育收费和就业紧张的出现，一些高校出现了考生录取不报到的情况，特别是一些专科层次、地理位置偏远或设在小城市、学科实用性差的院校，新生缺额比例较高。因此，在生源市场竞争激烈的情况下，一些高校为了招揽生源，出现了一

---

① 康宁：《中国经济转型中高等教育资源配置的制度创新》，教育科学出版社 2005 年版，第 226 页。

② 王虹、任松筠：《教育部昨日发出预警　防范借高校招生实施诈骗活动》，载《新华日报》2009 年 7 月 30 日第 A05 版。

些名不符实的现象：不顾办学条件，开设一些所谓"热门"专业；学校升格之风盛行，中等专业学校想升为专科，专科想升为本科，本科想进入重点；一些高校甚至改校名、改专业名称，其实是"新瓶装旧酒"。这种行为无异于商业活动中的"以次充好"。

三是高校毕业生就业市场上的欺诈。高等教育规模的迅速扩张和高校教学改革的滞后，使我国从 20 世纪 90 年代末就开始出现高校毕业生就业困难，而且这种局面至今没有缓解。与就业市场竞争加剧相随的是，就业市场上出现了欺诈。一方面是用人单位低薪使用高校毕业生，甚至无偿占用高校毕业生的劳动；另一方面是某些高校毕业生过分注重包装，甚至出具虚假学业成就和能力水平的凭证，骗取用人单位的认可。

2. 高等教育中市场失灵的原因

市场取向的高等教育改革之所以出现上述问题，既是由于监管制度的不完善，也在于市场本身在高等教育领域适用范围的有限，不能把市场看做是解决所有问题的良方。

原因一，市场活动主体的"经济人"逐利本性。

极力主张通过"看不见的市场之手"来配置资源的古典经济学，其理论主张有一个基本的前提假设，那就是市场活动的主体是追求私利的"理性经济人"。该理论学派认为，追求私利的微观主体在一种无形力量的作用下会自动地促进社会利益的最大化。古典经济学的代表人物亚当·斯密认为，如果"每个人都努力把他的资本尽可能用来支持国内产业，都努力管理国内产业，使其生产物的价值达到最高程度，……在这场合，像在其他各种场合一样，他受着一只看不见的手的指挥，去尽力达到一个并非他本意想要达到的目的。也并不因为事非出于本意，就对社会有害。他追求自己的利益，往往使他能比在真正出于本意的情况下更有效地促进社会的利益。"[①] 也就是说，亚当·斯密认为，个体即使在追求自己的私利，也会比他从公益角度出发能更有效地促进社会的利益。所以，他强烈主张用市场来调节资源的配置，而政府主要充当"守夜人"，就会达到社会资源配置的最优。但是，古典经济学的主张中存在着无法验证的假设，"'看不

---

① ［英］亚当·斯密：《国民财富的性质和原因的研究》（下卷），郭大力、王亚南译，商务印书馆 1974 年版，第 27 页。

见'的市场之手会引导市场活动主体在追求私利时自动促进社会公益的实现，斯密没有证明，自 1776 年以来，任何经济学家都没有证明过。"① 新古典经济学也从市场活动主体是经济人的假设出发，认为，在追求个人利益的基本动力驱动下，只要存在完全的竞争，借助价格的调节作用，市场可以出现均衡的状态，从而实现资源配置的最优。不过，新古典经济学理论描述的是在"完全竞争的市场"下才会出现的状况。该理论提出了"完全竞争的市场"的四个特征：第一，市场上有无数的买者和卖者，市场参与者对市场价格没有任何控制的力量；第二，同一行业中的每一个厂商生产的产品是完全无差别的，即产品是同质的；第三，厂商进入或退出一个行业是完全自由的；第四，市场中每一个买者和卖者都掌握着与自己的经济决策有关的商品和市场的全部信息。② 显然，新古典经济学理论假设的"完全竞争的市场"状态在现实生活中根本不存在。所以，上述两种认为只有市场配置资源才能实现资源配置最优的理论仅仅是一种假设，市场调节社会生产既有其优势，也有其局限。西方世界 20 世纪二三十年代的经济大危机使人们实实在在地感受到"神话"市场之力的危害。

在某种程度上，正是"经济人"追求私利最大化的本性，导致了我国市场取向高等教育改革中的诸多弊端。高等教育消费者要进行成本—收益的计算，在社会用人制度出现学历主义盛行时，他们必然对研究生教育、本科教育情有独钟，万不得已之时才选择专科、高职，而且往往把后者作为跳板，寄希望于"专升本"来最终转入本科队伍之中。高校面对官方、非官方的各种量化的评估和排名，为保住自己的社会声誉，实现自己的利益，办学的注意力不得不转向短期见效的、看得见、拿得出的体现所谓"办学实力"的工作，忙于学校升格、忙于上多而全的专业、忙于跑硕士点、博士点，忙于引进各种人才，哪怕引进的人才只是名单上的在岗人员；高校教师随着校内分配制度和职称评审制度的变更而调整着自己的工作重点，教师们忙着跑课题、忙着出科研成果。上述现象，我们本不应为怪，因为这些在高等教育市场中活动的主体本性就是追求私利最大化的经济人。

① P. A. Samuelson&W. D. Nordhaus. eds, Microeconomics. New York：Grow-Hill Book Company, 1989,p. 405.

② 高鸿业：《西方经济学——微观部分》，中国经济出版社 1996 年版，第 210—211 页。

原因二，市场中信息不对称的不可避免性。

新古典经济学所假设的"完全竞争的市场"的第四个特征——市场中每一个买者和卖者都掌握着与自己的经济决策有关的商品和市场的全部信息——是不存在的。市场活动中买卖双方对商品信息的占有不可能是完全充分和对等的。20世纪70年代，美国经济学家乔治·阿克洛夫（George Akerlof）、迈克尔·斯宾塞（Michael Spence）、约瑟夫·斯蒂格利茨（Joseph Stiglitz）因为对市场活动中信息不对称的研究而获得了诺贝尔经济学奖。乔治·阿克洛夫在其1970年发表的《柠檬市场：质量不确定性和市场机制》（The Markets for "Lemons"：Quality Uncertainty and Market Mechanism）论文中，阐述了因为旧车市场中买卖双方在旧车质量信息占有上的不对称而导致的"逆向选择"（adverse selection）问题。他指出，由于逆向选择的存在，不仅市场通过供求机制总会在一定价位上促成买卖双方成交的理论不成立，而且出现了"劣币驱逐良币"的现象，市场通过优胜劣汰来实现资源配置效益最优的目标也无法实现了。

高等教育市场中的信息不对称表现在求学者对高校办学信息不完全了解，也表现在高校毕业生对就业市场信息，以及用人单位对高校毕业生信息不完全了解，完全的市场调节也就不可避免地出现失灵。

本书作者2012年开展的一项课题研究中，对不同层次本科院校不同专业的1000名高校在校生就其入学前对所报专业了解状况进行了问卷调查，收回有效问卷893份。结果如下：

表13　高校在校生入学前对所报专业了解状况（%）

状况 问题	很了解 没有盲目性	了解一些 但不全面	不了解 有很大盲目性
你填报高考志愿时，对所报的学校和专业	15.3%	60.1%	25.6%

可见，85%以上的学生在入学前对所报考的学校和专业缺乏充分的了解。这样，即使高校不存在虚夸其办学实力的情况下，也会发生萨缪尔森所说的"合成推理谬误"，就是说，即使个人做出了当时看来"合理"的教育选择，但不可控制的是其他人也会做出同样的选择，即使毕业时劳动力市场对此类毕业生的需求没有变化，也可能出现此类人才供给过剩。

原因三，高等教育属性与市场化的非适切性。

高等教育的属性决定了在其活动中不可以像企业一样，完全实现市场化的运作。

首先，市场的核心机制是价格机制，市场通过价格机制来调节市场的供求，实现社会资源的配置。而高等教育服务的价格无法准确确定，因为我们无法完全客观化、准确化地判定高等教育服务质量的高低。人们往往以高校培养的学生质量的高低来推断某所高校服务质量的高低。姑且不说学生质量的高低也是无法做出完全客观、正确判断的，即使可以做出这种评判，教育教学过程是一个师生双主体互动合作的过程，学生质量的高低既决定于高等教育服务提供方——高校的办学条件及其教师的教育教学水平，更取决于作为高等教育服务消费方——学生原有的基础、先天的资质、后天的投入。单凭培养的学生质量高就说高校的教育服务质量高是难以成立的。

现实中，高校中不同专业的学费高低一般多是根据专业热门与否来确定。以这种方式确定的学费高的专业并不意味着此专业提供的教育教学服务质量高。众所周知，在市场中商品的价格既决定于其质量，也决定于社会的供需状况，同质量的商品在不同的时段价格不同，甚至商品质量改进了而价格却下滑了。同样，某专业高校毕业生在就业市场上紧俏，可能完全是因为这类毕业生供给的相对稀缺，而并不是因为这类毕业生质量就比其他类毕业生质量高。所以，高等教育服务的真实价值无法完全获知，价格也就无法准确反映高等教育服务的价值。退一步说，即使高等教育服务的价格可以客观、真实地确定，也不能听凭价格机制来调节高等教育的需求，否则必然带来资源的巨大浪费。因为高等教育教育教学过程具有长期性、长效性的特点，一旦消费者在人生的某个特定时期选择投资某类高等教育服务，那么这种投资就是一个相对长周期、专用性的，影响深远，而且这种对高等教育的投资是不可逆的。

其次，市场中的企业是按照计算"投入—产出"、追求利润最大化思路来运行的，而学校组织则不可以营利为目的。学校作为育人机构，主要职能是通过知识技能的传授优化受教育者的知识和能力结构，通过思想教育和校园文化的熏陶来提高受教育者的思想道德水平，其工作无法进行准确的投入—产出计算。高等教育的人才培养任务，也不允许学校以可计量的经济收益多少来调整自己的生产计划。

（三）中介组织的介入有助于克服市场失灵，发挥市场优势

市场在高等教育中的失灵，主要原因是信息的不对称，高等教育活动的专业性和活动绩效不能完全量化，使消费者难以准确判断高等教育服务的优劣，外部监控也往往失效，给机会主义以可乘之机。此外，市场竞争也使市场活动主体更多地关注效率而忽视公平。建立高等教育中介组织，由这些中介组织承担某些高等教育管理职能，有助于弥补市场机制的上述不足。

1. 监督高校的活动，抑制高校的投机行为

市场机制的优势是市场活动主体在平等基础之上的竞争，优胜劣汰，使资源集中到生产能力占优势的一方，从而提高社会资源的使用效益。竞争机制促进市场活动良性发展的前提是竞争活动的规范。建立相对独立的高等教育审议、评估、拨款中介组织，对高等教育活动进行专业、全面、客观的评估，真实地反映高校的办学水平，向社会公布评估信息，并在此基础上决定政府的资源配置，从而引导高校把精力放到切实改进办学质量上去。此外，可以建立高等教育活动利益相关者组织，如，教师、学生以及家长组织等，由这些组织代表高等教育直接的利益相关者参与高等教育活动，可以表达利益相关者的呼声，维护其权益。通过中介组织专业化、规范化、长期化的活动，减少高校机会主义行为滋生的空间。

2. 提供信息服务，减少高等教育服务供求双方之间的信息不对称

除了建立高等教育审议、评估中介组织，向社会公布高校和专业评估、审议信息之外，一些院校协会、专业学会也可以定期公布其会员的信息，还可以建立专业的高等教育服务咨询组织，为高等教育服务消费者提供咨询服务，减少高等教育市场中的信息不对称，帮助高等教育消费者做出正确的选择，避免消费者上当受骗。

3. 开展多渠道融资助学，推进高等教育的公平

市场活动主体往往追求效率而忽视公平，而政府的能力又有限，通过建立高等教育中介组织，集各方之力，推进高等教育公平的实现。如，建立高等教育基金会，争取社会的捐助，资助社会的弱势群体接受高等教育，保障公民平等享受高等教育的权利。

4. 搭建校校、校企等组织之间沟通、合作的平台，形成市场竞争优势

市场活动不仅需要竞争，也需要合作。高等教育中介组织，如，院校协会、专业学会等，可以通过高校之间、学科专业之间、高校与企业之间、高校与其他社会组织之间的交流活动，增进了解，实现资源共享，优势互补，促成相互之间的合作，形成竞争的优势。

三、高校的视角：实现自治与绩效责任的平衡

高等教育活动的特殊性，是高校要有一定自治权的内在依据。进入 20 世纪 70 年代以来，高等教育在国家和社会发展中的重要性日益提升，高等教育占用的社会公共资源数量也不断增加，提高高等教育资源使用效益，对高校实施有效问责的呼声高涨。"问责"最初产生于工业领域，其根本目的是为了使生产者和经营者能够明确自己的目标，确定自己的方向和期望。美国学者保罗·德莱赛尔（Paul L. Dressel）认为：问责意味着负责任地展示成果（Responsible Performance），包括如何通过合理合法的方式正确利用组织所拥有的资源，以实现其预设的目的。①

相对于高校来说，问责意味着有效地满足高等教育利益相关者的利益诉求，提高资源的使用效益。如何既保护高校自治权，又有效促进高校提高工作绩效，满足公众问责的要求，是许多国家面临的一个现实问题。中介组织介入高等教育管理有助于实现高校自治和绩效责任的平衡。

（一）高校自治的必要性

高校自治是指高校有权依据自身活动的特性，独立决定自身的发展目标和计划，选择达到目标和实施计划的方法，最小限度地受到政府或其他社会机构的控制和干预。大学自治是西方国家一种古老的高等教育管理信念，这种传统为近现代国家处理政府与大学之间关系确立了基本原则，它赋予大学以广泛的自主权。我国从 20 世纪 80 年代以来，给予高校办学自主权一直是高等教育体制改革的一个基本内容。高校应当拥有自治的权力，是高校活动内容特殊性决定的。

---

① Paul L. Dressel, *The Autonomy of Public Colleges.* San Francisco：Jossey-Bass，1980，p. 13.

1. 教育教学活动的特殊性

高校的基本职能之一是通过教育教学活动培养人才。这个过程是把外在于人的知识、技能以及社会价值观念通过教育教学活动内化到受教育者自身。教育教学活动对象的差异性和主体性决定了育人活动与"标准化""一致性"天然抵触，教育教学活动强调"因材施教"。而且，与初中等教育不同，高等教育教育教学活动是以专业为单位。伯顿·克拉克在分析高校组织特征时认为，高校具有专门化特征，很久以来就由若干专业组成，且有专业日益增多的趋势；而且专业间自主性程度越来越高，专业与专业之间、专业知识与中小学所传授的普通知识之间的距离正在扩大，越来越多的领域表现出内在的深奥和固有的自主。不同专业之间人才培养的方式存在差异，应当给予院校、专业制定本专业人才培养方案和教学活动安排的一定自主权。

而且，高校与中小学相比，教学内容具有探索性。中小学虽然也不断地进行教学改革，教学内容也需要更新，但是因为中小学阶段的奠基作用，所以其教学内容是经过科学和时间检验，相对得到学科公认的知识，具有一定的稳定性。而高校除了传授系统的学科知识外，强调教学内容的前沿性。前沿性的知识很多是处于争鸣、探索阶段。这样，高校的教学内容中必然要反映学科的争鸣、学科发展趋势、最新动态和尚需要不断探索的部分，这就需要在教学中不仅仅要培养学生掌握知识的能力，更要培养学生分析知识、探索知识的能力。教学需要多种形式，才能培养学生的探究兴趣和探索能力。

高校教学有其特殊性：教学目标具有一定的专业性、教学内容具有一定的探索性、学生具有相对独立性、教学组织形式上有更多的实践性[①]，高校教学的这些特点是高校人才培养规律决定的。高校人才培养的规律需要给予高校一定自主权，教师应当有一定的空间，运用适合自己学科、专业和课程特点的教学方式，选取适合学生基础同时也符合人才培养目标的教学内容，才能完成人才培养的目标。

[①] 李定仁：《教学工作是一种融入教师生命激情的事业——谈高校教学特点与青年教师成长》，载《当代教育与文化》2010 年第 1 期。

2. 科学研究活动的特殊性

高校的另一重要职能是从事科学研究，科学研究活动赋予了高校学术性的色彩。从中世纪大学开始，大学就是一个由学者组成的"知识共同体"，它所追求的是学术的自由研究和知识的广泛传播。从中世纪到现在，社会在不断进化，高校的目标和功能也越来越多样化，但学术性乃是高校的"特征不变量"，是反映高校本质属性以及它区别于其他社会组织的根本所在。大学在其定位上应该首先作为一种学术组织存在，开展学术研究，不断探索人类未知的科学领域是高校的使命。学术研究是与自由相连的。因为，科学研究的过程是一个探究未知的过程，需要开放的思想、创新的方法；学术研究也是一个功效高度不确定的活动，可能需要很长的时期，需要经过反复的尝试。所以，要保证高校科学研究工作不受现实功利的影响，必须允许高校有自主决定学术活动的权利，以保证研究者全身心投入科学研究之中。

（二）对高校问责的必要性

对高校问责，是指要求高校证明其资源使用的合理性和有效性，目的是对高校进行必要的监督，提高资源的使用效益，保障教育活动的公益性，维护高等教育投资者的权益。对高校的问责体现了权利、义务、责任的平衡，是保护国家和公众利益的需要。同时，也有利于促进高校自身的发展。

1. 保护国家和公众利益的需要

在本章第一节论证政府干预高等教育合法性时，提到了因为高等教育对国家和社会发展的重要性不断增加，高等教育发展已经上升到国家重要战略地位的高度。而且，因为高等教育涉及的社会群体规模庞大，高等教育已经不再是私人事务，而成为了一项重要的公共事务，承载着影响国家和社会发展前途的重任。由于高等教育对国家政治、经济发展的重要性，使国家承担了高等教育提供的部分责任。即使在素有民间办学传统的美国和英国，伴随着高等教育的大众化，政府对高等教育的投入比例也越来越高。美国政府对高等教育的投入占高等教育总经费的比例，从1909—1910学年的35.6%上升到1939—1940学年的37.5%、1969—1970学年的58%。英国政府对高等教育的投入占高等教育总经费的比例也从1940年的

35% 上升到 1965 年的 72% 、1975 年的 78% 。① 对高校进行监督，保证公共资金的有效使用，保障教育活动的公益性是政府应该承担的责任。同时，随着教育程度对社会成员个体发展重要性的显现，高等教育成为与广大社会成员切身利益直接相关的事务。高等教育成本分担制度的实施，也使社会成员接受高等教育的成本大大增加，高等教育消费者比以往更加关注高等教育的投资与收益，公众也提出了对高校绩效问责的要求。

对高校实施有效的问责，规范其办学行为，促进其提高资源的使用效益，是国家和社会正当权益诉求的方式。

2. 有利于促进高校自身的发展

资源依赖理论解释了组织与外部环境之间的依赖关系。美国学者普费尔（Pfeffer）和萨兰奇科（Salancik）综合早期研究成果，在 1978 年合著的《组织的外部控制》（*The External Control of Organizations*）一书中提出了该理论的四个假设：组织最重要的是关心生存；为了生存，组织需要资源，而组织自己通常不能生产这些资源；组织必须与它所依赖的环境中的因素互动，这些因素通常包含其他组织；生存因此就建立在一个组织控制它与其他组织关系的能力的基础之上。②

高校与外部环境之间存在着上述资源依赖关系。高校为了自身的生存与发展，需要从外部环境中获得物质、人员、信息等支持。高等教育体制的改革，使高校与外部环境在资源供给方面的关系发生了改变，高校需要用自己的服务去换取政府和社会对其的支持。对高校问责制的实施，有利于高校树立危机意识和责任意识，对社会需求的变化保持应有的敏感性，主动寻求变革，消除管理中的弊端，以优质的服务去获得外部的支持，这客观上会促进高等学校的管理更加科学和合理，有利于高校自身的发展。

3. 对高校的外部监督并不一定限制学术自由

对高校适当的监督，与学术自由并不抵触。因为学术自由和高校自治之间，两者不存在必然的因果关系，在历史上曾经有大学享有自治权而缺少学术自由的时候。例如，"在中世纪大学中，虽然拥有高度的自治权，

---

① 徐力、徐辉：《高等教育大众化与制度创新》，载陈学飞、秦惠民：《高等教育理论研究精论集》，中央编译出版社 2004 年版，第 62 页。

② 马迎贤：《组织间关系：资源依赖视角的研究综述》，载《管理评论》2005 年第 2 期。

但当时的学者并无学术的自由可言，因为在当时由罗马教会的最高权力所担保并巩固的'教会一元化真理体系'之支配下，人类的理性只能在教会有权者所设定的范围内进行活动，任何对正统教义的怀疑和挑战，都被视为异端而加以镇压。"① 对高校进行监督、规范不仅是保证大学更好履行社会责任的需要，从一定意义上说，也是保证高校中的研究者和教师不受高校管理当局的左右，而自由开展学术研究的需要。

（三）中介组织的介入有助于实现高校自治与绩效责任的平衡

保持高校自治与绩效责任的平衡，是 20 世纪 90 年代以来有关高等教育改革的国际性文献一再关注的重要问题。1995 年联合国教科文组织发表报告《关于高等教育变革与发展的政策性文件》中，在分析当时世界高等教育发展趋势和面临的挑战的基础上，指出：要使任何一所高校始终成为自由探索的场所，始终在社会上发挥创造、思考及批评的作用，必须遵循高等教育学术自由和院校自治的原则。但它也强调，不应用此原则来阻碍必要的变革或者掩盖对独立精神的片面强调和滥用特权。另外，该报告书在指出政府应该承担对高等教育投资的必要责任的同时，也指出高等教育也应明确其对国家、对社会发展的责任，并通过改善管理，更有效地利用现有的人力和物力，承担起对社会应负的责任，以保持与国家和整个社会的良好关系。② 1996 年，由雅克·德洛尔（Jacques Dolors）任主席的国际 21 世纪教育委员会向联合国教科文组织提交的报告《教育——财富蕴藏其中》中，重申了学术自由和机构自治是高等教育"可贵的必不可少的属性"。同时，该报告也提出要处理好追求高深学问与回应社会需求的关系。1997 年 11 月 11 日，联合国教科文组织第 26 次全体会议通过的《关于高等教育教学人员地位的建议》宣称："只有在学术自由和高等教育机构自治的气氛中才能充分享受教育、教学和研究的权利，而且公开交流研究成果、设想及意见是高等教育的根本任务所在，并能有力地保证学术工作及研究的准确性与客观性。"在强调高等教育机构自治的同时，认为明确其应担负的责任也是必要的。"考虑到财政投资的巨大，会员国和高等教育

---

① 周志宏：《学术自由与大学法》，蔚理法律出版社 1989 年版，第 11 页。
② 卢晓中：《当代世界高等教育理念及对中国的影响》，上海教育出版社 2001 年版，第 26—27 页。

机构应保证在高等教育机构享受的自治的程度与它们应有的责任这两者之间维持适当的平衡关系。"① 可见，如何处理高校自治与绩效责任的关系是目前各国高等教育改革面临的共同问题，中介组织介入高等教育管理，有助于解决这一问题。

1. 表达高校的呼声，维护高校的自主权

目前，影响高校自主权的因素有两个：一是政府的干预，二是市场的牵制。高等教育活动具有长效性和迟效性，需要一个相对稳定的政策环境，而政府往往注重政策的时效性，关注现实的收益。政府的干预有时会与高校自身发展的逻辑冲突。一项政策实行之后，其负面效应往往并不很快显现，而且也难以在短期消除，政策的频繁调整必然影响高等教育的可持续发展。目前我们所进行的某些高等教育改革，就是在弥补过去实行的某些高等教育政策带来的不利影响。高等教育中介组织参与政策制定，为政府决策提供信息和咨询，为高等教育人士表达自己的意见，争取自主权利，维护自身利益提供了一个渠道。同时，市场是波动的，如果高校主要依赖市场来获得资源，会冲击高等教育正常的教育教学，特别是对一些基础学科、实用性较差的学科而言，难以从市场中获取到资源。所以，中介组织可以代表高校，向政府和社会阐明自己的主张，为高校争取政府和其他社会部门的支持，避免高校为了生存不得不屈从于市场力量。

2. 加强高等教育系统的自我管理，强化自律来减少他律

随着高等教育规模的扩张，高等教育发展对社会资源的依赖性增强，政府和社会公众对高等教育投入的增加，使投资者越来越重视投资的回报，要求高校提高资源的使用效益。同时，高校对国家和社会发展重要性的提升，也促使国家和社会其他部门越来越关注高等教育的发展。高等教育不可能再是游离于国家和社会之外的"象牙塔"，对高等教育加强监督，提高资源使用效益的呼声高涨。高校必须有效回应社会问责的要求，同时又要不违反自身发展的逻辑。一个有效的方法，就是强化自律，以自律来代替他律，尽量减少外部干预。在美国，一些高等教育中介组织就是通过加强高等教育自律，来减少外部控制。如，美国高等教育质量评估组织，

---

① 姜亚洲：《联合国教科文组织关于高等教育教学人员地位的建议》，载《世界教育信息》1999 年第 5 期。

通过自我评估来保证质量，减少外部评估；高等教育行业协会建立本行业的职业规范，实现本行业的自我管理。

3. 反映社会要求，促进高校有效发挥其社会职能

高校作为社会服务机构，要提高其活动绩效，有效履行其社会职能，需要及时、充分了解社会的需求和变化。高等教育中介组织作为高校与外界沟通的一个渠道，通过中介组织，高校可以了解政府部门和社会其他组织的需要，从而调整自己的专业设置、课程安排以及科学研究领域，使人才培养的规格适应社会的需要，高校的科研成果能够及时转化，从而提高资源的使用效益。

小　结

高等教育活动具有正外部性，接受高等教育不仅对受教育者个人有益，对其他社会成员和整个社会都有益处。同时，如果高等教育不能与社会需求相契合，培养的人才与社会需求脱节，就会出现结构性失业，造成人力、物力的巨大浪费，大量受过高等教育者失业，也会影响到社会的稳定，这时高等教育就具有了负外部性。而且，随着社会的发展，社会生产方式的变化，使高等教育对国家和个人发展正在变得日益重要，高等教育事务已经成为一项重要的公共事务。为此，政府应当而且必须承担提供和管理高等教育的责任。但是由于高等教育活动的特殊性和政府组织自身的缺陷，政府的干预与高等教育公益性和资源配置有效性不具有必然关系，政府干预会失灵。传统的政府控制高等教育有其弊端，这种弊端伴随高等教育规模扩张而来的复杂性、多样性的增加而凸显。而且，社会生产和生活方式的变化使高等教育的社会需求不断增加，政府自身财力无法满足旺盛的高等教育社会需求，高等教育供给与需求的矛盾突出。为此，一些国家开始把目光转向了市场，在高等教育领域引入和扩大市场的力量，希望借市场之力扩大供给，革除政府控制高等教育中出现的高校效率低下、变革迟缓的弊端。但已有的改革实践证明，市场并不是解决所有问题的良方，市场也会失灵。高校的逐利行为、不断滋长的高等教育腐败和欺诈行为以及加剧的高等教育不公平，是市场引入高等教育所带来的新问题。这些问题不解决，最终会贻害高等教育的健康发展。市场引入之后带来的负

面影响使人们认识到，市场在高等教育领域的适用范围也是有限的。另外，高等教育活动有其内在逻辑，高校应当拥有一定的自治权。同时，高校所承担的社会责任和占用资源的增加，又需要对高校进行问责，以促使高校适应社会需求的变化，适时变革，提高资源使用效益。可见，政府、市场、高校三种力量各有其存在于高等教育领域的理由，又各有其作用的局限。如何克服单一力量控制的弊端，协调政府、市场和高校三者之间的关系，实现高等教育多元力量的合作共治，成为当前许多国家高等教育发展中面临的共同问题。

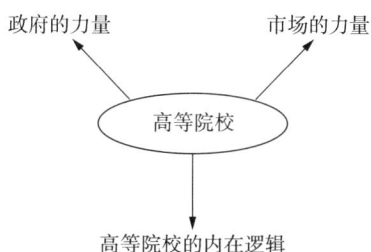

图 2　高校的生存环境

当人们面对高等教育中，政府、市场、高校三种力量需要共存的局面，一些国家选择了高等教育中介组织来调节三者之间关系，由中介组织承担某些管理职能，实现多元力量合作共治高等教育。如，英国的高等教育基金会、高等教育质量保证署；日本的中央教育审议会、临时教育审议会、大学教育审议会；美国的众多协会组织、基金会组织等。通过这些中介组织的高等教育活动，分担某些高等教育管理职能，搭建政府、社会和高校沟通的平台，通过互动、协商、谈判、合作共同解决高等教育问题，有利于优化高等教育资源的配置，提高资源的使用效益。

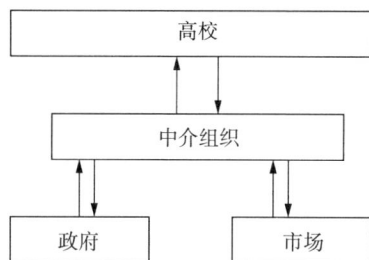

图 3　中介组织介入高等教育管理功能示意图

第三章　他山之石：美国中介组织介入高等教育管理的实践

高等教育活动的性质和规模的扩张、结构复杂性的增加，使政府、市场和高校三种力量必须共存于高等教育之中。为了协调政府、市场和高校三者的关系，一些国家建立了高等教育中介组织，由这些中介组织来承担某些管理职能，实现多元力量合作治理高等教育。

本书第二章已经论证了中介组织介入高等教育管理的必要性，本章主要阐述中介组织如何介入高等教育管理，在哪些领域、通过何种方式、承担哪些管理职能，从而实现多元力量合作治理高等教育模式从应然转变为实然。鉴于美国是世界上高等教育中较早出现政府、市场和院校力量共存的国家，也是中介组织有效介入高等教育管理，实现多元力量相互制约、合作共治高等教育的国家。本书选取美国作为案例国家，舍弃其他国家的实践，目的是为了能够比较翔实、深入地介绍中介组织介入高等教育管理的具体领域和方式，以便为我国提供一些可操作性的借鉴。

一、美国多元力量共存的高等教育权力格局

美国高等教育从殖民地学院时期开始，就有院校自治的传统。独立后，出于对国家权力的警惕，美国并没有赋予联邦政府管理高等教育的权力，而是把权力留给了各州。在州的层次上，1819 年达特茅斯学院案以法律形式规定私立高校独立于州政府而存在，各州开始创办公立高等教育。在公立高等教育系统中，公立高校仍保留了院校自治的传统。同时，市场竞争是美国高等教育的基本特征。不论是私立还是公立院校，它们都在各个层面展开竞争，高校所需的生源、师资和资金等资源要依靠市场竞争来

获得。但是第二次世界大战之后，随着高等教育对国家和社会发展重要性的提升，联邦政府利用各种方式向高等教育渗透自己的影响，逐渐成为继市场之后牵制高校发展的又一重要力量，高等教育领域出现了政府、市场、院校三种力量共存的局面。

（一）市场：基本驱动力量

市场竞争是美国高等教育发展的基本驱动力量。美国是一个公私高校并存的国家，而且同一层次类型的院校数量众多，实力相当。私立高校是面向社会的独立办学实体，公立高校同政府以及其他社会机构之间也不存在隶属、依赖关系，所有高校都是在一定约束下的自我负责、自谋发展、自负盈亏的相对独立的利益共同体。高等教育资源的相对稀缺性使高校需要在各个层面上展开竞争，以争取生存和发展的资源。

一是人力资源市场的竞争。

人力资源主要是高校的管理者、教师和学生。选拔优秀的管理者，特别是选拔优秀的校长，对于一所院校的兴衰成败起着关键的作用。约瑟夫·考夫曼（Josrph F. Kauffman）在《大学校长——过去和现在》（*The College Presidency——Yesterday and Today*）一文中提到"领导的作用是对所有事物都关心，校内校外成员和力量、高校的中心目的、价值……校长处于这样一个既庞大又脆弱的人类组织中心。不管他将自己的职务看作为——校长、经理、行政长官，他都必须有效行事，否则大学就会遭殃。"[①] 因此，优秀的高校管理者是美国各高校相互争夺的重要人力资源。

在美国，师资水平不仅直接决定着高校教学和科研工作的优劣，而且间接影响着学校生源和财源的多寡。美国高校教师实行的是聘用制，为人才流动提供了制度基础。各高校，特别是研究型大学之间，为网罗优秀学者和著名教授，往往提供各种优厚的待遇和一流的科研环境。英国著名比较教育学者埃瑞克·阿什比（Eric Ashby）曾评论美国高校之间的师资竞争：我们略一注视大洋彼岸，就可以看到由于知识分子市场上没有薪金限制，于是各大学都以高薪去争聘诺贝尔奖金获得者，就像投机商拍卖市场

---

① Joseph F. Kauffman, *The College Presidency-Yesterday and Today*, *ASHE Reader on Organization and Governance in Higher Education*. Needham Heights：Ginn Press，1986，pp. 236—237.

争购古画一样。① 特别是 20 世纪 80 年代以后，美国高校对教师的需求增加，而供给相对不足，需求与供给的矛盾加剧了师资的竞争。20 世纪 80 年代后期，美国的一些学者研究发现，1988—1990 年间，美国高校对教授的需求增加 6.2%，而同期博士毕业生的数目预期只会增长 2.9%②。由此，他们预测美国高校从 20 世纪 80 年代至 21 世纪初将面临师资短缺的危机。高校师资，特别是高水平师资的短缺无疑将加剧院校招揽优秀师资的竞争。

在美国，学生也是高校争夺的对象。生源优劣影响着高校人才培养的质量，而且生源多少直接影响高校的收入。在美国，学费是高校经费来源的重要渠道。而且，各级政府每年都给予高校学生大量资助，吸引到更多的学生就意味着可以得到更多的政府财政资助。美国高校数量众多，且实行自主招生制度，学生的选择余地大。"在美国，学生可以选择高校和学科，消费者的需求起着重要作用。消费者不仅可以选择进入哪所院校，而且可以随意退出，从一所院校转到另一所院校。由于存在着如此广泛的入学选择权和以后的退学权、转学权，因此各学院和大学的生存或者依赖于满足用户的需要，或者依赖于以自己大学的优良质量来吸引用户。"③

特别是从 20 世纪 60 年代以来，美国高等教育从大众化逐渐向普及化发展，形成了买方市场，加剧了高等院校的生源竞争。如，美国 20—24 岁年龄组的入学率，1980 年为 23.45%，1990 年为 28.27%，1992 年为 31.25%。④ 所以，每年各高校都要展开"招生大战"，采用多样的方式去吸引数量足够、尽量优秀的学生。

二是资金市场的竞争。

雄厚的财力是高校发展的重要支撑。到目前为止，尽管政府财政拨款的比例不断下降，但政府财政拨款仍是美国高校经费的重要来源。然而，美国实行的是选择性财政拨款制度，即根据高校教育服务的质量和政府的

---

① 朱传辉：《美国高校师资竞争及其策略探析》，载《科技信息》2007 年第 9 期。

② Richard Miller, *Major American Higher Education Issues and the challenges in the 1990s*. London: Jessica Kingsley Publishers, 1990, p.37.

③ ［加］约翰·范德格拉夫等：《学术权力——七国高等教育管理体制比较》，王承绪等译，浙江教育出版社 2001 年版，第 178 页。

④ 黄福涛：《20 世纪西方高等教育发展的特征与趋势》，载《厦门大学学报》1999 年第 2 期。

特殊需要而确定拨款的对象和数额。此外，学费、社会捐赠以及高校与其他单位的合作收入等是高校不可或缺的经费来源，而美国社会产权明确，任何个人和团体都不会轻易支付资金。高校唯有以自己的竞争优势去获得政府和社会的信任，争取它们向自己投资。

三是社会声誉市场的竞争。

社会声誉是无形的资源，但却可以转化为有形资源。因此，美国《新闻与世界报道》（*U. S. News and World Report*）对美国大学排名时一直把"社会声誉"置于首位。美国是一个开放的、价值观念多元的移民国家，要获得社会公众的一致评价实属不易。而且，崇尚民主、自由的社会氛围也形成了美国人坦诚以及对社会事务普遍关注的性格。与社会息息相关的高等教育事务自然受到社会的普遍关注。在这种价值观念多元、社会舆论监督有力的社会背景中，一所高校只有卓有成效地开展工作，才能赢得好的社会声誉。

在美国，"商品经济的观念和对市场的思考已经渗透到了社会的各个领域"，[①] 高等教育也不例外，美国建立了相对完善的人才、资金、技术等生产要素市场，高等教育活动所需的各个要素，都要从市场上获得，市场竞争是美国高等教育的基本特征。

（二）政府：渗透不断加强

南北战争之前，美国联邦政府基本对高等教育采取"自由放任"的政策，从 1862 年《莫雷尔法案》（*Morril Act*）开始，联邦政府摒弃了过去对高等教育放任的政策，转而采取了干预的政策。但是从总体上说，"直至二次大战爆发，美国联邦政府对高等教育的干预还没有制度化，还是不连贯的，个别的。"[②] 但第二次世界大战之后，美国联邦政府对高等教育的干预力度不断加强，干预范围不断扩大，形成了一套有效渗透自己影响的机制。

其一，立法及其配套的经济资助。

19 世纪美国政府通过了一系列法案，以资助农业和机械方面的教育和

---

① ［美］马丁·特罗：《美国高等教育——过去、现在和未来》，载《北京大学高等教育论坛》1989 年第 1 期。

② 王英杰：《美国高等教育发展与改革百年回眸》，载《高等教育研究》2000 年第 1 期。

研究。如，1862 年的《莫雷尔法案》、1874 年的《哈奇法案》（Hatch Act）、1890 年的第二个《莫雷尔法案》及其配套拨款。第二次世界大战之后，美国国会又通过了一系列补助高等教育机构的法案：从 1944 年《军人权利法案》（The GI Bill of Rights）到 1958 年《国防教育法》（National Defense Education Act），联邦资助范围扩大，直接推动美国高等教育走上了大众化之路，以致有人称这一时期为美国高等教育的"联邦时期"；1963 年国会通过了第一个针对高等教育的《高等教育设施法》（Higher Education Facility Act），对美国高校设施建设进行资助；1965 年制定了美国第一部《高等教育法》（Higher Education Act），其立法的宗旨：强化我们的学院和大学的教育条件，并对接受高等教育的贫困学生提供经济资助。[1] 该法案的核心，是授权批准了绝大部分的联邦学生资助项目。这也是它对高等教育发展影响最大的一点，目前，联邦政府的资助是美国高校学生可以获得的最主要的资助。在过去的 15 年，美国高校学费在不断增加。有研究者指出，把通货膨胀计算在内，平均学费在私立大学已增长了大约 90%，公立四年制大学增长了 100%。而同一时期，中等收入家庭的收入一直停滞不前，在 15 年间，仅增长了 5%。另外，收入差距在 20 世纪八九十年代时已经扩大，这表明增长的学费已经超过了低收入阶层的家庭所能负担的上限。[2] 学费与收入的差距使联邦学生资助计划对美国高等教育的重要性增加。

20 世纪 70 年代之后，联邦政府把几乎一半的资助给了学生和家庭，向学生直接提供财政资助，而不是院校，其目的就在于要消除阻挠部分学生就读高等学校的障碍，减轻中产阶级家庭支付大学费用的经济负担。联邦政府对学生及其家庭的资助，非常有效地解决了数以万计的贫困学生就读大学的问题，帮助和支持扩大高校入学机会，是美国解决高等教育公平的一大举措。[3]

其二，联邦政府科研项目拨款。

---

[1] U. S. Congress House Committee on Education and Lalor. *The Education Act of* 1965：*Report to Accompany H. R.* 9567，89th，*Congress*，1st，*session*，1965. H. R. 89—621，1. 转引自杨克瑞：《美国〈高等教育法〉的历史演变分析》，载《比较教育研究》2005 年第 4 期。

[2] Philip G. Altbach，Patricia J. Gumport，Robert O. Berdahl，*American Higher Education in the Twenty-first Century.* Baltimore：The Johns Hopkins University Press，1999，p. 165.

[3] 李盛兵：《美国本科教育的新挑战》，载《比较教育研究》2008 年第 3 期。

第二次世界大战期间，联邦政府与高校的科研合作所显示的威力，使美国联邦政府更直接地体会到高等教育对国家安全的重要性，也提高了联邦政府利用高校科研力量的欲望。战后几十年，美国联邦政府对大学科学研究的投资比例占大学科研经费总额的半数以上（见下表）。

表14　美国大学科研经费来源（%）

来源　年份	联邦政府	州与地方政府	非营利基金会（组织）	大学自筹	产业部门
1960	62.7	13.2	8.0	9.9	6.2
1965	72.8	9.7	6.3	8.4	2.8
1970	70.5	9.4	7.1	10.4	2.6
1975	67.1	9.7	7.6	12.2	3.3
1980	67.6	8.1	6.6	13.8	3.9
1985	62.6	7.8	7.2	16.7	5.8
1990	59.2	8.1	7.3	18.5	6.9
1995	60.3	7.5	7.2	18.2	6.8

资料来源：Yukio Miyata, "An Empirical Analysis of Innovative Activity of Universities in the United States", *Technovation*, 2000 Vol. 20 (8), pp. 413—425.

高等教育竞争的加剧和联邦政府资助力度的加大，使美国高校对联邦政府产生不同程度的经济依赖。"联邦政府对大学资助的诸多影响接踵而来，而且这些影响是巨大的，它们以微妙的、缓慢积累的和彬彬有礼的方式使得自己显得愈加有力。"[①] 前哈佛大学校长帕西曾就此指出："以前唯恐联邦政府通过经费渗入控制高等教育的想法几乎完全消失了。高等教育组织更大的忧虑，不是怕它们的行动自由受联邦政府代理组织的干涉，而是担心联邦政府资金对他们的研究工作和学生尤其是研究生的资助，不能和通货膨胀同步增长。"[②]

其三，司法途径也是美国联邦政府影响高等教育的重要方式。

美国是制定法和判例法混合的国家，法院对一个案件的判决不仅决定该案当事人的权益，而且是日后同类案件判决的法律依据。在美国高等教

----

① ［美］克拉克·克尔：《大学的功用》，陈学飞等译，江西教育出版社1993年版，第40页。

② ［美］奈什·M.帕西：《美国的高等教育》，载《高教研究丛刊》（杭州大学高等教育研究室），第11期。

育史上，有很多对高等教育发展产生重大影响的联邦最高法院判决。如，决定美国私立高校法律地位的达特茅斯学院案，高校教师学术自由权利的真正确立和学生平等接受高等教育权利的保护也都得益于联邦最高法院的支持性判决。在威廉·卡普林（William Kaplin）所著有关高等教育与法律的著作中，概述了有关高等教育机构的法定协约，并举出了许多法庭判例，包括：董事、行政人员、教师及学生，以及机构与州政府、联邦政府之间关系的案例。①

总之，第二次世界大战之后，美国联邦政府加强了对高等教育的干预，"通过国家立法来打开自治的高等学府的铁门"②，并辅之以经济资助和司法手段，从而成为继市场之后影响高等教育的重要外部力量。

（三）高校：自治根深蒂固

1636 年哈佛大学在美国建立，成为美国高等教育的开端。虽然哈佛大学采用的外行董事会自治模式和英国大学自治的传统模式在方式上存在一些差异，但是欧洲中世纪大学以来的自治观念开始在美国高等教育中扎根。在美国，甚至有学者认为，失去了自治，高等教育就失去了精华。③不仅私立高校从达特默思学院案判决开始，确保了自己独立于政府的学术法人地位，而且公立高校也具有相当的自主权。即使是 20 世纪 70 年代以来，外界对高校问责的压力不断增加，高校捍卫自治权的努力一直没有停歇。

总的来看，目前美国高校在人事、经费安排、专业和课程设置上都享有相当的自主权。高校的管理人员实行选聘基础上的任命制，但任命权掌握在高校内部权力机构手中，不受政府的控制；教师实行聘任制，到期"非升即走"。私立高校有权自行分配经费，公立高校也有很大权力分配从州政府拨来的款项，所有院校均可通过多种渠道筹集资金。

---

① Robert O. Berdahl & T. R. McConnell, "Autonomy and Accountability: who Controls Academe?", inPhilip G. Altbach, Patricia J. Gumport, Robert O. Berdahl, *American Higher Education in the Twenty-first Century.* Baltimore: The Johns Hopkins University Press, 1999, p. 80.
② ［美］约翰·S. 布鲁贝克：《高等教育哲学》，王承绪等译，浙江教育出版社 2002 年版，第 29 页。
③ ［美］约翰·S. 布鲁贝克：《高等教育哲学》，王承绪等译，浙江教育出版社 2002 年版，第 31 页。

独立之前，美国高校就承袭了欧洲高等教育自治的信念，并为捍卫这一权力而进行不懈的斗争。同时，市场力量在高等教育发展中发挥着基本驱动力量。第二次世界大战之后，联邦政府不断通过各种方式向高等教育渗透自己的影响。在美国高等教育领域，形成了政府、市场、高校多种力量共存的格局；高等教育的各利益相关者以各种方式来维护自己的利益，形成了多种力量共同参与高等教育治理的局面。伯顿·克拉克曾这样描述这种局面：立法委员会、执行机构的高级官员、法院和各党派这些正规的政治渠道，现在越来越多地卷入高等教育领域；高校的教授们也参加了集体的讨价还价或者组织集团进行游说活动。学校内部的利益集团大大增加，并加强了他们自己的组织和代表性；外部利益集团对高校也给予了更多注意。① 高等教育运行中各种高等教育利益集团都参与其中，相互之间进行协商、博弈，中介组织是高等教育各种利益相关者参与高等管理，实现各方利益整合的工具。

二、美国高等教育中介组织概况

在美国高等教育领域中，产生重要影响的中介组织主要是各种类型的协会和大型私人基金会。

（一）高等教育协会

美国高等教育协会组织数量众多，用美国威廉·哈罗德·考利（W. H. Cowley）教授的话是"成千上万"②，仅在华盛顿地区就有大大小小200多家。美国这些协会组织的会员不同：有同一地区或同一类型院校组成的院校协会；有专业学院组成的协会，如，法学院、医学院协会等；有工作职责相同或有共同利益的高等教育活动人员组成的协会，如，高校招生人员、财务管理人员、设备采购人员、在校大学生、学生家长等组成的协会；有为研讨同一问题而组成的协会，如，研究生教育质量协会等。上述每一类型协会又分为职能不同、影响范围不同的若干类型。

---

① ［美］伯顿·克拉克：《高等教育新论——多学科的研究》，王承绪等译，浙江教育出版社 2001 年版，第 118 页。

② W. H. Cowley, *Presidents*, *Professors*, *and Trustees*: *The Evolution of American Academic Government*. Francisco: Jossey-Bass Publishers, 1980, p. 146.

美国学者考利（Cowley）在其所著《校长、教授和董事——美国学术管理的演进》（*Presidents，Professors，and Trustees：The Evolution of American Academic Government*）一书中从美国大学学术管理的角度认为，除了那些专注于校友和学生事务的协会组织外，美国高等教育协会组织可以分为 15 类：（1）认证机构，包括地区认证组织和专业认证组织；（2）某一学科学会，如，美国化学学会（the American Chemical Society）、美国经济学学会（the American Economics Association）；（3）某一学术领域的共同体，如，美国社会科学研究理事会（the Social Science Research Council）、学习型社会理事会（the American Council of Learned Societies）；（4）同类高等教育机构组成的组织，如，美国大学协会、美国学院协会；（5）行政管理人员的组织，如，美国大学注册与录取官员协会（the American Association of Collegeiate Registrars and Admission）；（6）大学和学院董事会组织；（7）资金筹集机构，如，教育资助理事会（the Council for Financial Aid to Education）；（8）为大学和学院提供各种服务的机构，如，教育测验中心；（9）宗教性高等教育机构的联合组织；（10）各种高等教育活动的推广性组织；（11）涉及全国性和地区性高等教育事务的协会；（12）国际性教育组织；（13）致力于促进和保护教师权益的组织；（14）名誉联谊会（honorary fraternity）；（15）荣誉性学会（honorific academies）。[①]

他认为上述协会组织在不同程度上，以各种方式对美国的大学和学院产生着影响，要系统透彻地了解美国高等教育的学术管理体制，上述协会的影响不可忽视。他选取了上述协会组织中的前两类，即认证组织和学会，探讨了它们对高校教学和研究产生的影响。

本书依据高等教育协会组织所开展的主要活动和承担的主要职能，主要研究以下几种类型高等教育协会组织介入高等教育管理的实践：

1. 影响政策制定型

美国学者金（King）在 1975 年从各类协会组织对美国高等教育政策影响的角度，把各式各样的高等教育协会分为三类：核心协会、专业或卫星协会以及其他各种地方性的小协会。

---

① W. H. Cowley, *Presidents，Professors，and Trustees：The Evolution of American Academic Government. Francisco：Jossey-Bass Publishers*，1980，pp. 146—162.

（1）核心协会，指对美国高等教育政策产生重要影响，可以代表其他专业或地方协会的利益，在政府与会员之间传递呼声、表达立场的协会。这类协会以六大组织（Big Six）为代表：

美国教育理事会（American Council on Education，ACE），1918 年由全国教育协会更名而来，现在是美国最大也是最重要的高等教育协会。现有1800 多所通过认证的、有学位授予权的学院和大学，以及与高等教育相关的协会和公司作为其会员，其宗旨是统一高等教育的声音，通过宣传、研究和倡议来参与高等教育的重大事务和影响国家高等教育政策。

美国公立和赠地大学协会（Association of Public and Land-grant Universities，APLU），2009 年由全国州立大学和赠地学院协会（National Association of State Universities and Land-granted Colleges，NASULGC）更名而来，是 1963 年由赠地学院协会（the Association of Land-Grant Colleges，由成立于 1887 年的美国农业学院推广站学会在 1919 年更名而来）和全国州立大学协会（the National Association of State Universities，成立于 1895 年）合并而来，是美国最早的高等教育协会。现有会员 238 个，主要是公立研究型大学、赠地学院和一个州立大学系统。协会致力于提高教学、研究质量和保证教育机会均等，首要任务是确保会员有效履行教学、科研和社会服务职能。

美国大学协会（Association of American Universities，AAU），1900 年由14 个有博士学位授予权的大学组建，现有 62 所美国和加拿大的公私立大学，是研究型大学的精英组织。它主要关注大学的学术研究和研究生教育。

美国州立学院和大学协会（American Association of State Colleges and Universities，AASCU），1961 年由公立学院和大学建立，现有会员近 420 个，倡导学习和教学为中心的文化，关注学生适应经济和社会发展能力的培养，为促进地区经济发展服务，关注联邦和州有关学生政策的制定。

全国独立学院与大学协会（National Association of Independent Colleges and Universities，NAICU），1976 年由美国学院协会（the Association of American Colleges）更名而来，目前有近 1000 所私立的、非营利的学院和大学作为其会员，代表私立高等教育机构和联邦政府打交道，关注学生资助、税收以及与私立高等教育有关的国家政策的制定。

美国社区学院协会（American Association of Community Colleges, AACC），成立于1920年，最初名称为初级学院学会，1972年更名为美国社区与初级学院协会，1992年更名为美国社区学院协会。代表1200多所两年制、有副学士学位授予权的社区学院的利益，其会员不仅几乎涵盖了美国所有公私立社区学院，而且包括一些国外的社区学院。其活动是代表社区学院去和州政府一起协商有关社区学院的事宜，并同上述五个协会一起影响联邦政府高等教育政策。

（2）专业或卫星协会，是由从事某一专业教育的学院或从事同一高等教育职业活动的人员组成的协会，如，美国研究生院理事会（the Council of Graduate Schools in the United States, CGSUS）、美国医学院协会（the Association of American Medical Colleges, AAMC）、全国学生资助管理者协会（the National Association of Student Financial Aid Administrators, NASFAA）等。这类协会数量众多，它们主要关注与自身特殊利益相关的政策活动，对国家高等教育的"大政方针"更希望借助大的协会组织来代言。[①] 小型专业协会往往围绕大型协会来运作，所以被称为"卫星协会"。这些协会规模虽然不如核心协会，但因为专业性强，其作用也不可低估。

（3）地方性的小协会，是指一些地方的单一学院系统的或为私人企业服务的单个高校的协会。此类协会类型繁杂、影响较小。[②]

本书主要研究上述影响政策制定型协会中核心协会的活动。

2. 州际区域协作型

美国有四大高等教育州际区域协作组织，其活动范围覆盖全美。这四个美国高等教育州际区域协作组织属于非营利、无党派、非政府组织，但是却有准政府机构的特征。这些组织是由各州政府通过协商，签订州际协议（Interstate Compacts），经美国国会批准成立的。其活动基本经费来自于各州拨款，同时也接受基金会、联邦政府以及州相关机构的资助。

这四个高等教育区域协作组织，按照其成立的先后顺序为：

南部地区教育董事会（Southern Regional Education Board, SREB），成

---

① Michael D. Parsons, *Power and Politics: Federal Higher Education Policy-making in the* 1990s. New York: State University of New York Press, 1997, p. 72.

② Michael D Parsons, *Power and Politics: Federal Higher Education Policy-making in the* 1990s, p. 71.

立于 1948 年，办公地点在亚特兰大市（Atlanta），目前其成员有 16 个州；该董事会由各州州长和任期为 4 年的每州 4 名委员组成，4 名委员由各州州长任命，其中至少包括一名立法委员和一名教育专业人员。

西部州际高等教育理事会（Western Interstate Commission for Higher Education，WICHE），成立于 1953 年，办公地点在波尔德市（Boulder），目前其成员有 15 个州；该理事会由来自各成员州的每州 3 名委员组成，这些委员都由各州州长任命。

新英格兰高等教育委员会（New England Board of Higher Education，NEBHE），成立于 1955 年，办公地点在波士顿市（Boston），目前其成员有 6 个州；该委员会由每州 3 名委员组成，这些委员根据各州的法律任命。

中西部高等教育委员会（Midwestern Higher Education Commission，MHEC），成立于 1991 年，办公地点在明尼阿波利斯市（Minneapolis），目前其成员有 12 个州；该委员会由每州 5 名委员组成，这些委员由各州根据法律任命，其中包括立法委员、高等教育领导人和州长代表。

3. 评估认证型

这类组织承担美国高校或专业教育质量评估和认证的职能。按照美国高等教育认证委员会（Council for Higher Education Accreditation，CHEA）2015 年 1 月公布的得到其认可的认证组织名单，认证组织分为三类：一是地区性认证组织（regional accrediting organizations），共 6 个，负责一定区域内高等教育机构和院校的整体认证，所认证的高校 98% 是具有学位授予权且为非营利的高校；二是全国性认证组织（national accrediting organizations），共 6 个，负责在全国范围内对高校的认证，但所认证的高校 80% 是营利性的，大多没有学位授予权，单科性高校较多；三是专业性认证组织（programmatic accrediting organizations），共 49 个，对高校中的特定专业或学院进行认证。上述三类组织中，地区性和专业性组织影响巨大。

地区性认证组织出现在 19 世纪末 20 世纪初，为了解决美国中学质量参差不齐，高校生源质量难以保障的问题，成立了区域性院校协会组织。如，1885 年成立的新英格兰学校与学院协会（New England Association of Schools and Colleges，NEASC），1887 年成立的中部各州学院与学校协会（Middle States Association of Colleges and School，MSACS），1895 年成立的中北部学校和学院协会（North Central Association of Colleges and Schools，

NCACS)，1895 年成立的南部学院与学校协会（Southern Association of Colleges and Schools，SACS)，1917 年成立的西北部学院与学校协会（Northwest Association of Schools，Colleges and Universities，NWASC)。这些组织为中等学校和高等院校之间沟通和交流搭建了一个平台。在 1905 年，中北部学校和学院协会首先依据一定的标准对所在区域的中学进行考核评估，也就是对中学进行认证。随后其他协会也开始对中学进行认证。之后，为解决高等教育质量管理松散的问题，对学校进行认证的经验被借鉴到高等教育领域中，1909 年，美国中北部学校和学院协会制定了高等院校的认证标准。1910 年，根据此标准对本地区的院校进行认证。1913 年，该协会公布了获得认证资格的院校名单。这是美国现代意义上的高等院校认证的开端。此后，南部学院与学校协会于 1919 年，中部各州学院与学校协会于 1921 年，都先后开展了高等教育认证。西部学院协会（Western College Association，WCA）成立于 1924 年，它一开始便成为了高等院校探讨共同关心的问题的论坛，并于 1948 年开始了院校认证。美国历史最长的区域性认证机构——新英格兰学校与学院协会直到 1952 年才正式开展院校认证。不过在此之前，成为该协会的会员也要达到一定的标准，这些标准与其他区域性认证机构的认证标准颇为相似。

美国的专业认证起始于医学领域。早在 1847 年美国医学协会（American Medical Association，AMA）建立了第一个专门负责医学教育的委员会，其目的在于"保护本行业的发展，与低质量的专业教育做斗争"。[①] 1901 年，美国整骨协会（American Osteopathic Association，AOA）开始对有关院校进行评估和鉴定。1905 年，美国医学协会（AMA）的医科教育和医院理事会（Council on Medical Education and Hospitals）建立了一套医学院评价标准。1906 年，该委员会首次对医学院进行考察，1907 年公布了医学院的等级排名，这个排名的主要依据是毕业生在医师资格考试中的成绩。值得一提的是该委员会与卡耐基教学促进基金会（Carnegie Foundation for the Advancement of Teaching）合作对美国和加拿大的医科教育进行了调查，此调查的结果就是由美国著名学者和教育家亚伯拉罕·弗莱克斯纳（Abra-

① F. F. Harcleroad, *Accreditation: Voluntary Enterprise in Understanding Accreditation*. San Francisca: Jossey-Bass Publishers, 1983, p. 42.

ham Flexner）在 1910 年发表的题为《美国和加拿大的医科教育》（*Medical Education in the United States and Canada*）的调查报告，即著名的《弗莱克斯纳报告》（*Flexner Report*）。该报告的发表使约翰·霍布金斯大学的医学院成为典型，委员会为此建立了更具体、明确和详尽的医科教育标准，从而使许多质量差的医学院逐步关闭，大幅提高了美国医学教育的绩效责任。[①] 美国医学协会（American Medical Association，AMA）对医学院的认证引起了广泛注意。在 1914 年至 1935 年间，许多专业协会如，商业、法律、图书馆学、音乐、工程、造林以及医学教育中细化的领域（牙科、骨科、儿科、麻醉等）等都开展了认证活动。1935 年至 1948 年间，更多的专业认证协会陆续出现，包括建筑、艺术、化学和新闻等，加上四个医学相关领域（医事技术、病历、职业治疗和物理治疗），都开展了认证活动。

4. 职业规范和权益维护型

这类组织由从事高等教育各种职业活动的人员组成，成立的目的是规范本行业的职业活动，维护从业者的权益。如，美国大学注册与录取官员协会（American Association of Collegiate Registrars and Admissions Officers，AACRAO）、全国学生资助管理者协会（The National Association of Student Financial Aid Administrators，NASFAA）、美国大学教授协会（Association of University Professors，AAUP），其中以 AAUP 最为著名。

5. 学术研究规范和交流型

在美国，基本上每一个学科都建有自己的学科性学会组织。这些学会成立的具体过程有所不同，但成立的动机相似，就是具有共同学术兴趣的学者希望通过建立协会，创办刊物，召开学术会议等方式，加强彼此的交流，规范本学科的研究，促进学科专业的发展。同时，一些学会也通过各种方式扩大本学科的影响，争取政府、基金会、企业等其他组织对本学科科研活动的支持，同时也促进科研成果的转化。[②] 如，美国化学学会（the American Chemical Society）、美国经济学学会（the American Economics As-

---

① 熊耕：《美国高等教育认证制度的起源及其形成动力分析》，载《外国教育研究》2004 年第 6 期。

② Richard M. Freeland, *Academia's Golden Age*：*Universities in Massachusetts* 1945—1970. Oxford University Press，1992，p. 48.

sociation），等等。

（二）基金会

基金会是影响美国高等教育发展的重要力量。基金会不仅通过募集社会资金，为高等教育发展提供重要的财力和物力支持，而且还开展多种教育项目，如，科学研究、信息服务、人员培训等，为高校和社会提供多样的教育服务。

按照美国基金会中心的界定，基金会是"非政府的、非营利的、自有资金（通常来自单一的个人、家庭或公司）并自设董事会管理工作规划的组织，其创办的目的是支持或援助教育、社会、慈善、宗教或其他活动以服务于公共福利，主要途径是对其他非营利机构提供赞助。"① 根据美国《基金会年鉴》（*The Foundation Directory*）2000 年版所提供的数字，资产在 300 万美元以上、年捐款在 20 万美元以上的基金会共有 10,492 家，不到全美大小不等的正在活动的基金会总数的 1/4，但其资产总数为 3580 亿美元，占全体基金会捐款数的 91.6%。②

其中，有专门的教育基金会，如，美国教育基金会（American International Education Fund，AIEF）、美国联邦教育基金会（America Federal Education Foundation，AFEF）、美国国际教育发展基金会（Education Advancement Fund International，EAFI）、卡内基教学促进基金会（Carnegie Foundation for Advancement of Teaching，CFAT）以及各大学基金会。

此外，也有非教育类的基金会，如果按照基金会的资金来源，可将基金会分为三类：一是资金来源于个人和家庭，包括独立基金会和运作型基金会。这两者的区别是基金会资金的运作方式不同，独立基金会又被称为捐赠型基金会（grant making foundation），主要是给其他个人或机构的项目捐款；而运作型基金会（operating foundation）主要是自己做项目，而不是捐款给他人。在税法上，运作型基金会可以比独立型基金会享受更多的优惠。二是资金来源于盈利性的企业捐赠。公司型基金会作为与公司独立的机构运作，也主要是通过捐款的方式运行。三是资金来源于多渠道的社区

---

① The Foundation Center，*The Foundation Directory*. 22th Edition. New York，2000，p. vii.
② 资中筠：《散财之道——美国现代公益基金会述评》，上海人民出版社 2003 年版，第 4页。

基金会。这种基金会的资金主要来自社区内有名望的人士和社区居民捐资，也包括当地政府的拨款，主要是捐资于当地社区的公益事业。在上述三类基金会中，私人独立基金会的数目最多，实力最雄厚，也是本书的研究对象。这些基金会虽然不是专门的教育基金会，但是以多种方式对高等教育产生重要影响。

三、中介组织介入联邦层面高等教育管理的实践

第二次世界大战之后，联邦政府逐渐成为影响美国高等教育发展的重要力量。联邦政府主要是通过立法及其配套的经济资助、司法手段来施加自己的影响，权力分散于国会、联邦法院以及联邦行政部门。国会和联邦行政部门制定和实施有关高等教育的法律和政策来影响高等教育的发展，而联邦法院对某些重要案件的判决会成为日后高等教育活动的重要规则[1]。中介组织积极参与联邦政府有关高等教育的管理活动，既参与国会和联邦行政机构的政策和法律制定活动，也参与联邦法院的审判活动。另外，在高等教育发展中，联邦政府也利用中介组织向高校和社会表明国家对高等教育的要求，并委托一些高等教育中介组织承担某些具体管理职能，中介组织逐渐成为协助联邦政府调控高等教育的一个媒介。

（一）传递高校和社会呼声，影响联邦政府高等教育决策

随着联邦政府对高等教育资助力度的加大，美国高等教育界越来越意识到联邦政府影响的重要性。中介组织逐渐重视和联邦政府的关系，成立相应的专门机构，开展对联邦政府政策活动的分析，积极通过各种方式向联邦政府传递呼声、提供信息和建议，积极争取联邦政府对自身主张的支持。[2]

1. 影响国会和联邦行政机构有关高等教育法律和政策的制定

国会享有立法权，负责审议和通过有关高等教育的法案。目前，美国国会参众两院负责高等教育立法的机构，主要是负责教育事务的委员会及其下属的分委员会：众议院的教育与劳工委员会（Committee on Education

---

① 因为美国是成文法和判例法混合的国家，法院的判决实际上也是在立法，所以有学者在研究美国高等教育立法时，直接把联邦法院看做是立法机构。

② 杨凤英、袁刚：《美国高校影响政府决策的途径和方式——从高等教育协会组织活动管窥》，载《比较教育研究》2010 年第 3 期。

and Workforce）及其下属的高等教育和劳工培训分委员会（Subcommittee on Higher Education and Workforce Training），参议院中的健康、教育、劳动和养老委员会（Committee on Health，Education，Labor and Pensions）。此外，国会预算部门及参众两院的预算委员会（Committee on Budget）以及协助这两个委员会的"国会预算办公室"（Congressional Budget Office）因其对高等教育资助立法有重要影响，也是高等教育政策的重要决策机构，有些议案因为这些国会预算部门的异议而被否决。

联邦行政机构根据国会的授权来具体执行国会通过的议案，并有权制定相关的政策法规。在联邦行政机构中，总统不仅拥有执行国会通过的法案的权力，而且拥有预算权，决定优先发展的项目。另外，总统还拥有立法权，不仅拥有对国会通过的议案的否决权，而且可以国情咨文的形式向国会提出立法倡议。教育部（Department of Education）、财政部（Department of Treasury）、管理和预算办公室（Office of Management and Budget）、国防部（Department of Defense）、农业部（Department of Agriculture）、国家科学基金会（National Science Foundation）、国家艺术人文基金会（National Foundation of Arts and Humanities）等部门都掌握一部分高等教育资金，负责高等教育的财政拨款。

美国的高等教育中介组织代表高等教育界和社会的立场，通过多种方式，影响上述国会和联邦行政机构中与高等教育有关的机构与人员，达到影响国家高等教育立法和政策制定的目的。其中，影响比较大的高等教育中介组织主要是美国学者金所说的"核心协会"，其中以美国教育理事会为首的"六大组织"最为活跃。特别是20世纪80年代以来，这六大组织更是以"统一声音，影响国家高等教育政策"为己任。因为经费资助是联邦政府影响高等教育的重要手段，也是各高校最为关注的问题。所以，上述中介组织活动的重要内容是影响联邦政府有关高等教育经费资助的法律和政策。美国学者康坦斯·库克（Constance E. Cook）曾把上述六大高等教育协会组织看做是代表高等教育的利益集团，研究了它们对联邦政府高等教育经费资助政策的影响。[①] 其他的协会组织也关注与组织成员利益相

---

① Constance Ewing Cook，*Lobbying for Higher Education：How Colleges and Universities Influence Federal Policy*. Nashville：Vanderbilt University Press，1998.

关的高等教育法律和政策的变动，通过各种途径施加影响。另外，某些基金会也会对联邦政府的高等教育政策产生重要影响，其中最著名的就是卡内基教学促进基金会下的高等教育委员会。

上述高等教育中介组织都设有专门负责处理与政府关系的部门，主要利用以下手段来达到影响国会和联邦行政机构有关高等教育法律和政策的制定：

手段一，利用权力制衡，规避不利法案出台。

美国的政治体系是按照"分权与制衡"原则设计的。国会享有立法权，联邦行政机构享有行政权，但上述权力机构之间相互制衡。一项高等教育法案从提案到成为法律生效，要经过以下程序：众参两院的议员各自向所属的议院提交议案→议题涉及的众参两院的分支委员会对议案进行审议，期间要进行充分辩论，举行听证会，广泛征求社会各界的意见，最后由分支委员会主席提出修改草案，而后分支委员会进行投票表决。投票表决支持上报的，分支委员会上报到各自所在的众议院或参议院→众参两院分别对其分支委员会上报的议案进行全院讨论和表决→众参两院交换各自表决通过的议案，分别对对方的议案进行复议→两院都通过的议案由两院议长签字后移送总统，如果两院对议案有分歧，可以再协调、讨论，如果最终无法达成共识，可以分别将议案移送总统→总统可以签署议案使之成为法律生效，也可否决。但同时，如果议案已经在众参两院获得 2/3 票数通过，国会可以不顾总统的否决，使议案成为法律；当然也可进行修改后，再次送交总统。另外，总统拥有立法的提议权，他可以在国情咨文中对某一方面提出立法的建议，尽管总统的立法建议权不具有强制力，但一般国会对总统的建议是十分重视的。

高等教育中介组织要与联邦政府的各个部门打交道，利用国会和行政机构之间的权力制衡来避免不利法案的出台。如，里根执政期间曾反复申明要削减联邦政府对高等教育的资助，在 1983 年他就提出要削减 50% 的高校学生资助并要取消教育部。因为总统提出的预算案要通过议会的审核和批准才能生效，所以，华盛顿的高等教育协会联合国会的一些民主党议员进行反对，有效地遏制了总统大幅削减学生资助的预算案。再如，1995年国会提出要削减学生贷款的议案，以六大协会为首的高等教育中介组织联合社会其他力量，成功游说克林顿总统，使其行使了否决权，并在国情咨文中提出了增加学生资助的措施。协会的游说是有效的，1996 年通过的财政预算学生资助不仅没有削减，反而有所增加。

各类型的高等教育协会组织不仅联合起来，就共同关心的问题向国会和联邦行政部门表达自己的意见，维护高等教育系统的整体利益，各个组织也保持和其自身特殊事务相关的政府部门的密切联系，争取这些部门对自己的支持。如，全国州立大学与赠地学院协会每年出台一份报告——《聚焦——美国农业、食品以及环境体系》(Focus—The US Agriculture, Food and Environment System)，对美国农业发展的对策以及相应经费需求进行专业性的分析。每年在预算生效的 21 个月之前，该协会就向农业部以及联邦"管理与预算办公室"提出关于预算的建议并保持与它们的交流，以争取农业部对开展农业教育与研究的院校和项目的支持。

手段二，利用与政府机构工作人员的人际往来，寻求支持。

与国会或行政机构工作人员进行沟通和交流，争取他们对自己主张的认同和支持，是各高等教育中介组织影响国家决策的重要手段。各大型的协会组织都设有专门负责政府关系的部门，协会组织的领导人与相关国会议员、主席和行政部门的官员、工作人员保持着联系，甚至一些协会就聘用曾经在政府部门任过职的人员担任协会主席或负责协会与政府的关系。如，美国教育理事会 20 世纪前半期的主席塞缪尔·科本（Samuel Capen）和乔治·祖克（George F. Zook）都曾在美国教育署下的高等教育部门担任过主任，而目前负责政府关系的副主席塔瑞·哈特（Terry Hartle）曾经是负责高等教育立法的参议员爱德华·肯尼迪的工作人员。协会领导或负责政府关系的负责人通过各种场合与国会议员、政府官员及其工作人员进行口头交流或者通过书面的形式与之进行沟通，影响其观念，争取其对自己工作的支持。如，众议院教育和劳工委员会主席艾迪斯·格林（Edith Creen）就曾与各大协会联系密切，也正是在她的努力下，美国国会于1963 年通过了资助高等教育机构的《高等教育设施法》；在 1972 年《高等教育法》修订，讨论联邦政府对高等教育资助方式的调整时，她又积极代表高等教育机构的利益，主张保持原有的校本资助模式。

各大基金会的负责人与政府高官间时有角色互换。尽管角色不同，立场会发生相应改变，但不排除原有工作经历的影响。如，腊斯克（Dean Rusk）——杜鲁门政府的副国务卿和约翰逊政府的国务卿，在两次政府职务之间任洛克菲勒基金会会长；杜勒斯（John Foster Dulles）——先任洛克菲勒基金会会长，后任艾森豪威尔政府国务卿，后又任卡内基和平基金会董事长；万斯（Cyrus Vance）——先任洛克菲勒基金会董事长，后任卡特政府国务卿；加得纳（John Gardner）——先任卡内基基金会会长，后任肯尼迪—约翰逊政府的"总统国际教育文化顾问委员会"主任；福特基金会的中心人物，"促进教育基金"创办人和空中电视教育项目负责人库姆斯（Philip Coombs），离开福特基金会后任肯尼迪—约翰逊政府的教育文化事务助理国务卿。至于大基金会的董事会成员先后在政府任职的更是不胜枚举。基金会的高层与政府中的高层人士往往有密切的联系，通过这种人际联系来影响国家的政策。

手段三，通过官方正规渠道提出主张来达到影响的目的。

美国的法案出台前国会和相关政府行政部门，要就法案的议题进行调查，广泛征求社会各方的意见。各高等教育中介组织利用这个机会向有关部门表明立场，提出建议，出示支持自己观点的佐证材料。

向国会和政府部门递送研究报告或信件，是各中介组织向国会和政府部门表明立场的一个手段。如，1992 年的《高等教育法》修订，美国教育理事会在 1989 年成立了专门工作组，就这次修订中涉及的学生需求分析、学生资助系统、低收入学生、研究生与专业学位教育、学院资源等进行深入调查，并写成研究报告，汇总为《高等教育法（修改意见)》传送到国会参众两院的专门小组，其中一些意见为国会采纳。美国教育理事会在 2011—2014 年间向国会、总统以及联邦有关行政机构写了 19 封信件，呈送了 29 份信息简报，就学生资助、学术自由、社会慈善教育捐助、少数民族教育等问题向国会有关机构和议员、总统以及其他行政机构等阐释自己的主张，通报高等教育组织的最新动态。[①]

国会听证会也是各高等教育中介组织表达意见的重要场所。20 世纪 70 年代，卡内基教学促进基金会所建立的卡内基高等教育委员会（Carnegie Commission on Higher Education，1967—1973）和卡内基高等教育政策研究理事会（Carnegie Council on Policy Studies in Higher Education，1974—

---

① ACE，Letter to Congress. http：//www. acenet. edu/Search/Pages/results. aspx？ k = letter to congress，2015 - 03 - 27.

1979）曾多次派代表在国会听证会上陈述自己的意见，影响联邦高等教育政策。以美国教育理事会为首的六大协会组织更是充分利用国会听证会来影响联邦的高等教育政策。2007 年 4 月 23 日，美国教育理事会主席戴韦·沃德（David Ward）代表理事会在参议院委员会举行的关于美国国内安全和政府事务的听证会上，陈述了理事会关于美国大学校园安全问题的意见。在该意见书中，他首先说明了大学校园是一个人员众多、流动性大、建筑多、占地广的地方，安全问题很重要；接着，用大量的数据说明尽管相对于社会来说，校园是一个相对较安全的地方（犯罪事件较少），但安全问题是美国各校园高度重视的问题，特别是"9·11 事件"以来，很多高校都加强了安全措施。最后，理事会对加强校园安全提出了自己的建议。[1] 因为上述协会和基金会等中介组织的意见往往是在深入调查和研究基础上提出的，有理有据，有说服力，其建议很多为国会立法采纳。

手段四，通过广结联盟、形成合力来达到影响的目的。

在实践中，各高等教育中介组织逐渐意识到相互之间协调与合作的重要性，40% 的高等教育协会都在华盛顿的"大杜邦圈"（One Dupont Circle）大厦设有办事处。该大厦由凯洛格基金会（Kellogg Foundation）资助建造，其目的就在于促进华盛顿地区主要高等教育协会之间的联系和合作。作为全国高等教育协调中心的美国教育理事会，在华盛顿设立了秘书处，定期就全国和地方的重要教育议题进行交流，还定期召开各种会议。如，六大协会组织每周都召开一次例会，组织中的公共关系部和政府公关部每两周召开一次例会，协商问题、交流意见，遇到共同关心的问题，相互合作，统一行动，维护共同利益。再如，在 1995—1996 年 104 届国会期间，针对国会提出的削减学生资助的议案，美国教育理事会、全国独立学院与大学协会共同组织成立了"挽救学生资助联盟"（the Alliance to Save Student Aid），获得了其他高等教育协会组织 30 万美元的资助。[2] 该联盟雇

---

① ACE'S President David Ward's Testimony on Security on America's College Campuses before the senate committee on homeland Security and Government Affairs. http：//www. acenet. edu/AM/Template. cfm? Section = Papers_ Publications&Template，2014 – 06 – 05.

② Constance Ewing Cook，*Lobbying for Higher Education：How Colleges and Universities Influence Federal Policy.* Nashville：Vanderbilt University Press，1998，p. 149.

佣公关公司进行了有关学生资助的民意调查，调查表明，公众普遍支持联邦政府对接受高等教育的学生进行资助，教育理事会把这项调查结果作为在国会听证会上论证自己观点的重要依据。同时，各高等教育协会组织还充分利用各种传媒手段（报纸、广播、网络等）进行广泛的舆论宣传，影响普通公众与跟高等教育有关人士的观念。如，在104届国会期间，协会组织就学生资助问题除了召开新闻发布会、在报纸上刊登文章宣传自己的观点外，还买下了华盛顿区以及国会预算委员会几位资深议员所在的7个州的广播时段，进行专题宣传；设置免费咨询电话，为关心此事的公众进行服务；动员各大学校长对国会和联邦行政部门进行游说。① 中介组织之间的联合，以及对公众力量的借助，实现了力量整合，往往收到 1 + 1 > 2 的效果，增强了中介组织的影响力。

2. 影响联邦司法系统有关高等教育案件的审判

美国是制定法和判例法混合的国家，一项案件的判决不仅影响案件当事人的利益，而且重大案件的判决会成为以后类似案件判决的依据。所以，为保证司法的公正，美国法院在进行审判时，除充分听取当事人的陈述外，当事人以外的第三方可以"法院之友"（friend of the court）的身份向法院递交"书状"（briefs），提供与案件有关的事实或者适用法律方面的意见。美国的"法院之友"是美国法院制度的重要组成部分，扮演着不可或缺的作用。在美国，不但绝大多数案件有"法院之友"的介入，而且法院在判决时往往也援引"法律之友"书状中的意见来说明判决的理由。美国高等教育中介组织往往以"法院之友"的身份参与联邦法院有关高等教育案件的审判。

以2003年联邦法院对"密歇根大学案"的审理为例，来考察高等教育中介组织是如何参与联邦司法系统案件判决的。"密歇根大学案"历时六年，对美国高校招生中的"平权措施"（Affirmative action）进行了明确的法律确认，影响巨大。"平权措施"（也称为"肯定性行动"）是美国政府为消除社会中的种族歧视而采取的一项重要措施。肯尼迪总统于1961年签署了一项总统行政命令，要求政府合同承包商采取"平权措施"，为少数

---

① Constance Ewing Cook, *Lobbying for Higher Education*: *How Colleges and Universities Influence Federal Policy.* Nashville: Vanderbilt University Press, 1998, p. 153.

族裔提供更多的工作机会。这是"平权措施"一词的起源。经过后来几任政府的努力，"平权措施"演变为一系列旨在消减对社会机构中不同群体的歧视而制定的相关法律、规范、政策的总称。具体是指联邦政府、州及地方政府或是私人业主、教育机构采取自愿或法定的行动，在入学、就业、晋升以及接受政府贷款和分配政府合同时，在竞争能力和资格基本相同或相近的情况下，黑人、印第安人、拉美裔和亚裔以及妇女享有优先录取、录用、晋升或优先得到贷款和政府合同的权利。平权措施在高等教育领域实施以来，一直存在争议，许多州都出现了因考生不满公立大学录取政策中的平权措施与校方对簿公堂的情形。由于联邦最高法院一直对此无定论，各地的判决常常相互抵触，最高法院自从1978年后25年中没有受理任何挑战高校招生领域平权措施的案件，只是一味采用沉默观望的态度。2003年的密歇根大学案，联邦最高法院终于出手，一锤定音。

密歇根大学被誉为美国"最好的公立大学"，入学竞争非常激烈。多年来，考虑到在校生中少数族裔比例过低等因素，密歇根大学各学院一直将种族因素作为录取新生的参考因素。在该校文理学院的录取中，规定凡非洲裔黑人、西班牙裔和印第安原住民学生，可以加20分后参加排名。1997年，三名白人学生分别申请就读密歇根大学的文理学院和法学院，但都未被该校录取。后来，她们发现，密歇根大学文理学院与法学院均在录取程序中采用了"平权措施"，她们确信许多条件不如她们的申请人因为种族照顾而被录取。她们遂以密歇根大学对白人的"种族歧视"为由向法院提起诉讼，控告密歇根大学法学院招生中优先录取少数族裔学生，和文理学院招生给少数族裔考生加分的做法涉嫌违宪。联邦地区法院和巡回法院的判决出现了矛盾，最后该案上诉到联邦最高法院。

在案件上诉到联邦最高法院时，以美国教育理事会为首的54个各种类型的高等教育协会组织联合以"法院之友"的身份向最高法院递交了书状。书状中充分阐述了保持高校学生群体种族多样化的重要意义。首先，书状中引用了翔实的史料和案例，说明政府对高等教育有限介入，给予高校处理教育事务权力的事实和影响，并分析了高校拥有特定事务自主权的原因和意义。其次，以一些著名高校校长的观点为论据，证明高校学生多样化对高等教育产生的有益影响。再次，进一步阐明高校学生群体的多样性不仅关系到高等教育的发展，而且也是国家的利益所在。[1] 联邦最高法院在该案的判决中援引了该书状中的观点，认为，保持学生群体的种族多样化具有教育意义，而且也关系国家利益。联邦最高法院最后裁定，密歇根大学法学院在招生时保障给予非洲裔、西班牙裔和印第安裔考生一定录取比例的做法，符合政府促进生源多元化的目标，也不违反宪法中的平等原则。同时，裁定密歇根大学文理学院在招生时给少数族裔考生加分的做法应予取消。这次联邦最高法院对该案的判决意味着全美各大学今后将可继续依据平权原则招生，本次的"最高裁决"为"平权措施"的合法性下了定论。

由于美国特定的社会环境和高等教育系统，使各种类型的高等教育中介组织逐渐成为影响美国政府有关高等教育决策的重要力量。早在20世纪60年代初，美国著名高等教育专家克拉克·科尔（Clark Kerr）就指出：除了掌握在学生、教师、行政部门的正规权力机构之外，美国高等教育的发展还存在许多非正式的影响源泉，美国的制度对诸多特别的公众集团的压力尤其敏感。[2] 特别是随着联邦政府对高等教育干预力度的增强，以及高等教育办学经费的日益紧张，高校以及利益相关的社会公众更加依靠高等教育中介组织来维护自己的利益，而中介组织在发展中也逐渐积累了丰富的工作经验，对政府的影响也能收到更好的效果。

（二）接受联邦政府委托，协助调控高等教育

尽管根据美国宪法及其修正案，美国联邦政府在法律上不具有管理高等教育的职能和权力，高等教育的基本责任在州。但对于教育的重要性，美国国家领导层从独立之初就有明确的认识。美国的开国元勋们曾设想创办国家大学，来促进国家的统一，但这一努力以失败而告终。此后，联邦政府干预高等教育的活动遇到两个障碍：一是宪法未赋予联邦政府管理教育的权力。美国1787年宪法和1791年宪法补充条款都未提及教育，但却规定，宪法未授予联邦而又未禁止各州行使的权利，都属于各州或人民。

---

① ACE, Amicus Brief to the U. S. Supreme Court in University of Michigan Admissions Cases. http：//www. acenet. edu/news-room/Pages/Amicus-Brief-Supreme-Court-Michigan-Admissions-Cases. aspx，2015－04－01.

② Clark Kerr, *The Use of the University*. Cambridge, Massachusetts：Harvard University Press，1995，p. 20.

据此，教育的管辖权不在联邦政府。二是高校自治的传统。美国的高校是模仿欧洲，特别是英国的高校建立起来的，而欧洲的高校历来有自治的传统。而 1816 年达特茅斯学院案的判决明确了私立高校是私人组织而不是公共组织，学院董事会"即使要得到州的特许状，他们依然可以自由地按照他们的意志来指导高校"①。私立高校不受政府行政干预自此得到了法律保护。但随着社会的发展，高等教育的重要性日益显现。美国联邦政府越来越强烈地感到干预高等教育的必要性。如何在不违背法律和尊重高校自治权的前提下，干预高等教育的发展，联邦政府逐渐总结出一套有效方法。其一就是利用中介组织的力量，突出表现在利用高等教育认证组织来调控高校的发展。

为促进高等教育发展，第二次世界大战之后，联邦政府开始对高等教育进行资助。特别是 1972 年高等教育法修订之后，改变了联邦政府给予高等教育机构一般性资助的做法，联邦的资助主要通过学生资助和科研项目资助的方式来实施，其中近 1/2 的联邦资助费用是学生资助。学生资助的数量庞大，种类繁多，接受资助的对象分布在众多的高等教育机构之中，如何进行有效的管理，实现直接资助学生政策的目标——提高资金的使用效益，逐渐成为联邦政府需要解决的一个重要问题。"在学生资助金方面，唯一的管理困境是学校数量和种类之多。适用同一规则的机构是 8000 多所公私立机构，这使得人手不足的教育部穷于应付。"② 为解决资助经费的管理问题，美国联邦政府借助了高等教育认证机构。

联邦政府与认证机构的合作关系始于 1952 年《退伍军人再适应补助法》(the Veterans' Readjustment Assistance Act)。1944 年的《退伍军人再适应法》(The Servicemen's Readjustment Act) 实施以来，在联邦政府和州政府对高等教育的管理松散和巨额资金的诱惑下，出现了高校的欺诈行为 (fraud)。为了杜绝欺诈行为，1952 年国会针对朝鲜战争退伍军人而制定的《退伍军人再适应补助法》加强了对高等教育的监管，启动了对高等教育

---

① ［美］丹尼尔·布尔斯廷：《美国人：建国历程》，中国对外翻译出版公司译，生活·读书·新知三联书店 1993 年版，第 194 页。

② Lawrence E. Gladieux &Jacqueline E. King, "The Federal Government and Higher Education", in Philip G. Altbach, Patricia J. Gumport, Robert O. Berdahl, American Higher Education in the Twenty-first Century. Baltimore：The Johns Hopkins University Press, 1999, p. 178.

认证机构的认可（recognition）程序。该法的 253 款要求联邦教育专员
（Commissioner of Education）"公布一个国家认可的认证机构或协会的名单，
这些机构或协会在鉴定院校提供的教育或培训质量方面具有可靠性。"这
些认证机构或协会的认证结果是州教育管理机关用来决定院校参与退伍军
人资助项目资格的依据。该法首次建立了联邦政府、州政府和认证机构之
间的合作关系，从而使获得认可的认证机构成为联邦政府为朝鲜战争退伍
军人所提供的 45 亿美元教育或培训经费的看门人。①

　　1962 年，联邦教育部的认可程序和标准成为法律。1965 年《高等教
育法》出台，联邦政府对学生资助的项目增多。为了保证联邦资金不被欺
诈和滥用，美国建立了一个三元组合的保障体系，即院校如果要参与联邦
学生资助项目，必须满足三方面的条件：州政府的办学许可、认证机构的
认证和联邦卫生、教育和福利部对其行政和财务状况的判断。直到目前，
获得联邦教育部认可的认证组织的认证仍是院校获得联邦学生资助项目的
必要条件。

　　到 2003 年，联邦教育部共认可了 57 个认证组织。在联邦教育部公布
的对高等教育认证机构的认可（recognition）标准中，与联邦教育部认可
目标一致，要求认证机构除有人员、经费、运行规范等保证认证活动顺利
进行的一般性条款外，特别强调认证要涉及院校或专业在承担联邦项目方
面的情况。如，要求认证机构所认证的院校或专业至少参加了一个联邦项
目；要求认证标准中有表明认证对象履行联邦项目责任的情况，如学生贷
款拖欠率等。联邦教育部不断根据自己的目标，在认可条款中增加自己关
注的内容。

　　美国高等教育认证组织是由高等教育专业人员和社会公众代表组成的
民间组织，一直是高等教育自治的重要力量。同时，高校是否要申请认证
在文本上是自愿的。但是通过教育部认可的认证机构的认证，是获得联邦
学生贷款和其他资助项目的前提，这直接影响高校的财力、人力资源，关
系着高校的生存与发展。所以，高校不得不去申请这种认证。由此，有研
究者称美国的认证制度是"自愿和强制的结合"。这样，美国教育部通过

---

① *Veterans Administration. GI Bill History*. http://www. gibill. va. gov/education/GI Bill. htm.
2014-11-11.

不断调整自己对认证机构的认可标准来调控高校的活动，使其符合自己的目标要求。

此外，各大高等教育协会组织也是联邦政府高等教育政策意向的传递者。中介组织与联邦政府机构的不断接触与交流，以及运用各种传媒手段的宣传和调查活动，客观上向高等教育界以及社会传递了联邦政府有关高等教育问题的政策倾向。通过高等教育中介组织的活动，高等教育界以及社会公众可以更加深入、及时地了解联邦政府部门关注的高等教育问题与解决的设想。

可见，高等教育中介组织既代表高等教育界和社会的高等教育利益相关者，影响国家的高等教育政策，也协助联邦政府来调控高等教育的发展。

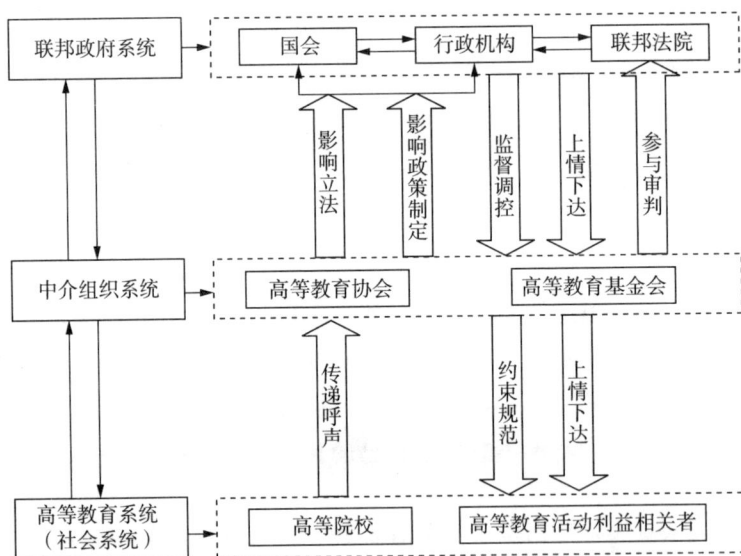

图4 美国高等教育中介组织介入联邦政府高等教育管理的实践示意图

四、中介组织介入州际层面高等教育管理的实践

美国分权的高等教育管理体制，促进了高等教育多样性和地方性的同时，也造成了州际发展的不平衡。不同的州因为历史文化、经济发展水平、人口等因素，高等教育发展的规模和水平存在着差异，造成高等教育资源分布的不均衡。为充分利用高等教育资源，美国建立了四个州际区域

协作组织：南部地区教育董事会（SREB）、西部州际高等教育理事会
（WICHE）、新英格兰高等教育委员会（NEBHE）、中西部高等教育委员会
（MHEC）。这四个高等教育州际区域协作组织在组织目标的具体表述上尽
管存在着差异，但是基本目标都是期望通过州际教育协作活动，为该区域
民众提供更多的高等教育机会，提高该区域人口素质；同时降低高等教育
成本，提高高等教育服务质量，促进区域社会经济发展乃至社会生活的改
善。为实现组织目标，四个组织根据社会发展和区域需求开展了一系列
活动：[①]

（一）组织各州签订协议，共享教育资源

美国高等教育法定管理权限在州，尤其是各州的公立高等教育机构，
由于其办学经费主要来自于州政府的税收。所以，美国各州公立高等教育
机构通常要收取外州学生相当高的学费，这就是所谓的州际非居民入学壁
垒（non-resident admissions barriers）。高昂的就读费用成为学生跨州就学的
主要障碍。为了充分利用各州高等教育资源，各个高等教育协作组织通过
签订协议，约定其成员州之间学生可以较低的费用跨州就读。这样，学生
就能以较低的费用跨州就读自己青睐的专业。那些社会需求量小、专业性
强、本州高等教育机构容纳量有限的专业或者是社会需求量大、本州就读
机会竞争激烈的专业，都可以参与跨州就读项目。跨州学生交换项目的开
展，为更多的学生提供了接受高等教育的机会。

西部州际高等教育理事会（WICHE）设立的最初目的就在于促成各
州开放和共享教育资源，联合培养高等教育人才，特别是医学、精神健
康、动物医学、口腔等高度专业化的领域实施学生交换项目。经过多年
的发展，学生交换项目的规模和领域不断拓展。目前，该组织的州际学
生交换项目主要包括：本科生交换项目（Western Undergraduate Ex-
change）、西部地区研究生项目（Western Regional Graduate Program）、专
业学生交换项目（Professional Student Exchange Program）。2014—2015 学
年，共有超过 36,300 名学生参加了上述学生交换项目。其中，开始于
1987 年的本科生交换项目，2014—2015 学年，约 34,300 学生被录取，

---

① 杨凤英、殷必轩：《美国高等教育跨州区域协作的达成——高等教育州际协作组织活动的
视角》，载《山东高等教育》2013 年第 1 期。

这些学生只需要缴付当地州学生 150% 的学费就可以跨州就读，共计为这些学生节约了近 2.8 亿美元学费。专业学生交换项目自开始以来，共有 15,300 多名学生接受了该项目的学习，大多数学生毕业后回到自己所在的州开展专业服务。2014—2015 学年有 657 名学生接受了专业学生交换项目，在 10 个专业领域就读。2014—2015 学年，有超过 1345 名学生接受了西部研究生项目，在 60 个机构的 383 个高质量的研究生项目中学习，这些学生只需要支付当地州学生的学费，共计为这些学生节约了近 2000 万美元的学费。[①]

新英格兰高等教育委员会（NEBHE）的学生交换项目更直观地被称为"打破学费壁垒"（Tuition Break）项目。该项目开始于 1957 年，每年该组织都有大型的秋季展销会，推广其所提供的跨州学生就读项目。目前，该组织每年为就学者提供跨州修读成员州所属的 82 所公立学院和大学的 700 个本科和研究生专业的就学机会，平均为该地区每名接受该项目服务的学生节约 27 万美元的学费，以及数以百万计的其他费用。据估算，2013—2014 学年，该项目为 9500 多名学生提供了服务，平均为每名学生及其家长节约大约 7200 美元的学费，累计节约了 5600 万美元的学费。[②]

中西部高等教育委员会（MHEC）的学生交换项目开始于 1994 年，目前 MHEC12 个成员州中的 9 个州签署了跨州就读协议，这 9 个州的 100 所高校校园打开了校门，降低了外州学生就读的学费。[③] 跨州学生交换项目的实施，为更多学生提供了接受高等教育的机会。

现代信息技术的发展，为州际教育资源的共享提供了便捷、经济的途径。各高等教育州际协作组织促成各州签订了州授权互惠协议（State Authorization Reciprocity Agreement），充分利用现代信息技术手段，实现资源共享。如，南部地区教育董事会（SREB）充分利用现代信息技术，1998 年 1 月开始，成员州的 50 所高校进行合作，通过计算机网络提供学分课程教育服务，各参与高校自行确定学费和是否认可转校学分。

---

① WICHE. WICHE Six Decades of Collaboration in the West. http://www. wiche. edu/pub/wiche-six-decades-collaboration-west. 2015 – 06 – 30.

② RSP Tuition Break. http://www. nebhe. org/programs-overview/rsp-tuition-break/overview/. 2015 – 06 – 30.

③ What is the MESP. http：//msep. mhec. org. 2015 – 06 – 30.

（二）组建合作联盟，帮助学生做好高校入学前（或职前）准备

美国各地中等教育教育内容和标准不一，教育质量参差不齐。为了提高高等教育入学率，同时也为了保证就读者能顺利完成高等教育学业，各个高等教育区域协作组织通过多种途径，组建合作联盟，帮助学生做好高等教育入学前的准备，以提高高等教育质量。

近年来，新英格兰高等教育委员会的一个活动项目就是高等教育前准备项目（College Ready New England）。这个项目是该组织的六个成员州之间教育界（从学前直到中学后）、工商界以及政府之间的合作联盟。建立此联盟的目的是通过增进该地区高等教育的发展来提高区域经济竞争力以及改善居民的生活。该项目肩负有双重使命：一是确保该区域所有中学毕业生能够为中学后做好准备；二是提高该区域高等教育入学率和毕业率，特别是那些特殊人群（如低收入者、少数族裔）完成高等教育学业的比率。

在帮助学生做好高等教育入学前准备方面，南部地区教育董事会（SREB）的活动更具有代表性。该组织认为要实现其设立的组织工作目标：到2025年，该地区25—64岁人口中，60%拥有高等教育文凭或者技术资格，一个重要举措就是帮助各州学生做好高等教育入学或者职前的准备。为此，SREB与一些州合作，协商制定了共同行动框架，开展了一系列活动，协助各州学生做好高等教育前或者职前准备。主要的举措有：[1]

（1）提供额外的补偿性课程

该组织与阿肯色州（Arkansas）、佐治亚州（Georgia）、肯塔基州（Kentucky）、北卡罗来纳州（North Carolina）、俄克拉荷马州（Oklahoma）和田纳西州（Tennessee）六州合作，为那些在11年级课程测试结果为"准备不足"的学生提供额外的补偿性课程，主要是提供人文语言和数学课程，帮助学生能够满足中学后学业或者职业培训的要求。

（2）关注教师发展

该组织认为教师必须准确理解高校入学准备标准所需的知识和技能，州必须开展教师教育项目来确保教师掌握这些知识和技能。为此，董

---

[1]　College and Career Readiness. http：//www.sreb.org/page/1073/college_ and_ career_ readiness. html. 2015 – 05 – 16.

事会在全美 50 个州开展了一项有关各州促进高校入学前和职前准备所做工作，以及相关教师专业发展项目的调查。通过电子问卷的形式向每个州的 3 名教育机构的专业人员进行调查，调查内容围绕着"各州高校入学前或职前准备标准"展开，涉及各州对此类标准的重视程度、开展相关促进教师发展的活动和相关政策、各州在开展相关教师发展活动中所面临的挑战等。调查结果显示：在全美范围内，需要明确界定高校入学前或者职前准备标准的内涵；而且，调查也发现，极少有州有针对高校入学前和职前准备的教师专业发展项目来应对高校入学前和职前准备标准的挑战。

（3）实施专题项目

该组织与佛罗里达州（Florida）、肯塔基（Kentucky）、马里兰州（Maryland）、得克萨斯州（Texas）、弗吉尼亚（Virginia）和西弗吉尼亚（West Virginia）六州合作，在 2008—2011 年间携手实施了一个为期近四年的项目。参与的各州在以下五个方面，推进高校入学前和职前的准备：一是由学前、中小学和高等教育的人士一起研究，确定一个州范围的读、写和数学的高校入学前和职前准备标准；二是确定评估州高中在高校入学前和职业前准备状况的评估内容；三是进行学校和学生在高校入学前和职前准备状况的评估；四是为适应州的高校入学前和职前准备标准而相应进行课程和教学的调整；五是制定促进教师更好地理解高校入学前和职前准备标准以及掌握相应的教学技能的州层面的教师专业发展项目的规划。可见，南部地区教育董事会为促进其成员州在高校入学前和职前准备方面做了大量、相对系统的工作。

（三）建设数据和专题资料库，搭建区域信息资源共享平台

高等教育发展数据信息的搜集是制定高等教育发展政策和规划的基础。为此，美国高等教育区域协作组织非常重视高等教育相关数据和专题资料库的建设，期望搭建高等教育信息资源共享平台。这一活动不仅可以提高高等教育规划和政策制定的科学性，而且可以降低高等教育信息资源收集的成本。

在这一领域，西部州际高等教育理事会（WICHE）的工作卓有成就。WICHE 明确提出把信息资源建设作为自己的一个使命，目的是要为教育工作者、政策制定者以及立法者提供可靠的教育数据和基于分析的一些专题

材料，以便这些人能够更好地认知高等教育的未来。WICHE 建立了北美高等教育数据资源信息库，主要的信息资源包括：（1）全美中学毕业生的数据：该组织从 1979 年开始，连续 35 年做全美、各州以及分种族的中学毕业生数据的统计，连续编辑出版名为《叩响高校之门》（*Knocking at the College Door*）的专题资料。2013 年 10 月出版了第 8 版，其中包括了从 1997 年到 2028 年各州中学的招生人数和毕业人数；（2）西部地区的基准报告（*Benchmarks：WICHE Region*）：这些报告提供了该地区各州高等教育入学人数、在读人数和经费开支等领域的数字信息；（3）政策透视（*WICHE Policy Insights*）：搜集了各个州的主要政策信息；（4）西部地区公立高等教育机构的学费及其他费用数据（Tuition and Fees in Public Higher Education in the West）：每年出版一个年度报告，反映西部各州公立高等教育机构每年学费和其他费用的变化，分析每个机构以 5 年为单位的费用变动情况。[①]

在数字资源建设方面，中西部高等教育委员会（MHEC）的"学生成绩电子数据共享系统"（E-Transcript Initiative）也很有特色。2006 年 4 月，该组织下属的学生项目咨询委员会雇佣了专业的机构来负责建立综合性的学生成绩电子数据系统。经过竞争，最后由 docufide 公司获得了建立该系统的资格。目前该公司建立的学生成绩电子资源共享系统收集了 9000 多所中学和 1800 个高等教育机构的 700 万份学生成绩单和其他有关学生的记录资料。该区域所有的中学和公私立非营利的大学、学院、社区学院、技术学院以及其他高等教育机构都可以享用该系统中的数据资源，只要在 Docufide 公司的电子资源网站上注册，就可以在 10 分钟内接受到有关信息。该电子资源库的建立不仅节约了时间成本，还降低了学生成绩采集的经济成本。据估计，如果按照美国能源部 2000 年的研究结果来计算，每个州中小学生，相对于以往的纸质成绩单，估计每份电子成绩单可以节约 6.7 美元，每个学生一般要求提供 6 个成绩单，这样每个中小学生平均节约 40 美元；对于中学后机构的学生来说，也同样降低其成绩采集的成本，估计每份成绩单可以节约 9 美元。[②]

---

① Policy and Data Resources. http：//www. wiche. edu/resources/policy/297. 2015 – 05 – 16.

② MHEC e-Transcript Initiative（ETI）. http：//www. mhec. org/programs. 2015 – 06 – 01.

（四）开展高等教育政策研究，共同推进政策实施

开展有关高等教育政策的研究是美国四个高等教育区域协作组织的重要工作内容。新英格兰高等教育委员会（NEBHE）的政策研究主要聚焦在高等教育入学前的准备和高等教育阶段的实践活动，以提高高等教育就读者学业的有效性；也组织区域内有关高等教育以及经济发展等话题的研讨，依托于新英格兰高等教育杂志（*New England Journal of Higher Education*），委员会期望为政府、高等教育界、公众提供最充分、最及时的有关高等教育以及地区经济发展的信息和有关政策分析资料。中西部高等教育委员会为了协助各成员州优化其政策制定过程，同时也为了宣传一些好的州级政策，也开展了一系列活动：一是收集各州的政策信息；二是收集对该地区中学后教育产生重要影响的各种政策报告；三是建立中西部地区中等后教育资源图书馆（The Midwest Postsecondary Education Resource Library），收集了大量中学后教育政策资料和有关学术文章，涵盖了入学方式、问责、师资、经济资助、教学、评估、校园生活等19个教育活动领域，提供在线服务，使用者可以通过多种方式进行检索。四是组织政策制定者、教育者、工商界人士以及其他领域人员参加峰会或者论坛，推介各州一些好的政策，并就有关问题提出可能的政策建议。

南部地区教育董事会（SREB）与各成员州的立法工作者和教育机构的官员保持长期密切合作关系，为他们提供政策建议或者需要的政策信息。SREB每年都会召集各州的立法人员、有关机构的负责人以及其他有关政策制定者来共同研讨、协商制定有关政策。SREB不仅开展政策研究，而且还采取措施推进已有政策在各州的实施。2002年南部地区教育董事会各州签署了一揽子计划方案，就公立系统中从学前到高等教育的不同学段确立了2002—2012这十年的发展目标和所面临的12个挑战（12 Challenge to Lead Goals for Education）。之后，南部地区教育董事会定期发布各州针对这12个挑战所做的努力，以及距离实现2012年目标的差距。2013年，南部地区教育董事会各成员州又在原来计划方案的基础上，提出了2020年教育目标方案（*Challenge 2020 Goals for Education*），该方案把原有2002年计划方案的12个挑战整合为6个，并从2013年起，发布每一个成员州从学前到高等教育以及终身教育领域，应对6个挑战的举措和进展，为地方

官员制定本州教育政策提供详细的信息，并通过这种方式督促各州落实2012 年制定的计划方案中的目标。①

（五）组织各州协同行动，开展针对区域需求的教育服务项目

美国高等教育区域协作组织针对所在区域的特殊教育需求，组织各州联合行动，扶持和开发满足区域需求的服务项目，降低区域办学成本，提高教育质量。

中西部高等教育委员会为适应高等教育对技术不断增加的需求，在1999 年成立了"技术委员会"（Technologies Committee）（由"信息技术工作小组"Information Technologies Taskforce 更名而来），成员为中西部高等教育委员会成员州的学院和大学信息管理人员，目的是联合各成员，采取集体行动与技术供应商协商，为成员州高校校园提供更好的信息技术应用服务，包括：提供计算机硬件和软件的服务、扩大软件培训和信息交换机会、促进产品和服务更好地适应教育活动的需求、为成员高校提供技术应用指导或者在产品和服务方面维护成员的利益。②

西部州际高等教育理事会开展的网络课程交换项目（ Internet Course Exchange）是利用网络技术，为那些提供在线课程的机构提供合作的平台。通过这一平台，参与机构可以让其学生接受到其他机构提供的高质量在线课程教学。此外，该理事会还在 2011 年发起和扶持了其他新的教育服务合作项目。其中一个主要的活动是北美科学实验室在线网络项目（North American Network of Science Labs Online project，NANSLO），该项目为那些边远落后地区的学校提供生物、化学、物理课程的在线实验演示和解说服务。③

新英格兰高等教育委员会（NEBHE）为公立和私立高等教育机构提供联合采购服务，以降低这些机构的办学成本。此外，NEBHE 在师资培养和课程开发领域也实施了一些特色项目。如，NEBHE 实施的"专业和课程发展项目"（Professional and Curriculum Development Program），在科学、应

---

① Challenge to lead 2020. http：//www. sreb. org/page/1072/challenge_to_lead_2020. html. 2015 – 05 – 31.

② About MHECTECH. http：//www. mhectech. org/about-mhectech. 2015 – 05 – 31.

③ North American Network of Science Labs on Line. http：//www. wiche. edu/nanslo/resources/research. 2015 – 06 – 02.

用技术、工程和数学领域，由中学和高校教师联合开发高质量的课程和基于问题学习的教学设计方案，目的是提高该区域技术工人的竞争力；其发展数学素养的项目（Developmental Math Demonstration Project）开设的原因是大约有 50%—70% 该地区社区学院的学生需要学习一门或者多门数学领域的课程，为其后续学业或者工作奠定基础。该项目是想充分利用可汗学院（Khan Academy）的数学教学资源，为该区域社区学院的学生提供高质量、低成本的数学教学服务。最初参与这个项目的是该区域的 8 所社区学院，后增加到 12 所，该项目计划惠及到全美所有社区学院，为社区学院的学生提供高质量、低成本的数学教学服务，以弥补社区学院学生数学基础薄弱的不足。[①]

五、中介组织介入高等教育系统自我管理的实践

美国高等教育没有官方的统一管理，高校在招生、教学管理、人员聘用等方面都拥有自主权。很多领域是高等教育中介组织承担着建立规则和秩序的职责。高等教育中介组织是美国高等教育系统运转不可或缺的力量，在美国高等教育各个领域，几乎都有高等教育中介组织的活动。

（一）提供高校入学考试服务，确立高校的基本入学资格

南北战争以前，美国各高校都自行组织入学考试，自主决定考试科目和考试要求，各个高校的要求差别较大。南北战争后，高等教育规模不断扩大，高校入学资格的混乱，使中学对如何为学生进一步学习做准备感到无所适从；高校入学新生知识和能力储备水平参差不齐，也影响了高校的教学。确立接受高等教育的基本资格，解决中等教育和高等教育的衔接问题提上日程。

为解决上述问题，1899 年，大西洋中部各州和马里兰州大学及中学协会（Association of Colleges and Secondary Schools of the Middle Atlantic States and Maryland）召开会议，决定成立学院入学考试委员会（College Entrance Examination Board）。1901 年 6 月，该委员会首次举行了大学入学考试。1904 年哈佛大学宣布加入该委员会，1910 年耶鲁、普林斯顿等 25 所著名

---

① Development Math Demonstration Project. http：//www. mhectech. org/nebhe-developmental-math-demonstration-project/devmath/. 2016 – 06 – 05.

高校开始采用该委员会的标准化考试。1926 年，在科学研究基础上，该委员会改革了考试内容和方式，首次举办了学术性向测验（SAT），对考试者考察的重点从书本知识转向了学习能力和潜力。1947 年，学院入学考试委员会与美国全国教育协会（National Education Association）、卡内基教学促进基金会（Carnegie Foundation for the Advancement of Teaching）联合创办教育测验服务中心（Educational Testing Service，ETS）。该中心是专门的中介性考试服务机构，它继承了学院入学考试委员会的职能，并积极从事教育测验的科学研究。除每年在美国和世界其他一些地区举办学术性向测验外，还举办各种重要的考试和测验。如，5 个专业领域的 15 种科目学习成绩测验、研究生资格考试、商学院、法学院的入学考试、托福测验。

尽管至今美国各高校仍有权自主确定招生标准，但上述考试和测验成绩已成为许多高校录取学生的重要参考因素。在一定程度上确立进入高校的基本知识和能力要求，有助于解决全美范围内中等教育与高等教育的衔接问题。

（二）规范高校及专业设置基准，评估和保障高教质量

美国的高等教育规模庞大、结构复杂。2012—2013 学年，仅拥有学位授予权且有资格参与联邦学生资助项目的各类高校就有 4700 多所，共招收了 2100 多万学生，年授予 240 多万各级各类学位。[1] 加上没有学位授予权的各类高校，总计超过 6000 多所。而且，美国高等教育体系还异常复杂。纵向上，按照《卡内基教学促进基金会的高等教育分类》共有十个类型的大学和学院；横向上，这些大学和学院分属于各州、地方政府、非营利机构、私人机构、宗教团体机构等五类不同机构。如此庞大、复杂的高等教育系统，在缺乏统一集中管理体制的情况下，如何确立高校和专业设立的基准，保证高等教育质量，使高等教育系统在保持多样性的同时，成为一个上下衔接、左右贯通的有机整体？如何为高等教育服务消费者提供院校和专业教育质量的较为可靠的信息，减少消费选择中的盲目性，保护消费者的利益？在这方面，高等教育中介组织发挥了重要作用。

在高等教育质量保证方面，美国形成了具有特色的高等教育院校或专

---

① United States Department of Education. National Center for Education Statistics. The Digest of Education Statistics. http：//nces. ed. gov/programs/digest/2014menu_ tables. asp. 2015 – 03 – 12.

业质量认证制度（accreditation）。这种认证由独立于政府和高校的民间认证机构来负责组织，聘用一定数量的评估所涉领域的同行专家和公众代表，依据由同行专家协商制订的标准，经过严格的评审程序对高校或专业的办学质量进行评估和鉴定，院校或专业自愿选择是否申请认证。本章前文已经对美国的认证型协会组织进行了介绍，目前，地区性、全国性、专业性三类评估组织对美国的高校或专业进行评估认证，确保院校具有办学资格，监督高校的办学质量。

高校要申请认证，需要经过以下环节：院校认证资格申请→院校自我评估→评估小组实地考察→认证决策→周期性复评。认证因为关系到一所院校或专业的重大利益。所以，为保证评估结果的公正，除在人员组成上体现各方的参与和合作之外，在上述过程中，评估机构要与评估对象中的多个人员进行多次互动，以充分听取各方意见。在申请认证资格阶段，认证机构在收到院校请求认证的申请后，要与院校的领导或代表进行会晤，就认证的要求与过程以及院校准备情况进行沟通。之后，如果院校决定申请认证，认证机构就要安排人员与院校保持联系，交流情况；在实地考察阶段，认证机构在决定对院校进行实地考察后，被考察院校和认证机构都要在报纸、网络等媒体上公布这一信息，邀请公众以书面形式进行第三方评论；在评估组进入院校之前，评估组组长要与院校领导就评估组人员构成与具体行程进行协商；在实地考察中，除查阅各种资料、参观教育教学实地场所外，还要对院校行政领导、教师、学生、管理人员等进行访谈；在考察即将结束时，考察小组要向院校领导通告考察情况和评估组的意见，听取院校方的看法。之后，考察小组的认证报告草案还要送交院校进行审阅，院校对评估小组进行意见反馈。在修订基础上，考察报告上交认证机构中负责认证决策的机构。在认证决策阶段，负责决策认证的人员要审阅院校自评报告、考察组报告、院校对考察报告的意见，还要与认证院校负责人、考察组组长会面，同时还要征求公众的意见，最后形成认证决策。

这些认证组织以其公正性、专业性和自愿性著称。（1）公正性，主要源于这些认证组织的独立性，上述认证组织都是民间的，在人事安排和经费来源上不受控于任何个人、社会团体、高校和政府。（2）专业性，一是源于评估人员除有社会公众代表外，以与被评估对象无利益关系的高等教育专家为主；二是源于评估标准是在广泛调研的基础上，由评估所涉领域的同行协商制订；三是源于评估过程是自我评估和同行评估、书面陈述和实地考察结合；四是源于评估结论有一定时效性，评估是周期性的。（3）自愿性，高校或所设专业是否申请认证是自愿行为。在长期发展中，这些认证组织不断完善自己的评估方法，不仅保证了各认证高校或专业办学的基本质量，维护了高等教育消费者的权益。而且，使得不同院校间开设的相同专业和课程有了一定评判的标准，院校间得以学分互认，可方便学生转学。"当学生凭着可以转让的课程学分跨越部门界限时，这种部门界线就具有了渗透性……虽然有时一个部门的货币会在下一个部门部分贬值，学生的学分只得到部分承认，但是美国学术系统所具有的高度相互联结性却广泛有助于将本来会出现的大量不同的通道连接在一起。"①

不同层次类型高校间的相互贯通，实现了高等教育资源的整合。

卡内基教学促进基金会在促进高校提高设置基准方面亦有贡献。1905年，该基金会开始实施为美国学院和大学的教授提供1000万美元退休补贴的计划。对该项资金的分配，基金会实行了选择性分配制度，对有资格享受该计划的院校提出了如下要求：必须至少有六名专职教授；提供四年文理科教育计划；招收的学生在文法学校接受过四年教育，或具有高中毕业同等资历；每年必须拥有20万美元的经费预算。因为各高校普遍希望自己的教授能够享受此项补贴，该基金会发布的院校认定标准客观上推动了高校提高办学基准。1970年，该基金会又设计了一套全美各级各类高校分类体系——卡内基大学分类体系，进一步明确了各类高校的标准。这一分类标准影响巨大，是美国乃至世界上对美国高校进行层次类型划分的重要依据。

此外，由特定层次和类型高校组成的高校协会组织，其组织目标之一就是提高其成员院校的教育质量，以扩大该层次类型高校的社会影响力。如，美国大学联合会（AAU）1900年成立时，目的是为了加强和统一博士学位的标准。现在，促进和提高美国研究型大学的学术研究和教育水平仍是其组织目标。为此，该组织对成员有很大的选择性，要成为该组织成员

---

① ［美］伯顿·R.克拉克：《高等教育系统——学术组织的跨国研究》，王承绪等译，杭州大学出版社1994年版，第66页。

要满足严格的标准。AAU 的成员遴选机制相当严格，它通过一个常设的"成员资格认定委员会"来考察、挑选和邀请符合其标准的大学加入联合会。20 世纪以来，AAU 平均每年吸收的会员数不到一个，其中仅有两名外籍会员，即 1926 年接收的加拿大多伦多大学和麦吉尔大学。AAU 成员均以高质量的研究项目和研究生教育而著称于世。该组织对成员选择的标准，客观上成为世界一流研究型大学的一个标准。成为 AAU 的成员，是大学学术研究和教育教学高质量的一个表征。

（三）制定职业活动规范，捍卫活动主体权益

在美国高等教育领域中，除了有为提高院校教育水平和利益服务的高校协会组织之外，还存在形形色色的由不同身份角色的高等教育利益相关者组成的个人类协会组织，为提高本组织成员高等教育活动的职业化水平和捍卫其利益服务。如，上文提到的全国学生资助管理者协会（NAS-FAA）、美国大学注册与录取官员协会（AACRAO）、美国大学教授协会（AAUP）等。

下面以美国大学教授协会（AAUP）为例，说明该类高等教育中介组织如何为从业者确立职业规范，提高从业成员的职业化水平，并捍卫其权益。①

AAUP 成立于 1915 年，该协会在实现高校教师职业安全保障和提高教师职业标准，从而提高教师职业地位方面发挥了重要作用，主要的活动是保障教师的学术自由权利和完善教师聘任制度以及促进教师参与院校管理。

1. AAUP 成立的原因——教师权利自救

美国的高校拥有相当大的自治权，但美国院校自治不同于欧洲大学的"学者自治"模式，它建立的是由外行组成的董事会作为院校最高决策机构的自治模式。尽管 1650 年哈佛获得特许状时规定：由校内人士组成的法人会（Corporations）代表学院，并且拥有几乎一切法人应有的权利和特权。但同时规定，由校外人士组成的监视会（Board of Overseers）具有监督、否决权。在殖民地时期，宗教目的仍然是殖民

---

① 杨凤英、毛祖桓：《美国高校教师的权利维护——以美国大学教授协会活动为例》，载《比较教育研究》2008 年第 2 期。

地学院最主要的目的，培养有良好文化教养和传承宗教文化传统的教士仍是其主要目标。在教师的聘用上强调教师的宗教信仰，教师的宗教信仰和良好的品行远比学术能力重要，对候选人进行宗教信仰的考察几乎是殖民地学院通行的做法。同时，教师的数量有限。1650 年哈佛获得特许状时，其校长邓斯特（Henry Dunster）刚满 40 岁，司库 26 岁，5 个评议员（主要是一批数量不多的准备担任教会职务的毕业生）的平均年龄为 24 岁。[①] 直到 18 世纪末，典型的美国学院仍然是这样一幅景象：设有一个校长（通常是一个牧师），以及几个（很少超过 3 个）助教（通常是准备充当牧师的年轻人），很少教授（即精通某种学术专业的年轻人）。由这样一群人组成的教师团体不可能指望从周围的社会中获得尊重和权利。学院董事会以教会神职人员为主，教会牧师、教士操纵着学院的管理，学院教师"只有为学院存在的自由，而无在学院内的自由"。[②]

随着高等教育的发展，美国学院和大学教师队伍也发生了巨大变化。到 1870 年，全国学院和大学的教员有 3201 人，但 40 年后，增长了近 8 倍，发展到 24667 人。[③] 除了数量的变化外，更为重要的是教师队伍性质的变化，即学术专业性的提高。美国大学和学院学术专业的真正开始是在 19 世纪末。内战以后，美国的资本主义工商业开始在全国发展，学院和大学开始为工商业的发展提供具备专业知识的人才，大学中的学科开始对教师的专业学术能力提出要求。一些学院开始设置教授职位，"教授职位的出现是一个组织建设上的标志，标志着学术和教学方式向着知识专业化的方向转变。"[④] 教师出现了专业化和职业化的趋势。同时，受德国大学的影响，柏林大学对科研的重视和强调"教学自由""学术自由"的思想，经过留德的美国学者的提倡和推动，逐渐被美国的学院和大学接受。"学术工作逐渐被看做是一种独立的活动，依据它自己设定的标准而不是教派设

---

① Richard Hofstadter, *Academic Freedom*: *in The Age of the College*. New York: Columbia University Press, 1955, P. 128.

② Walter P. Metzger, *Academic Freedom in the Age of the University*. New York: Columbia University Press, 1955, p. 43.

③ 和震：《美国大学自治制度的形成与发展》，北京师范大学出版社 2008 年版，第 178 页。

④ ［美］劳伦斯·A. 克雷明：《美国教育史：殖民地时期的历程 1607—1783》（卷一），周玉军等译，北京师范大学出版社 2003 年版，第 494 页。

置的标准来做出评价。"①

但是，大学教师的专业化并没有扩大教师参与大学事务的权利。从 19 世纪中后期开始，世俗政治家、工商业家、律师、富有的工商业人士开始代替牧师成为大学的董事会成员，董事会成员结构的变化虽然可以抵制教会对大学的统治，促进大学与社会联系的加强。但是，由于知识价值观与商业价值观的冲突，导致 19 世纪末，大财团操纵的大学董事会频繁解聘教授，不断引发大学管理者和教师之间的冲突，使教师认识到建立教师组织，利用集体力量维护自身权益的重要性。

在罗斯事件②的推动下，1913 年，在威廉·玛丽学院倡议下，在霍普金斯大学召开了大学教授协会成立筹备会，大会组委会向各学科领域的著名教授发出入会邀请。1915 年，美国大学教授协会成立，60 个学术机构的 867 位教授参加了会议，成为 AAUP 的创始成员。

由 AAUP 成立的动因可见，该协会的成立是源自教师队伍成长基础上的权利自我救济的努力。

2. AAUP 的活动——制定职业规范，维护职业权利

（1）制定与教师职业相关的制度规范

AAUP 自成立以来，发布了一系列的声明和报告。协会重要的声明和报告结集以《美国大学教授协会的政策文件和报告》出版，是美国高等教育领域涉及教师权利事务处理的基础依据，有"红皮书"（red book）之称。

一是制定有关学术自由和教师终身聘任的制度规范。

AAUP 为保护教师的职业安全，积极推动学术自由原则和终身聘任制的实施。其下设的学术自由与终身聘任制分委员会（也称 A 委员会），专门负责制定保护学术自由与终身聘任制的有关原则和制度。

1915 年该协会首次拟定并公布了关于学术自由和教授任期的若干原则声明（the 1915 General Declaration of Principles）。声明阐述了学术权利的基

---

① Christopher Jencks&David Riesman. *The Academic Revolution*. New Brunswick：Transaction Publishers，2001，pp. 322—323.

② 1900 年，经济学家爱德华·罗斯（Edward Ross）由于对自由资本主义提出质疑，并试图影响公共政策，被斯坦福大学解雇。另一位教授因维护罗斯同样被解雇，还有七位教师也为此事而愤然辞职。罗斯事件引起当时舆论界的关注，纷纷谴责斯坦斯大学的裁决。

础和学术组织的职能，并指出："如果不在最大程度上承认和实行学术自由的原则，大学就不能履行其三重职能（教学、科研和社会服务）。"① 尽管大学教授协会的 1915 年声明得到美国学院联合会（AAC）、美国大学联合会（AAU）等组织的认同，但"由于担心教授们会过于保护自己而忽略学生和公众的利益"②，这一声明中的原则并未得到贯彻。

　　1934 年至 1940 年，美国大学教授协会的代表与美国学院联合会的代表举行了一系列联席会议，双方最终达成一致意见，并发表了声明。这份声明遂成为著名的《1940 年学术自由与终身教职的原则声明》。该声明对 1915 年声明作了补充，除了进一步阐明学术自由和终身教职的意义外，对终身教职做了明确而具体的界定，使其有了可操作性。首先，是试用期的年限。声明规定试用期不得超过 7 年；如果在一所学校试用已经超过 3 年，转到另一所学校后，试用期不得超过 4 年。如果试用期满后不予以续约，那么必须提前一年通知本人。其次，明确了终身教职的涵义。声明规定：一个全职教师在试用期履行了合同，那么期满之后就应该获得终身教职；所谓终身教职是指直到退休为止不得随意解除教师的教职，除非遇到两种情况，即严重的财政困难或其他充足的理由。在第二种情况下，必须遵循严格的程序，包括受到指控的教师必须有机会在自己选择的顾问的陪同下，在做出决定的机构面前直接听取指控和进行自我辩护。另外，在强调保护教师权益的同时，也强调教师要承担的责任。此声明获得了绝大多数美国高校的赞同，并在教师聘任合同中被普遍采纳。自此，学术自由原则"在美国学术界人士的思想中占据了不可替代的核心位置，学术自由的必要性得到人们的普遍公认。"③

　　此后，美国大学教授协会又随着形势的发展，通过一系列声明来不断完善学术自由原则和终身教职的制度规范。如 1958 年，AAUP 与 AAC 经过讨论，在 1940 年声明的基础上，联合发表了关于解聘教师正当程序的声明，全面系统地阐述了大学解聘教师应当履行的正当程序和原则；1966

　　① Richard Hofstadter &W. Smith, *American Higher Education：A Documentary History*. Chicago：The University of Chicago Press, 1961, p. 868.

　　② Neil Hamilton, *Zealotry and Academic Freedom：A Legal and Historical Perspective*. New Brunswick：Transaction Publishers, 1996, p. 167.

　　③ Robert K. Poch. *Academic Freedom in American Higher Education：Rights, Responsibilities and Limitation*, ASHE-ERIC Higher Education Report No. 4. 1994, p. 1.

年，通过专业人员道德声明（1966 *Statement of Professional Ethics*），界定了教师作为专业人员应负的职责；1970 年，通过对 1966 年专业人员道德声明的解释和评注，对教师应承担的责任做了进一步解释；1983 年，作为对终身聘任后评估的回应，提出建立终身聘任后评估指标的基本标准；进入 20 世纪 90 年代，又发布了一系列声明；"9·11 事件"之后，AAUP 在 2002 年成立了"危机形势下的学术自由与国家安全特别委员会"（Special Committee on Academic Freedom and National Security in Time of Crisis），发表了题为《危机时代的学术自由与国家安全》（*Academic Freedom and National Security in Times of Crisis*）的报告，专门探讨学术自由与国家安全的关系；2004 年发布报告《学术自由与电子交流》（*Academic Freedom and electronic communication*），2006 年发布报告《学术自由与外部言论》（*Academic Freedom and Outside Speakers*）和《再议机构的学术自由与终身聘任制制度》（*Recommended Institutional Regulations on Academic Freedom and Tenure*）。这一系列报告为教师的教学和聘任活动确定了规范。

二是制定教师参与院校管理的制度规范。

高等教育中学术专业的发展，带来了从 20 世纪一二十年代开始的"学术管理重建运动"，争取教师在学院和大学管理中的权利。AAUP 在 1916 年开始推动院校学术管理的改革，其下设有大学和学院管理委员会（也称 B 委员会）专司此事。该委员会提出了院校管理的"改良主义"（ameliorists），基本认可美国院校管理的基本框架，但要求教授会有更多的参与。

1920 年，AAUP 发布了有关院校管理的声明，强调教师参与院校人事选聘、预算分配和政策制定的重要性。1966 年，AAUP 又颁布了《关于学院和大学管理的声明》进一步阐明了加强教师、校长、董事会之间沟通和理解的重要性；明确了教师参与学校管理的领域，教师不仅享有自主决定课程设置、教学和研究内容与方法的权利，有权制定同教学过程相关的学生生活方面的政策，还有权参与制定涉及学校教师权利和地位方面的政策。此外，在校长的遴选、院系负责人的确定方面，也应该充分听取教师的意见。为保障教师广泛参与管理的权利，声明要求学院和大学制定保障教师参与管理的组织原则和制度，建立学院、大学的各级教师代表机构，通过教师选举组成各级教师委员会以及教师评议会、教授会，充分保障教师履行民主管理的权利。最后，声明建议学院和大学建立教师、董事会和校长之间的长期协商机制，包括实行三方谅解备忘录的机制，建立特别联合委员会和常设联络委员会，以及扩大学校管理委员会和董事会中教师代表比例等措施，保持交流渠道的畅通，促进高等教育的健康发展。在AAUP的推动下，到1960年代末，教职员中的绝大多数具有了参与学院事务，特别是学术事务的基本权利。

（2）采取实际措施，监督制度的执行

制定了制度规范，使高校在维护教师学术自由和参与院校管理方面有章可循，为促使各高校切实执行制度，AAUP采取了一些措施。

措施一：对投诉事件进行深入调查和调停。

AAUP成立之初的主要目的是建立教师学术自由权利和教师聘用的规范，而不是调查处理学术自由事件。但是来自全国各大院校要求声援的投诉，使得他们不得不着手处理这类事件，否则将失去其会员对组织的信任。为此，AAUP在学术自由与终身聘任制委员会下成立了特别调查委员会，而且还在全美各地建立分会，负责听取教授们的申诉，调查取证，撰写调查报告，在校方和教师间进行调停。

AAUP成立之后的1915年，对犹他州立大学和科罗拉多大学的调查提供了先例。1915年，犹他州立大学解聘了两名副教授和两名讲师，霍普金斯大学教授洛夫乔伊（A. O. Lovejoy）前去调查，通过走访校长、被解聘的教授以及其他教授所获得的情况，洛夫乔伊撰写了第一份调查报告。紧接着，AAUP对科罗拉多大学教授指控校长违反学术自由的事件进行调查，结果发现校长并没有违反学术自由。于是，AAUP制定了另一份学术自由政策的声明，表明AAUP绝不仅仅代表大学教授的利益，而是代表整个高校的利益；不仅保护大学教授的学术自由权利，还保护大学行政当局和董事会免受不公正的指控。同年，对宾夕法尼亚大学的尼尔林事件的调查是AAUP早期调查案件中影响比较大的。尼尔林是宾夕法尼亚大学一位激进的社会主义者，因为公开反对资本主义自由化，引起宾夕法尼亚大学保守的校友和董事会的不满。虽然教授会全体成员一直建议继续聘用他，但是遭到董事会的拒绝。1915年，尼尔林被解聘，同事们进行抗议声援，引起公众的关注。AAUP任命了由洛夫乔伊教授为首的调查委员会进行调查。调查认为，宾夕法尼亚大学既没有经过同行专家的审查，也没有法定的程序，就解聘教师的行为是违反学术自由原则的，对宾夕法尼亚大学进行公开谴责，许多媒体以及专业协会组织也纷纷谴责该校的行为。尽管最终没有恢复尼尔林的职位，可是宾夕法尼亚大学不得不重新对教授终身聘任制和解聘教师的程序做了修订。之后，对教师投诉事件的调查成为 AAUP 工作的重要内容。

在早期，AAUP 主要充当"调停人"的角色。它根据接到投诉事件的性质和影响的大小，决定是否派出调查小组。调查小组通过实地调查，听取当事各方的意见，主要通过非正式的谈判或调解的方式，促成校方和教师的谅解来解决问题。

AAUP 对教师投诉的学术自由事件的调查，不但扩大了组织的影响，而且使学校在解聘教师或任何有可能违反学术自由原则的行为时都会有所顾忌。

措施二：公布谴责院校名单（censure list）。

为保证学术自由与终身聘任制原则的推行，AAUP 后来意识到，仅仅通过调查以促成当事双方和解的方式有时无法解决问题，有必要把调查的结果公之于众。这样既可以引起舆论的关注，也可促进人们对学术自由和终身聘任制的理解，明确什么是违反学术自由原则和教师聘任应该遵循何种程序。[1] 1930 年，AAUP 建立定期公布"不推荐院校"名单的制度（non-recommended institutions），1935 年改为"不具备资格的院校"（ineligible institutions），1938 年改为"受到谴责的管理当局"（censured administrations），对违反学术自由与终身聘任制原则的院校进行曝光。[2]

一旦发现有学校当局严重侵害学术自由和终身教职制度的情况，就启动调查程序。AAUP 的特别调查委员会将到该学校对当事各方进行调查，然后提交调查报告，并对学校当局行为的性质做出判断。该报告将送交当事各方听取意见。定稿后的报告将在 AAUP 的会刊（1979 年以前称《公报》Bulletin，1979 年后更名《学术界》Academe）上发表。翌年，AAUP 的 A 委员会在春季会议上审议上一年发表的调查报告，提出谴责建议。当年 6 月的 AAUP 年度代表会议将讨论通过 A 委员会的建议，将侵犯学术自

---

① Philo A. Hutcheson, *A Professional Professoriate*：*Unionization*，*Bureaucratization*，*and AAUP*. Nashville：Vanderbilt University Press，2000，pp. 8 – 9.

② 允许受到谴责院校的教师加入 AAUP，避免因为学校受到谴责而影响教师。

由的学校列入谴责名单。AAUP 在每年的一月份将谴责名单公之于众。谴责名单除在《学术界》上公布外，还会在美国高等教育的主流报纸《高等教育纪事》(*The Chronicle of Higher Education*) 公布。从 2010 年开始，该谴责名单还会公布在 AAUP 的官方网站上。A 委员会将继续关注谴责名单上的学校。对情况改善的学校，A 委员会将提出报告，由 AAUP 年度代表会议讨论决定是否从谴责名单上除名。从 1930 年到 2002 年，先后共有 183 所大学或学院（个别为学区或联合大学）被列入谴责名单，有 142 所经审查、监督、纠正后从名单上移除。[①] 到 2013 年，谴责名单上仍列有 52 所学校（个别为学区），大多是有较深教会背景的学院。[②] 总的来说，虽然谴责院校名单并不具有直接的制裁效力，但它是对求职人员的警告，也使上了黑名单的学校蒙羞。

措施三：设立专项基金。

为促进教师参与院校管理，协会还设立了一项旨在鼓励院校管理权力共享的基金，对那些在推进院校管理权力共享方面成绩突出的校长、董事以及其他行政管理人员进行资助，资助他们在协会的会议上进行经验交流和相关问题研讨。

措施四：集体谈判。

在美国私立高校，教师与校方之间是雇佣关系，双方的权利和义务依据的法律是美国的《国家劳工关系法》(*National Labor Relations Act*)。依据该法，教师可以组织工会，选举代表与校方就薪资、工作时间以及其他雇佣契约的内容和条件进行谈判。同时，为了迫使校方履行谈判协议，工会可以组织教师罢工。在公立大学，由于教师是公务员，教师组建工会、集体谈判以及罢工的权利受到限制。[③] 20 世纪 60 年代美国大学校园中，大学教师维护合法权益的工会化（unionization）运动开展起来，到 70 年代，大学校园中的教师工会组织迅速发展，集体谈判（Faculty Collective Bargaining）成为大学教师争取学术自由与终身聘任制权利、改善福利待遇、提高

---

① Censured Administrations 1930—2002. http://www.aaup.org/AAUP/issuessed/AF/allcen.htm, 2013－02－05.

② censure list. Bulletion of the AAUP, Vol. 99, 2013.

③ 目前，教师组建工会的权利被认为是受到联邦宪法第一修正案和第十四修正案保障的，有一半的州通过法律允许公立高校的教师进行某种形式的谈判，但绝大多数州仍然禁止公立高校教师进行罢工。

工资水平的重要手段。AAUP 起初并不赞成教师通过参加工会组织和集体谈判来维护权益，认为这种方式把大学教师等同于工厂企业的雇员，降低了大学教师的地位和身份。但是 AAUP 又提不出更有效的措施，来阻止教师和学校管理当局不断发生的冲突，保护教师的合法权益，最终不得不改变了对教师工会和集体谈判的态度。

经过 1963—1966 年圣·约翰大学解聘教师事件和 1967 年天主教大学教师罢课成功的震撼，AAUP 逐渐接受了教师集体谈判和罢课的维权方式。1968 年，AAUP 发表了《关于教师参加罢课的声明》，虽然没有明确提出赞同教师参加罢课，但是也没有明确表示反对。1970 年 10 月，AAUP 采取重大举措决定加入教师集体谈判，把集体谈判作为实现 AAUP 目标的重要手段，鼓励各地分会争取教师集体谈判独家代理的资格，同时提出要建立适合高等教育特点的集体谈判方式。1973 年，AAUP 发布了《关于集体谈判的声明》(Statement on Collective Bargaining)，明确提出将把集体谈判作为实现 AAUP 主张的重要手段。"我们一直致力于在学院和大学实现一系列基本目标，包括促进学术自由和终身聘任制的发展，保障教师正当程序的履行以及大学管理的不断完善，……如果要实现我们所坚持的原则，单纯依靠职业传统和道德说教的作用是不够的，还必须通过集体谈判达到的同意以及法律强制力作为必要的补充，才能有效保证我们的原则得到实现。"① 之后，又发布了《集体谈判的方法》(Approach to Colletive Bargaining)。此后，集体谈判和罢课成为 AAUP 推行其政策和措施的有效途径。截止到 1976 年，AAUP 用于集体谈判的预算占到了 31%，开展教师集体谈判活动成为 AAUP 工作的重要内容。②

目前，分布在全美的 70 个 AAUP 分会成为教师、校园中大学生雇员以及其他专业人员进行集体谈判的代理机构。每年，AAUP 都召开关于集体谈判的夏季会议，在会议上就集体谈判的技巧进行培训。

措施五：借助法律力量。

AAUP 设有法律事务办公室，一是为会员提供法律咨询，包括有关高

---

① Statement on Collective Bargaining. http：//www. aaup. org/AAUP/pubsres/policydocs/contents/statementcolbargaining. htm, 2015 – 03 – 02.

② Philo A. Hutcheson, A Professional Professoriate：Unionization, Bureaucratization, and AAUP. Nashville：Vanderbilt University Press, 2000, pp. 169 – 170.

等教育法律法规、教师聘用、保险等方面法律事务咨询；二是与法律专家一起就重点案件，以法院之友的身份递交书状；三是为 AAUP 内部各机构提供法律服务，该办公室聘有兼职的法律专家。

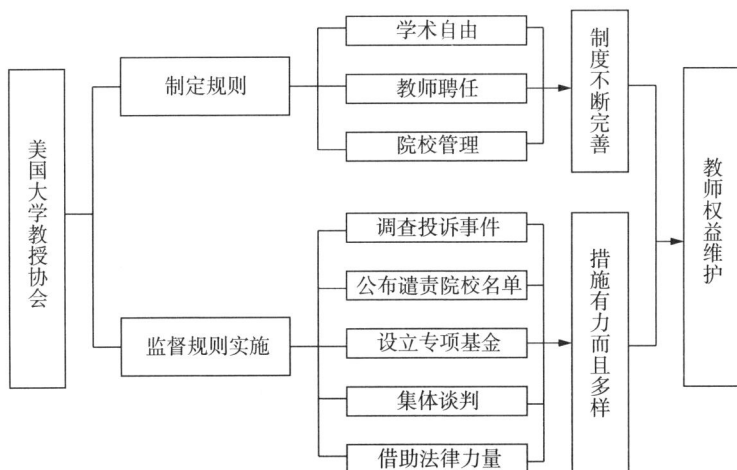

图 5 美国大学教授协会活动示意图

（四）规范和资助高校学术研究，促进学术和学科发展

1. 建立学术研究规范，提高学术研究水平

在美国高等教育领域，对高校学术研究产生重要影响的是各种学会组织。在美国，从殖民地学院开始，实行了董事会领导下的院校自治，教师并不享有欧洲大学中教授的绝对权威地位。特别是私立高校，教师与校方是依据《国家劳工关系法》而建立的一种雇佣关系。所以，美国高校的教师往往对其所属学科的忠诚大于对院校的忠诚。[①] 19 世纪，美国学院和大学受到德国的影响，开始向现代大学转变，科学研究逐渐成为高等教育的重要职能。相应地，学院和大学中的教授职位开始强调拥有者的研究能力。约翰·霍普金斯大学的首任校长吉尔曼（Daniel Coit Gilman）公开声称"教授的职位应当是它的拥有者以研究者的才能来担任的"，芝加哥大学校长哈帕（William Rainey Harper）要求教授的薪水

---

① Christopher J. Lucas, *American Higher Education：A History.* NewYork：St Martins Pr, 1994, p. 180.

和地位将取决于他的研究成果。① 职位要求和激励机制的改变导致教师价值观逐渐发生了变化。1924 年，曾经在三所大学担任过行政领导职位的查斯（Chase）洞察到了高校教师对高校组织认同的变化：与上一代大学里的教师相比，今天的教师个体成员很少再深深扎根于他们所服务的大学的土壤之中，他们很少具备将自己的利益与大学的发展联系在一起的认同，很少关心作为一个机构的大学。当然有无数、杰出的例外，但是我坚信，当我们在研究能力上收获巨大的时候，我们已经失去了早期强烈的个人依恋。他认为，学会已经是教授职业忠诚的指针。他指出，"他们（教师）的听众已不再是直接在教室里的那些人，相当多是他们的同行，分散在整个学术界。他们的未来更多的是由同行专家的意见而不是他们目前所从事的教学工作的质量做决定……我认为并非学院里大多数教师的奉献精神和无私精神减少了，而确实是学术生活的典型的满意度改变了。"②

正是在这种背景下，作为学术研究专业组织的学会才得以建立并不断发展。到 1908 年，美国已有 120 个全国性学会，550 个地方性的学会。在学会及其创办的期刊中能否担任一定的职务，逐渐成为表明高校教师学术地位的重要标志。学会不但成为学科知识传播的阵地，而且成为学科研究规范的确立者。学会成为了学科领域内学者共同体的权力机构——它可以对从事某种学科研究的学者进行资格审查，从而确立他在学科领域中的合法地位。③

目前，美国所有的学科领域都有自己的学会组织。这些学会成立的具体过程有所不同，但成立的动机相似，就是具有共同学术兴趣的学者希望通过建立协会，创办刊物，召开学术会议等方式，加强彼此的交流，促进学科专业的发展。④

---

① W. H. Cowley, *Presidents, Professors, and Trustees: The Evolution of American Academic Government.* Francisco: Jossey-Bass Publishers, 1980, p. 159.

② W. H. Cowley, *Presidents, Professors, and Trustees: The Evolution of American Academic Government.* pp. 161 – 162.

③ 阎光才：《美国的学术体制：历史、结构与运行特征》，教育科学出版社 2011 年版，第 37 页。

④ Richard M. Freeland, *Academia's Golden Age: Universities in Massachusetts 1945 – 1970.* London: Oxford University Press, 1992, p. 48.

2. 促成研究者与实践者的合作，促进研究成果的应用

美国的学会组织不只是承担促进学术研究的责任，还充当促进研究者与社会各界合作，争取企业、公司以及政府对其研究进行资助的角色。以美国化学学会（ACS）为例，该学会一直代表从事化学研究的同行，去争取各方对其研究项目的资助。2005 年，ACS 向美国众议院提出通过《2005 绿色化学研究与开发法案》的提议，目的是争取联邦政府加大对绿色化学研究与开发的投入。ACS 会长威廉·卡罗尔（W·F·Carroll）指出，该法案称："绿色化学技术已经为消除污染、保护人类健康、节约工业成本做出了很大贡献。从制药合成的重新设计缓减了污染到催化剂的发展提高了能源效率，绿色化学技术已成为一种环保型和经济型的领先技术。但仍然存在着大量科学和工程方面的挑战，所以我们还急需更多的长期性研发项目。"①

3. 为高校学术研究提供经济资助，扶植学科发展

对高校学术研究的资助是很多基金会对高等教育捐助的重要内容。一些领域研究内容的拓展和研究范式的转变，突破性研究成果的取得，甚至某些新学科的出现，往往都有基金会的持续扶植。

如，洛克菲勒基金会始终关注、扶持医学和农业研究，在药物研究、病毒防治、流行病预防以及农作物品种改良和技术推广方面成效显著。20 世纪 30 年代之后，基金会开始对社会科学和人文研究进行资助。基金会有关负责人意识到，这种研究不可能取得立竿见影的效果，……很多问题也不可能有公认的定见，要长期争论下去，但他们深信，对人的价值观、人际关系理解的加深是人类进步和幸福的关键。② 从 1952 年开始对法律和政治哲学研究进行资助，其内容从重新认识古典政治哲学理论到质疑当代的宗教和经济势力以及自由、公正的观念，一大批五六十年代崛起的杰出政治思想学家在其资助下涌现，在 10 年内出版了 40 部重要著作。该基金会用 20 年时间拨款数百万美元对经济发展有关学科的研究进行资助，资助对象包括国内外大学有关科系、项目和个人。从

---

① http：//www. eurekalert. org/pub releases/200－03/acs-ls031005. php, 2013－10－15.
② 资中筠：《散财之道——美国现代公益基金会述评》，上海人民出版社 2003 年版，第 116 页。

1940 年起，该基金会拨款通过社会科学研究理事会开展美国经济史的研究，以便真正了解美国经济变化的原因、轨迹。此项捐助连续了十几年，大大提高了美国经济史研究的水平，并促其成为一门学科。基金会对高等教育的捐助是有组织、有目的的，而且是持续的。因此，某个大基金会的持续兴趣和兴趣的转移可以影响一个学科或某一所大学的某一个科系的兴衰。

六、中介组织介入高校内部管理的实践

上述承担高等教育系统自我管理职能的高等教育中介组织，如，认证组织、行业规范组织、基金会等，对高校内部管理也产生影响，但这种影响范围是整个高等教育系统内的高校，直接介入某一高校内部管理的重要中介组织是校友会（alumnus）。从美国殖民地学院开始，学院毕业生就开始以捐赠、担任学院董事等多种形式参与学院的创建和管理，但是 19 世纪之前，校友对院校建设和管理的参与是个别的、零散的，其组织化始于校友会的建立。1821 年，威廉姆斯学院（Williams College）因为招生困境濒临倒闭，遂召集其毕业生"支持、保护和改善"母校，创建了全美第一个校友会。之后，其他学院纷纷仿效。如，哥伦比亚学院在 1825 年，普林斯顿在 1826 年，迈阿密学院和拉格斯学院在 1832 年，佐治亚学院在 1834年，宾夕法尼亚大学在 1836 年，都纷纷成立校友会。校友对美国高校的发展有重要的作用，特别是一些著名的私立高校。1908 年，哈佛校长埃利奥特发表了题为《一个监察和协同的团体——校友的影响》的演讲，赞扬校友的作用。

目前，校友已经成为影响院校决策的一股力量。校友开始进入学校的决策领域，始于哈佛。1865 年，马萨诸塞通过一项立法，规定哈佛监视会的空缺职位都将"每年由这样的人投票选举来补充，即获得了哈佛学院的文学学士，或文学硕士学位，或任何荣誉学位的人，自学位授予之日起有投票权"①。由于哈佛特许状中规定，监视会是学院的决策机构，该项立法使校友有了参与哈佛决策的权利。1869 年哈佛校长埃利奥特在就职演说中

---

① W. H. Cowley, *Presidents*, *Professors*, *and Trustees*: *The Evolution of American Academic Government*. San Francisco: Jossey-Bass, 1980, p.139.

提到"自1866年，监视会由校友选举，每年更换五名成员，任期五年。"①
其他学院纷纷效仿哈佛，如，康乃尔大学在1867年，耶鲁大学在1869年，
威廉斯学院在1872年，达特茅斯学院在1875年，拉格斯学院在1881年，
普林斯顿大学在1900年，哥伦比亚大学在1908年，布朗学院在1914年，
将部分董事职位让与校友。直到目前，校友选举董事会成员仍是私立大学
和学院董事会成员选择的重要方式。② 当然，在美国学院和大学的政策制
定中，校友是一股重要的参与力量，但最终的权威不是也不会是他们。校
友参与学院和大学的管理，只是美国社会结构中支配力量的间接作用形式
而已。

七、中介组织介入高等教育管理的功能

从对美国中介组织介入高等教育管理实践的考察可见，无论是在国家
层面、区域、高等教育系统还是在院校层面的高等教育活动中，中介组织
都承担着重要的管理职能。正是由于高等教育中介组织的介入，才形成了
美国政府、市场、院校多种力量分权与合作的高等教育治理格局。

（一）参与政府管理活动，提高政府管理的有效性

在本书第二章已经阐述了政府干预高等教育的有限性，任何国家的政
府干预高等教育都有自身无法克服的缺陷。一是从主观上，政府官员有自
己的利益需要，权力的行使不一定是出于公益的目的。所以，需要分散权
力和监督权力，避免权力寻租。二是从客观上，即使政府官员是出于公益
的目的，也会因为信息、知识和能力的有限，使制定的政策与高等教育实
际状况和规律相悖。所以，需要专业人员和社会的广泛参与，提高政策制
定的科学性和有效性。美国的高等教育中介组织，如，以六大协会组织为
首的高等教育协会组织、卡内基高等教育委员会等，与高等教育活动主体
保持直接、密切、广泛接触，更加了解高等教育的实际状况；作为专业化
的组织，从信息的收集、分析到政策建议的提出，有专业的技术和知识作

---

① Richard Hofstadter &W. Smith, *American Higher Education：A Documentary History.* Chicago：
The University of Chicago Press，1961，p. 617.
② 私立大学和学院的董事会成员的产生主要有三种方式：共同选举（由既有的董事会成员
来选举空缺的董事）、校友选举、当然成员（因为拥有职位而成为当然董事）；州立大学董事会成
员产生一般是四种方式：州长任命、州议会选举、全州人民选举和当然成员。

为支撑。这些组织以多种方式参与到美国国会和行政机构的立法、政策制定以及司法审判中，既为政府决策者提供了更全面、真实的高等教育信息，架起了决策者与实践者之间的沟通桥梁，又运用自己的专业知识，为政府部门提供科学的可供选择的制度方案，提高了政府机构的有效制度供给能力。同时，中介组织以多种方式参与国家高等教育立法、执法和司法活动，使上述活动过程不再是政府的独角戏，而是多个利益团体参与、互动、博弈的过程。各类高等教育中介组织对政府决策行为的多方位参与，避免了政府垄断高等教育政策制定权，也实现了对政府权力的监督。

美国特殊的历史、文化以及法律环境，使联邦政府不具有直接管理高等教育的权力。但高等教育对社会发展的重要性，使美国政府必须有效地干预高等教育的发展，引导其为国家目标服务。联邦政府巧妙地借助高等教育中介组织，向高等教育界以及社会传达国家的高等教育政策取向，并通过委托这些组织承担一些具体的职能，而自己行使对这些组织的监管职能的方式，间接但有效地引导高等教育活动，使之符合国家的目标。如，联邦政府委托认证机构对高校办学状况进行认证，从而决定高校是否具有获得联邦资助的资格，而联邦教育部只是负责对这些认证机构的认可，也就是"元评估"，过程自治与结果控制的有机结合，真可谓一石双鸟，是分权与调控结合的成功例证。

（二）捍卫高校自治，规范办学行为

在美国，诸多的高等教育中介组织介入高等教育管理，以"自律"代替"他律"，既保护了高校的自治，又对高校有效地实施了问责。如，由民间的、专业的、自愿参加的高等教育认证组织来实施对高校以及专业的评估和鉴定，从认证标准的制定到评估过程的开展以及评估结果的最终认定，都由高等教育专业人士来主导，且这种评估强调被评估对象自我评估的重要性，避免了外部力量对高等教育的不当干预，是一种重要的高等教育质量自我保障制度。同时，组织又分为多个，院校和专业可以申请与自己院校和专业性质一致的认证组织的认证，这种分院校分专业的评估，其结论科学性更高。认证组织因为是民间的，客观、公正是其立身之本，其评估的结论要获得同行和公众的认可，可以有效地监督高校履行自己的职能，是问责的一种手段。再如，美国大学教授协会，制定了有关教师权利和聘任的制度规范，并采取了有效措施，来监督高校执行，也是高等教育界自我管理、自我约束的典范。此外，各大高等教育协会组织，代表高等院校和其活动利益相关者的呼声，影响政府的决策，捍卫了高等教育自身的利益。基金会、校友会为高校提供的经济支持，为高校的教学和科研避免外部力量的冲击也提供了切实的支撑。

（三）减少信息不对称，维护消费者权益

市场机制的充分运用，可以促进高等教育的多样性，提高高等教育社会适应性，促使高校改进教育教学，提高资源使用效益。但市场机制有效运用的前提是有完善的监督机制和信息公开制度。各种类型的高等教育中介组织的活动，是"没有政府的监督"，规范了高校的办学行为，保护高等教育服务消费者（学生、用人单位）的权益。同时，也提供了消费者深入了解高校教育教学状况的渠道。在充分了解高等教育办学信息的基础上，高等教育消费者可以更加理性地做出选择。如，美国的高等教育认证组织对高校的评估鉴定，可以维护消费者的利益；协会组织对高等教育运行状况的披露，可以使消费者深入了解自己所关注的高等教育问题。而且，多种中介组织活跃在多个领域，中介组织只有为其会员提供有效的服务才有生存和发展的可能，形成了相互监督的机制，客观上也保护了高等教育消费者的利益。

中介组织活跃在美国高等教育多个领域，承担了多样的管理职能，在政府、社会和高校之间发挥了沟通、协调、整合和信息服务的功能，形成了多元力量共同治理高等教育的格局，促进了高等教育管理的科学化和民主化，降低了高等教育交易的费用，提高了高等教育资源的使用效益。

小　结

本书采用典型案例研究的方法，选取美国作为研究对象，研究中介组织是如何介入高等教育管理的。美国是世界上高等教育发达的国家，高等教育规模庞大，院校层次类型多样，为美国社会的发展提供了重要的人力和智力支持。庞大、复杂的美国高等教育系统运转如此有效，离不开其独特的高等教育调控模式，即政府、市场、院校多元力量分权又合作的高等教育治理模式。

美国的高等教育在发展过程中，逐渐形成了院校、市场、政府多元力量共存的高等教育权力格局。美国的高校是模仿欧洲模式而来，承袭了欧洲院校自治的传统，院校自治可谓根深蒂固。直到今天，不论是公立还是私立高校都享有相当的自主权利。市场竞争是美国高等教育的一个重要特征，每一个高校都要通过竞争来获得自己需要的资源，市场竞争的思想广泛渗透到高等教育。美国是高等教育分权制的国家，联邦政府不享有直接管理和经办高等教育的权力，但联邦政府并非游离于高等教育之外，而是逐渐摸索出一套向高等教育渗透自己的影响，引导高等教育为国家目标服务的方法。院校、政府、市场共存于高等教育场域之中，政府引导但不控制，市场激励但不左右，院校自治但不封闭，多元共存、分权又整合，共同推动高等教育有序运转。形成这种多元力量合作治理高等教育模式的一个重要支撑是，多种类型的高等教育中介组织有效介入高等教育管理活动。以各种协会组织和基金会为代表的高等教育中介组织，介于高等教育各利益相关者之间，即政府与高校和社会之间、高等教育系统内部、高等教育与社会之间，以多种方式参与高等教育管理活动，避免了单一力量控制高等教育的弊端。

从美国中介组织介入高等教育管理实践的考察中可以看出，美国中介组织介入高等教育管理活动具有以下特点：

一是高等教育中介组织数量众多、类型和职能多样。几乎所有高等教育利益直接相关者都建有自己的高等教育中介组织，规模大小不等，具体活动目标各异。从组织构成成员来看，有院校型、专业学院型、个体会员型、混合型（学院、专业、协会、公司都参加）；从影响范围看，有全国性、区域性、地方性；从承担的主要管理职能看，有影响国家政策制定型、评估鉴定型、研究咨询型、职业规范和权益维护型、融资型、考试服务型等。而且，同一类型的中介组织又存在多个。如，院校协会，不同层次类型的院校都有自己的协会组织；评估鉴定组织分为全国的、地区的、专业的。同一个组织往往是以一种管理职能为主，兼具其他职能。以六大协会（Big Six）为例，以影响国家高等教育政策为己任，但也不断拓展自己的服务领域，提供信息、咨询服务、问题研讨以及人员培训等。

二是运用多种手段来介入高等教育管理活动。通过调查研究、国会论辩、书状呈递、会议研讨、媒体宣传、资金扶助、人员培训、信息服务等途径，利用各种资源来介入高等教育管理活动。

三是介入高等教育管理的多个领域。相对于政府来说，国会立法、联邦行政机构法规和政策制定、联邦司法审判，与这些部门活动主题相关的各高等教育中介组织都积极参与，传递高等教育界的呼声，影响政府部门的决策；相对于高等教育系统来说，高校的设置基准、入学资格、质量评定、学术研究、活动主体的职业规范和权益维护，以及了解社会需求信息、争取社会财物支持等，都有相应的高等教育中介组织开展活动。

四是为各个高等教育利益相关者服务。高等教育的利益相关者，包括政府（代表国家和社会利益）、院校（管理者和教师为主）、学生及其家长、企业及其他社会组织。高等教育中介组织不仅为院校提供服务，政府、学生等其他的高等教育利益相关者都可以从中介组织的活动中满足自己的某些需求。

五是发挥了多种功能。高等教育中介组织的管理活动，发挥了利益协调、信息沟通、消解冲突等多种功能，把高等教育中的各种力量有机地整合在一起。

在此，值得注意的是，在考察中介组织介入高等教育管理实践时，突出了中介组织介入高等教育的积极作用，而没有提及它们在活动中存在的问题。任何一种制度都不是尽善尽美的，美国中介组织在介入高等教育管理实践中也暴露出一些问题。如，多个组织参与政府决策，争论不休，会延缓决策过程，影响决策时效；中介组织之间有利益冲突，存在相互协调的问题；相同类型的中介组织之间存在力量强弱的区别，强势的组织可能演变为特定高等教育活动群体的利益代言人，忽视甚至损害其他组织和社会的利益，出现"多数人的暴政"。在不断的实践中，高等教育中介组织正在逐渐完善自己的参与机制。

总体来说，多样的美国高等教育中介组织以多种方式活跃在高等教育多个舞台上，承担了多种管理职能，为高等教育利益相关者提供着全方位的服务。政府、市场和院校力量通过中介组织这一纽带而联结为一个有机的整体，合力推动着高等教育系统有效运行，促使高校为社会以及个人提供优质的服务。

第四章　美国中介组织有效介入 高教管理的原因解析

　　美国高等教育中介组织的管理活动并不是从一开始就获得政府、社会、高等教育界同仁，甚至是会员的认同，有的也不得不解散。如，美国大学教授协会（AAUP）成立初期，公众并不认同，高等教育界对其也有抵触。1915年的原则公布之后，当时的《纽约时报》就刊登了一篇社论，来嘲弄这个声明，"'学术自由'就是，每个大学教师都享有……以对全天下的任何议题发表肆无忌惮而骇人听闻的空谈，来愚弄他自己和大学的一种不可剥夺的权利。……而且他们仍然能继续安处于薪资簿上，唯有通过非常繁杂的程序才能除去。学术自由不过是这些有组织的学究们的放言高论罢了。"① 尽管美国大学教授协会发表维护教师学术自由的原则声明，维护大学教师的权利，但它成立之后不仅遭到了大学校长和董事会的敌视，也遭到了很多大学教师的误解。② 1915年，美国学院院长建立的美国学院协会（Association of American Colleges，AAC），就曾公开批评AAUP。再如，曾经作为高等教育认证机构间协调组织的"中学后认证委员会"（the Council On Postsecondary Accreditation，COPA）在20世纪90年代初，因其工作的不利，使联邦政府对认证制度产生了不信任，企图另立评估机构；高等教育界对其也大为不满，一些会员纷纷退会；公众也颇有微词，认为认证

---

　　① Robert M. O'Neil, "Academic Freedom: Past, Present and Future", *in* Philip G. Altbach, Patricia J. Gumport, Robert O. Berdahl, *American Higher Education in the Twenty-first Century.* Baltimore: The Johns Hopkins University Press, 1999, p. 90.

　　② 最初的入会标准是学院和大学的教师其学术或科研活动得到认可，且从事教学或科研工作10年以上。这种入会标准表明它实质上是一个大学教师精英组织，并不是所有大学教师的组织。

指标不科学、认证过程也不够民主、公开，COPA 在内外交困中不得不在 1993 年底宣布解散。但绝大多数美国高等教育中介组织从弱到强，逐步确立自己参与高等教育管理活动的重要地位，取得了令人称道的工作绩效。

　　中介组织介入高等教育管理是高等教育管理模式的变化，属于制度变迁的范畴。按照新制度经济学对制度产生动因的解释，制度能否产生，取决于制度有效需求和有效供给是否契合。制度的有效需求不足或有效供给不足，都会延缓新制度的诞生和有效运行。美国中介组织能够有效介入高等教育管理，因为存在着有利的组织外部环境，也得益于中介组织自身的特性，保证组织能以出色工作获得各方认可。也就是说，美国存在中介组织介入高等教育管理的有效需求和有效供给。

一、美国高等教育中介组织外部因素

　　按照资源依赖理论的观点，任何组织都不能拥有自身所需的所有资源，组织之间存在着相互依赖关系；所有组织都要与外部环境进行资源交换，形成对外部环境的依赖。高等教育中介组织作为社会中的一个子系统，同样离不开外部环境的支撑。

　　（一）有利的社会大环境

　　1. 社会文化传统

　　一是崇尚自治的传统。

　　崇尚自治的传统奠定了非政府、民间志愿结社产生和发展的社会心理基础。

　　一些学者把包括高等教育中介组织在内的"非营利部门"（nonprofit sector）看做是有别于"政府"和"营利部门"的"第三部门"（third sector）。美国资深非营利组织和社会福利学者莱斯特·M. 萨拉蒙（Lester M. Salamon）认为推动第三部门发展的首要动力是"来自基层的主动积极的热衷者""最基本的力量是决心自己动手来解决问题，自己组织起来改善境况或者争取基本权益的普通群众。"[1] 托克维尔在分析美国民主制度

---

[1]　［美］莱斯特·M. 萨拉蒙：《第三域的兴起》，载李亚平、于海：《第三域的兴起》，复旦大学出版社 1988 年版，第 7 页，第 12 页。

时，指出："有助于美国维护民主共和制度的原因，除了'地理环境'和'法制'外，还有'生活习惯和民情'"，并认为"法制比自然环境更有助于美国维护民主共和制度，而民情比法制的贡献更大。"① 他所指的"民情""不仅指通常所说的心理习惯方面的东西，而且包括人们拥有的各种见解和社会上流行的不同观点，以及人们的生活习惯所遵循的全部思想。"② 他称"美国的民情"为"新英格兰的乡镇精神"。这种精神的本质是建立在个人的自由和平等基础之上的，通过民主的方式实行的公民自治。托克维尔曾生动地描述过这种精神："美国的居民从小就知道必须依靠自己去克服生活的苦难。他们对社会的主管当局投以不信任和怀疑的眼光，只是在迫不得已的时候才向它求援。他们从上小学就开始培养这种习惯。孩子们在学校里游戏时要服从自己制定的规则，处罚由自己制定的犯规行为。这种精神也重现于社会生活的一切行为。假如公路上发生故障，车马行人阻塞不通，附近的人就会自动组织起来研究解决办法。这些临时聚集在一起的人，可以选出一个执行机构，在没有人去向主管当局报告事故之前，这个机构就开始排除故障了。假如是事关庆祝活动，则自动组织活动小组，以使节日增辉和活动有条不紊。而且，还有反对各种道德败坏行为的组织。比如，把大家组织起来反对酗酒。在美国，为促进公安、商业、工业和宗教，也建有组织。人们的愿望一定会通过私人组织的强大集体的自由活动得到满足。"在自治过程中，"他们在力所能及的范围内，试着去管理社会，使自己习惯于自由赖以实现的组织形式，而没有这种组织形式，自由只有依靠革命来实现。他们体会到这种组织形式的好处，产生了遵守秩序的志趣，理解了权力和谐的优点，并对他们的义务的性质和权利范围终于形成明确的和切合实际的概念。"③

这种对"自治"的崇尚，始于美国殖民地时期。1620年的第一批移民乘"五月花"号抵达新大陆，签署了《五月花号公约》，公约中明确规定："在上帝面前共同庄严立誓签约，自愿结成为一个民众自治团体。"④ 之后，

---

① ［法］托克维尔：《论美国的民主》（上），董果良译，商务印书馆1991年版，第320页，第354页。

② ［法］托克维尔：《论美国的民主》（上），董果良译，商务印书馆1991年版，第73页。

③ ［法］托克维尔：《论美国的民主》（上），董果良译，商务印书馆1991年版，第213—214页。

④ 赵一凡：《美国的历史文献》，生活·读书·新知三联书店1989年版，第2页。

自治成为美国殖民地的一个基本的特征。正如美国学者沃浓·路易·帕灵顿（Vernon Louis Parrington）所指出的：自治状态在殖民地生活中长期以来是不可否认的事实。① 这种"自治"的制度安排不断在美国社会中发展，并深入美国公民的观念中。

二是社会对于财富和教育的观念。

大量基金会的存在，以及基金会对包括高等教育中介组织、高等院校等在内的教育捐助和参与，与美国人对于财富的观念、对教育的重视直接相关。

19世纪30年代，托克维尔访问美国时就发现美国富人与穷人之间有一种共同的价值观念和经济原则，没有欧洲的贵族和平民之间的鸿沟。在美国传统思想中不大认可社会阶层地位的固化和世袭，相信通过个人奋斗白手起家就能发家致富。同时，对个人致富的权利从不怀疑，对社会贫富不均的社会接受度较大。但是，美国人对富人如何使用其财产非常关心，认为那些拥有财富的人有责任为帮助社会中不幸的人和改善社会而做出贡献。

社会对于财富的思想观念，对公益型基金会的成立起到了重要的作用。1889年，安德鲁·卡内基在《北美评论》（*North America Review*）上发表《财富的福音》（*The Gospel of Wealth*）一文，被认为是奠定美国现代公益事业思想理论的经典之作。其中，他所表达的"财富观念"具有代表性。一是，财富集中和贫富差距扩大是进步的表现，这是竞争造成的。……一切解决当前社会问题的考虑不是要改变现存的造成财富集中的制度，因为这是才能加勤奋的结果，而是要最好地使用这笔巨大的剩余财富；二是"拥巨富而死者以耻辱终"。富人的剩余财富应该属于社会，富人对社会有不可推卸的责任，最好的处理剩余财富的方式是生前通过适当的运作用于公众的福利事业，而不是传给家族或子孙，也不是死后捐给公益事业。但不是平均分配，不能鼓励懒汉；当今百万富翁的罪恶不在于缺乏捐赠，而在于滥行布施。②

① ［美］沃浓·路易·帕灵顿：《美国思想史（1620－1920）》，陈永国译，吉林人民出版社2002年版，第169页。

② Andrew Carnegie and *The Gospel of Wealth*. http：//www. hks. harvard. edu/fs/phall/05. % 20Wealth. pdf. 2015－05－31.

　　绝大多数基金会捐助最多的领域是教育，这与美国人重视教育在社会进步中的作用直接相关。美国早期移民远在美国独立之前就把举办学校放在第一位。大基金会重视扶助教育一方面是继承了这一传统，同时也体现了 20 世纪初社会达尔文主义和进步主义思潮的结合：既相信优胜劣汰，也相信人可以通过教育提高素质，变劣为优；相信机会平等、自由竞争，同时认为最重要的平等是教育机会平等。在 20 世纪后半期，对教育的捐助数量几乎一直处于榜首的福特基金会顾问盖茨认为，"归根到底，只有对人的教育——新知识的获得、传播和应用——才能消除人自己设置的进步的障碍"。[①] 1993 年卡内基基金会的汉堡会长总结称："从长远看，任何一个社会的活力和远景有赖其人民的素质、知识、技能、健康和精力以及人际关系的文明程度。当前正在发生的破坏和损失若能得到防止，必将对社会和经济产生巨大影响，结果是高效能的劳动力、生产率的提高、医疗费用和监狱费用的降低，解脱多少苦难！如果我们有足够的远见和胆识向我们的儿童，也就是向人类的未来投入责任，那么我们就能使这些宝贵年华所孕育的希望变为现实。"[②] 正是这种把教育作为推动社会进步重要动力的思想促使基金会对教育的持续关注。

　　2. 三元并存的社会权力结构

　　对西方社会权力结构的三元分析始于哈贝马斯。他认为资本主义社会在发展过程中，形成了"公共领域—经济—国家"共存的社会权力结构模式，"经济"对应于"市场"，国家对应于"政府"，公共领域包括教会、文化团体和学会，还包括独立的传媒、运动和娱乐协会、辩论俱乐部、市民论坛和市民协会，此外还包括职业团体、政治党派、工会和其他组织等。[③] 哈贝马斯认为，上述三个领域的运作逻辑不同，在"公共领域"，人们进行"社会整合"，即人们在自发的社会关系中进行民主的社会结合，结合的力量是人与人之间通过交往而达成的相互理解；而在"经济"和"国家"中，人们进行"制度整合"，即依据现存的政治系统和经济系统自

---

　　① The President's Review, *The Ford Foundation Annual Report*, 1956, p. 18. 转引自资中筠：《散财之道——美国现代公益基金会述评》，上海人民出版社 2003 年版，第 336 页。

　　② 资中筠：《散财之道——美国现代公益基金会述评》，上海人民出版社 2003 年版，第 337 页。

　　③ ［德］哈贝马斯：《公共领域的结构转型》，曹卫东等译，学林出版社 1999 年版，序言。

身的整体需要和组织原则进行人与人的结合，"整合的力量是金钱或权力"。① 美国哲学家简·柯亨（J. L. Cohen）和安德鲁·阿拉托（A. Arato）在 1992 年发表的《市民社会与政治理论》（*Civil Society and Political Theory*）一书中提出了"市民社会—经济—国家"三元社会结构分析模式，这里的市民社会对应于哈贝马斯的"公共领域"，柯亨和阿拉托认为，市民社会的运行不仅是依靠哈贝马斯所说的人们之间的相互交往而达成的理解，还依靠人们能直接参与的、从而能直接体验和学习自我管理的志愿性结社运动。萨拉蒙用"非营利部门—营利部门—政府部门"来对应柯亨和阿拉托的"市民社会—经济—国家"，他认为美国是一个典型的三元权力并存的社会，这种社会权力结构特征是美国区别于其他国家的最根本的特征，是美国自我治理精神的"组织基础"。②

相对独立的市民社会的存在以及充分发育，为公民自我治理留下了空间。这种公民自治的实践，逐渐形成了"以社会权力制约政府权力"的社会观念，锻炼了公民自治的能力，自然而然产生了独立能力和自治能力较强的社会组织。哈贝马斯曾明确指出，市民社会的核心机制是由非国家和非经济组织在自愿基础上组成的。这样的组织包括教会、文化团体和学会，还包括独立的传媒、运动和娱乐协会、辩论俱乐部、市民论坛和市民协会，此外，还包括职业团体、政治党派、工会和其他组织等。

三元并存的社会权力结构为美国独立后继承殖民地时期的自治传统提供了政治和经济条件，为大量非政府、非经济组织存在和发展留下了空间。因为市民社会需要不同于政府和社会经济部门的运行机制，产生了对中介组织的社会需求。

3. 法律环境

这里的法律环境不是指有关中介组织的法律本身，而是中介组织法律法规制定和实施所根植的法律环境，在这种环境中，中介组织法律得以制定和实施。这既包括公民基本权利，包括言论、非暴力的集会或游行、结社自由以及保护私有财产等的法律保障体系，也包括有一个独立的、严格

---

① ［德］哈贝马斯：《公共领域的结构转型》，曹卫东等译，学林出版社 1999 年版，第 21 页。

② 康晓光：《权力的转移——转型时期中国权力格局的变迁》，浙江人民出版社 1999 年版，第 13—15 页。

实施法律的仲裁机构，即使在涉及国家利益时也不例外。

美国是一个典型的宪政国家，宪法规定的权利是至高无上的。联邦宪法对公民言论自由、自由结社和向政府和平请愿的权利作了明确的规定。联邦宪法第一修正案的第一条规定：国会不准制定有关下列事项的法律，即确立一种宗教或禁止信仰自由；限制言论自由或出版自由；或限制人民和平集会的权利以及向政府请愿的权利。除了联邦宪法外，各州宪法也赋予了公民自由结社的权利。如，加利福尼亚州宪法第一条"权利宣言"的第三部分规定：人民拥有命令其代表向政府申冤，为共同利益自由集会协商的权利。尽管美国的法律体系显得有些凌乱，但它背后却蕴含这样一种哲学信念：即确保美国人民具有自由结社及利用私人资源追求任何和平宗旨的绝对权利。为此，设立自愿性的结社组织的权利被认为是公民生而就有的而不是政府权力机关所"恩赐"的特权。

同时，美国的司法系统具有很大的独立性，无论在联邦还是在州的层面上，司法系统的运作都不受任何政党、政府部门和官员的控制。不仅政府的权力受到法院的制约，法院还拥有司法审查权，也就是法院在审理案件时，可以国会或州议会的法律与联邦宪法相抵触而判定其无效。即使面对的是政府和立法机关，当其侵犯了公民个人和组织的合法利益时，这种司法保障使公民个人和社会组织可以通过法律的途径来实现自身的权利。在美国高等教育领域，当高等教育组织或个人认为合法权益受到侵害时，也同样会寻求司法救济。在过去10年中，在美国求助法庭以解决争执的情形大增。教师可能为了被解雇、任命及人事记录的取用而进行控告；学生可能为了保障成绩取用的安全、对入学许可的歧视，及为了学校没有履行课堂上的承诺等而提出控诉；高等教育机构可能为了护卫自己的宪法地位和争论联邦条例的施行，而与政府对簿公堂。[①]

适宜的法律环境为美国高等教育中介组织建立和有效运行，提供了有力的司法保障。

4. 完善的信息公开制度

信息公开是公民行使民主参与权和监督权的一个前提。1946年联合国

---

① Robert O. Berdahl &T. R. MaConnell, "Autonomy and Accountability: Who Control Academe", in Philip G. Altbach, Patricia J. Gumport, Robert O. Berdahl, *American Higher Education in the Twenty-first Century*. Baltimore: The Johns Hopkins University Press, 1999, p. 80.

大会通过了第 59 号决议，宣布知情权为基本人权之一；1948 年联合国通过的《世界人权宣言》第 19 条进一步规定，人人享有通过任何媒介寻求、接受和传递消息的自由。之后，各国的宪法都直接或间接地确认了作为公民基本权利之一的知情权。知情权有广义和狭义之分，广义的知情权指个人或团体有权了解，获取个人、社会组织及政府机关所掌握的信息的权利；狭义的知情权指公民有权知道、了解、获取政府机关所掌握的信息的权利。

　　美国非常重视信息公开。20 世纪下半叶颁布了一系列促使政府公开其信息的法律，最重要的是《保藏图书馆法》（*The Depository Library Act*，1962）、《信息自由法》（*The Freedom of Information Act*，1966）、《隐私权法》（*The Privacy Act*，1974）、《阳光下的联邦政府法》（*The Federal Government in the Sunshine Act*，1976）等，建立了较完善的有关政府信息公开的法律。同时，美国社会发达的信息传输手段，为信息的公开提供了技术支持。如，美国国会听证会论辩是各种利益团体阐明自己立场，进行博弈的重要场所。在美国，要知晓美国国会听证的情况，并不需要到华盛顿的国会山去旁听。美国有线电视有两个（有的地方还有三个）"公共事务网"频道（C-SPAN），专门播放美国政治活动，国会的会议、表决、听证会都有实况直播，在当天晚上还重播录像。如果当天错过了，还可以到众议院和参议院的网站下载听证会的实况录像和文字纪录。[1] 其他组织的信息也可以比较便捷地获取。如，各大组织的报告、建议、国会论辩词以及一些会议内容等会通过报纸、书籍、广播、网络等形式传播出去。这种发达的信息传播网络，为公众获取自己关注的信息提供了条件，为其有效地参与政府决策以及与自身利益相关组织的活动提供了前提。

　　（二）具体的制度安排

　　美国中介组织能够有效介入高等教育管理，不仅因为存在着有利于高等教育中介组织生存和发展的社会文化、法律、技术等外部环境条件，而且有一些具体的制度性渠道，使中介组织可以参与到高等教育管理之中。

　　上一章详细介绍了美国中介组织介入高等教育管理的具体实践，可以看出中介组织影响国会和联邦行政机构决策的一个主要渠道是国会听证

---

① 方舟子：《我见过的美国国会听证会》，载《环球》2002 年第 5 期。

会。在国会听证会上，高等教育中介组织可以针对国会的议案、其他机构的质疑进行辩论，可以有理有据地论证自我主张的合理性。如，各大院校协会关于学生资助方案的论证、美国高等教育认证委员会（CHEA）关于认证组织存在重要性的论证。中介组织影响高等教育诉讼案件司法审判的重要渠道是以"法院之友"身份递交书状，提供案件所涉及专业知识的资料、类似案件的处理方式、适用法律和判决应当依据的理由等。

这种正式制度渠道的存在，使高等教育中介组织可以通过正规制度渠道表明自己的主张，有利于多种力量参与高等教育管理。

（三）独特的高等教育系统

美国高等教育学者布鲁贝克（Brubacher）和鲁迪（Rudy）指出："美国高等教育被各种历史性力量所塑造和影响，一方面是从西欧带来的模式和传统，另一方面是影响和改变这些移植来的高等教育机构发展的美国自身条件。在这两个基本因素的相互作用下，最为重要的是，伴随在各个时期美国生活里民主因素的增长，形成了真正独特的高等教育体制。"[①] 这种独特的高等教育体制产生了对高等教育中介组织的需求，也为高等教育中介组织的活动提供了空间。

1. 政府对高等教育的有限介入

在美国，无论是联邦政府还是州政府，对高等教育管理权力和职责都是有限的。

（1）联邦政府与高校的关系

美国 1787 年宪法和 1791 年宪法补充条款都未提及教育，但却规定，宪法未授予联邦而又未禁止各州行使的权利，都属于各州或人民。据此，教育的管辖权不在联邦政府，而在各州。1867 年联邦政府成立的教育署（The Office of education）只负责对学校的经济援助和州及地方难以开展的研究，到 1979 年虽升格为联邦教育部，但也只是提供一般性指导和咨询服务的机构，不具备管理高等教育的权限和责任。

其实，联邦政府从独立之初，就一直试图涉足高等教育领域，这种努力始于国立大学计划的提出。从建国伊始，直到 20 世纪 30 年代，建立国

---

① John S. Brubacher &Willis Rudy, *Higher Education In Transition：A History of American Colleges and Universities*, Piscataway：Transaction Publishers, 1997, p. 3.

立大学的提议不断被反复提出，但一直都未获国会批准。关于制宪会议制定的宪法中为何没有教育的条款，为什么国会一再否决建立国立大学的提议？研究者给出了不同的解释。北京师范大学和震教授从美国宪法所确立的以自治为原则的联邦政治体制进行了解释。① 美国的制宪者深信个人和人类的自治能力。被认为是对美国宪法精神最权威解释的《联邦党人文集》（*The Federalist Papery*）所阐释的联邦体制中，所有政府单位都是根据自治原则设计的。② 其作者之一詹姆斯·麦迪逊（James Madison）指出，"'一切政治实验'都应该'寄托于人类自治能力的基础之上'"③。文特森·奥斯特洛姆（Vincent Ostrom）赞赏《联邦党人文集》中阐述的自治原则，认为"较小的利益群体能够根据自治原则组织起来，并在治理自己内部事务方面保持自主。为若干利益群体所共享的利益集团，能够组织起来，成为自主自治权威主体。该原则可以从地区性利益群体扩展到全国乃至国际利益群体。共和制度既能够在较小的社群中也能够在较大的社群中得到培育。"④ "在复合共和制中，不存在任何单一垄断的公共权威。建立多个代表不同利益群体的权威，每个权威均为自治共和制原则所支配。"⑤遵循自治的原则，美国没有把教育的管理权限集中在中央，而是分散到了各州。也有研究者认为，正是获得胜利的民主摧毁了美国创建国立大学的梦想，"简言之，在这个'胜利的民主'的后面，是两个重要思想：一是反对中央集权，必须限制联邦政府的权力；二是认为科技和教育是自由独立的事业，不能由政府控制。这两个重要思想反映了早期自由主义的影响。"⑥ 无论是何原因，联邦宪法及其修正案中对联邦政府与高等教育基本关系的确定，为联邦政府直接插手高等教育设置了障碍。

---

① 和震：《美国大学自治制度的形成与发展》，北京师范大学出版社2008年版，第111页。
② 自治原则在《联邦党人文集》中不同地方进行了探讨，由文特森·奥斯特洛姆汇集。[美]文森特·奥斯特洛姆：《美国公共行政的思想危机》，毛寿龙译，三联书店上海分店1999年版，第93—95页。
③ [美]汉密尔顿、杰伊、麦迪逊：《联邦党人文集》，程逢如等译，商务印书馆1980年，第192页。
④ [美]文森特·奥斯特洛姆：《复合共和制的政治理论》，毛寿龙译，三联书店上海分店1999年版，第99页。
⑤ [美]文森特·奥斯特洛姆：《复合共和制的政治理论》，毛寿龙译，三联书店上海分店1999年版，第100页。
⑥ 吴必康：《权力与知识》，福建人民出版社1998年版，第267页。

（2）州政府与高校的关系

宪法规定了高等教育的责任在州，但公私立高校与州政府之间的关系不同，州政府管理高等教育的责任主要集中在公立高等教育。

对于私立高校来说，1819 年达特茅斯学院案明确了其与州政府的关系。该案的联邦最高法院判决书，首先认定达特茅斯学院的特许状是契约。"毋庸置疑，本案的种种条件构成了一个契约。向英王申请的特许状是为了建立一个宗教和人文的机构。申请书陈述了为此目的已有大量捐赠，一旦此法人创立，就将转给该机构。特许状获准后，捐赠财产如约转让。可见，完整合法契约所需一切要素皆存在于这一转让中。"① "因为美国的宪法已经确立这一限制，即州议会不能通过任何'损害契约义务'的法律。"② 联邦最高法院的法官认为，新罕布什尔州议会所颁布的修改达特茅斯学院特许状的那些法律，违反了宪法对契约进行保护的条款。"将一所根据创办人的意志形成的、置于有文化的私人控制下的文化机构改变为完全服从政府意志的一部机器。这……不符合捐赠者的意志并推翻了那个契约。"③ 因此，联邦最高法院判决，新罕布什尔州议会所颁布的修改达特茅斯学院特许状的那些法律是违宪的，该州法院的判决必须撤销。

同时，在该案的判决中，明确了私立高等学院和大学是私法人，其成立须经过州授权，但州一旦授权其成立之后，双方的关系就是一种基于双方同意的契约关系。而学院和大学法人特许状的修改，必须经过法人的同意，州政府不能单方面干涉法人的事务而不顾特许状所赋予的法人受保护的权力。但同时，联邦最高法院也认定州政府可以通过在特许状写入保留条款的方式来实现州政府的公共权威对法人的管理权力。斯托克法官指出：如果任何议会想通过立法来"剥夺由特许状赋予一个私法人的任何权力和特许权，或者限制特许状的合法运行，或将它们转让给其他人，而未经其同意……那么这种权力就必须被明确写在保留赠与之中。"④

---

① Richard Hofstadter &W. Smith, *American Higher Education*：*A Documentary History*. Chicago：The University of Chicago Press，1961，p. 213.

② Richard Hofstadter &W. Smith, *American Higher Education*：*A Documentary History*. p. 218.

③ Richard Hofstadter &W. Smith, *American Higher Education*：*A Documentary History*. Chicago：The University of Chicago Press，1961，p. 219.

④ J. Herbst, *From Crisis to Crisis*：*American College Government*，1636—1819. Cambridge：Harvard University Press，1982，p. 242.

1819 年达特茅斯学院案的判决明确了私立高校是私立学院而不是公共组织，私立高校成为独立于政府，受宪法契约条款保护的，拥有高度自治权的法人机构。州政府对其管理权力必须在特许状允许的范围之内。而学院董事会"即使得到州的特许状，他们依然可以自由地按照他们的意志来指导高校"。[1] 私立高校不受政府行政干预自此得到了法律保护。

对于公立高等教育，政府也不介入高校的具体事务，高校依然有管理自身事务的权力。以伊丽诺斯州为例，该州高等教育委员会是本州州立高校的行政管理部门，但它并不对学校的机构、编制等问题提出具体要求。该委员会的主要职责是研究制定州政府教育拨款的分配方案，以及处理其他涉及州内高等教育发展、政府和高校关系等问题，州政府对州立大学的影响主要是借助董事会和预算执行过程来实现。

（3）政府有限介入高等教育的影响

对政府介入高等教育管理权力的限制，给高校自主、多样化发展提供了空间。美国高等教育系统是以多样性著称的。伯顿·R. 克拉克称美国的高等教育系统是"私立和公立系统：多重部门"模式。全美国 3000 多所高校，公私立并存，公立和私立院校内部又存在不同的层次类型。伴随着高等教育系统规模的不断扩大，层次类型的不断增加，如何实现高等教育系统的协调和整合，实现资源的有效利用提上日程。政府管理高等教育权力的有限也使得高等教育系统的协调和整合不能依赖于政府的力量，需要寻找其他的途径来实现，发挥协调和整合作用的高等教育中介组织应运而生。

权力和责任是相伴而生的，美国政府不承担举办高等教育的全部责任，政府出于对国家和社会利益的考虑资助高等教育机构，但政府的资助是有条件的、选择性的。政府与高等教育机构之间是一种典型的"交换"关系，高等教育机构需要向政府表达自己的主张，证明自己的绩效，争取政府对自己的资助。而单个的高等教育机构力量是薄弱的，需要联合起来影响政府的决策。成立于 1887 年的美国第一个全国性非营利高等教育协会组织——美国农业大学和实验站协会（目前的"全国州立大学和赠地学院

---

① ［美］丹尼尔·布尔斯廷：《美国人：建国历程》，中国对外翻译出版公司译，生活·读书·新知三联书店 1993 年版，第 194 页。

协会" The National Association of State Universities and Land-Grant Colleges 的前身)，成立的主要动因：一是增加赠地学院之间的协调，特别是在农业研究方面的合作；二是向联邦政府游说，力陈发展农业和机械教育的重要性，寻求联邦政府的更多资助。

也就是说，政府在高等教育管理责任中的有限，为中介组织发挥某种管理功能留下了空间；政府在高等教育提供责任中的有限，也促使同一类型的高校间联合成立自己的组织，去争取更大的政府资助份额，高校有成立高等教育中介组织的需求。

2. 市场机制在高等教育中的充分运用

美国是一个市场经济发达的国家，市场机制在高等教育中的充分运用是美国高等教育的一个重要特征。伯顿·R. 克拉克认为，"在世界上几个主要的先进国家的高等教育系统中，美国的系统是最缺乏组织的，几乎完全是一种相互之间自由竞争的市场。"[①] 按照美国政治经济学家查尔斯·林德布鲁姆（Charles E. lindblom）对市场体系的分类，市场包括三类：劳动力市场，劳动力出卖劳动换取报酬；消费者市场，消费者用金钱换取所需商品或服务；商业机构或企业市场，商业企业之间进行大宗买卖的交易。[②] 伯顿·R. 克拉克用林德布鲁姆的市场三分体系来分析高等教育的市场体系：在消费者市场，学生和家长用学费购买高等教育服务；在劳动力市场，教师、学者和行政人员用知识和才能获得报酬；在院校市场，各高校之间彼此影响，社会声誉是主要的商品。[③] 美国高等教育的市场体系，是在市场经济和高等教育发展过程中逐渐形成的。伴随着美国经济的发展，社会对高等教育的需求增加，美国私人、教会办学的传统得到延续，而且政府也大量兴办公立高校，高校数量激增，学校之间争夺办学资源的竞争愈来愈激烈。但美国高等教育管理实行的是地方分权、政府办学和社会办学共存的制度，各州对高校设立的标准不一，即使是同一层次类型的高

---

① ［加］约翰·范德格拉夫与多萝西娅·弗思：《学术权力——七国高等教育管理体制比较》，王承绪等译，浙江教育出版社 1986，第 117 页。

② Charles E. Lindblom, *Politics and Markets: The World's Political Economic System.* New York: Basic Books, Inc, Publisher, 1977, p. 37.

③ ［美］伯顿·R. 克拉克：《高等教育系统——学术组织的跨国研究》，王承绪等译，杭州大学出版社 1994 年版，第 178—181 页。

校，其实际的办学条件和办学水平也有很大差异。市场竞争出现了无序、混乱的状况，使市场固有的信息不对称问题突出，高等教育消费者难以有效识别某些高校的真实质量。而且，如何在保持高等教育多样性和灵活性的同时，整合高等教育系统，使其成为一个上下衔接和左右贯通的整体，提高资源的利用效率，提上日程。同时，在南北战争之前，美国各个高校都自行招生，招生标准不一。当时美国中等教育各州的学制不同，课程庞杂，标准不一，水平参差不齐，这无疑大大增加了各个高校招收到合格生源的成本。另外，高校之间的竞争迫使各个高校要有效地向社会证明自己的办学实力，但因为美国缺乏全美公认的标准，各个高校为此要投入大量人力和物力进行广泛的宣传。高等教育市场信息的不对称和交易费用成本的高昂直接促成了评估认证、招生考试等高等教育中介组织的出现。

市场竞争也引起了高等教育中的短视行为，基础性学科、实用性较差的学科发展受到影响。由于美国在发展高等教育中政府责任的有限，而且政府的教育决策在兼顾长远的同时，更注重眼前凸显问题的解决。如何弥补市场的上述不足，以基金会为代表的民间资本的注入发挥了重要作用。

3. 高校的高度自治

美国的大学和学院从总体上被公认具有高度自治。[①]"对'学者的自由共和国'（Free Republic of Scholars）和对大学自治的向往是美国高等教育界久盛不衰的信念之一"。[②] 和震教授认为，法人制度是美国大学自治制度中最为基础的制度，并以这一制度为主要线索，分析了美国高校自治制度形成的原因。[③] 美国高校的自治起源于殖民地学院。殖民地学院的自治既是对英国大学自治传统的延续，又是与殖民地社会发展的自治和独立趋势相适应的。殖民地学院直接移植了英国大学的学术法人制度，但同时创立了外行董事会作为学院法人最高权威机构的管理模式。建国后，美国多权力中心的政治结构和教育分权体制为美国学院和大学自治制度的成长提供了最坚实的现实支撑；1819 年达特茅斯学院案确立了私立学院与大学自治

---

① ［美］德里克·博克：《美国高等教育》，乔佳义译，北京师范大学出版社 1991 年版，第 3 页。

② 和震：《美国大学自治制度的形成和发展》，北京师范大学出版社 2004 年版，第 16 页。

③ 和震：《美国大学自治制度的形成和发展》，北京师范大学出版社 2004 年版，第 16—58 页。

的法律地位，以自治为特点的私立学院和大学奠定了美国高等教育机构自治的基调。之后建立的公立学院和大学沿用了私立学院和大学已经存在的"法人—董事会的结构"，特别是 19 世纪中后期，这种结构完成了向州立学院和大学的扩展。尽管公立大学作为公法人，比私立大学更多地受到政府的约束，但总体上看，美国高校有比较大的自治权。对自治的珍视，使高校自治权力受到侵害时有自愿联合进行抵制的动力。

同时，自治是与自我发展、自我负责相伴的。在美国，无论是公立高校，还是私立高校，办学资源都要通过市场去自己争取，没有可以确保其生存和发展的可以依靠的对象。所以，生存的压力也是促使其联合起来进行权益自救的重要原因。同时，自治使得高校有权力决定自己的行动，使各高校的自愿联合成为可能。

（四）政府和公众的认可

第二次世界大战之后，美国高等教育领域中政府的力量不断加强，中介组织参与高等教育管理的权威得以存续，离不开政府及社会公众对其活动权威性的确认。

1. 以认证组织为例

美国的院校或专业获得认证过程复杂，从提出认证申请到获得认证，有的需要几年时间，而且认证并不是免费服务。是否申请认证是自愿的，那为什么绝大多数院校或专业还要投入相当的人力、物力去获得认证呢？

除了市场竞争所必需的自我规范之外，通过认证是高校或专业获得以下资格的前提条件：

一是院校成为法律意义上的高等教育机构。

《1998 年美国高等教育法修正案》总则对高等教育机构的法律规定是：高等教育机构必须通过全国认可的认证机构或组织的认证，或者未通过这样的认证但已获得教育部长认可的机构或组织颁发的准认证资格。[①] 这就意味着高等教育机构要成为法律意义上的高等教育机构，必须申请认证。

二是院校获得联邦及州资助的前提条件。

联邦政府把"是否通过认证"与"能否获得联邦资助"直接挂钩是迫

---

① 1998 Amendents to Higher Education Act of 1965. http：//www2. ed. gov/policy/highered/leg/hea98/index. html，2015 – 06 – 05.

使高校或专业不得不寻求认证的最重要的力量。从 1952 年《退伍军人再适应补助法》开始直到目前，获得联邦教育部认可的认证机构的认证是各高校有资格获得联邦学生资助、科研基金或其他项目资助的必要条件。每年大约 600 亿美元的联邦学生资助和其他联邦款项资金的流向要依靠认证组织，因为资金只分配给那些（通过教育部认可的）认证机构认证的院校。[①] 同时，一些州在颁发办学许可证时规定，获得认证组织认证的院校自动获得办学许可，而且各州每年几十亿美元高等教育资金的分配也往往以高等教育院校获得认证为前提条件。

三是毕业生获得职场从业资格的必要条件。

在某些特殊的行业，如，商业、医生、教师、律师等，就业者要获得从业许可，首要条件是必须毕业于经过认证的院校或专业。

四是院校获得良好社会声誉的条件。

良好社会声誉是高校竞争的无形资源。在美国乃至世界颇有知名度的《美国新闻和世界报道》所进行的大学排行，对美国大学社会声誉有极大影响，但院校进入排行榜的前提是必须得到区域性认证机构的认证。可见，能否获得认证关系到院校社会声誉的高低、办学经费的多少、生源的数量和质量、科研项目的获得、对优秀师资的招揽等关系到院校生存和发展的关键事项。所以，有研究者称美国认证制度是"自愿与强迫相济"。[②] 来自政府以及社会职业领域对认证组织认证结果的认可，无疑客观上促进了认证组织的发展。

2. 以美国大学教授协会为例

对美国教师聘用制度和院校管理都产生重大影响的美国大学教授协会（AAUP）来说，其所倡导的一系列学术自由原则和有关教师聘任的程序规定之所以在各高校中得到实施，也得益于法院在相关案例的判决中对其倡导的学术自由和教师聘任正当程序的采用。

尽管 1791 年美国的《权利法案》（*Bill of Right*）第一条宣布：国会不准制定有关下列事项的法律，即确立一种宗教或禁止信仰自由；限制言论

---

① Judith S. Eaton. *Accreditation and Recognition in the United States. http*：//www. chea. org/pdf/AccredRecogUS_ 2012. pdf. 2015 – 06 – 05.

② 熊耕：《美国高等教育认证制度的特点》，载《比较教育研究》2002 年第 9 期。

自由或出版自由；或限制人民和平集会的权利以及向政府请愿的权利。而且 20 世纪初，德国学术自由的思想传入了美国。但学术自由并不是宪法中明确规定的一项权利。所以，在很长时间内，对学术自由的侵犯并没有诉诸法律的判决，只能依赖团体或个人的良心。1915 年，AAUP 成立标志着美国学术自由的保障进入了"软法律"（soft law）时代，结束了此前几乎毫无保障的状况。而且，1930 年后，AAUP 还采取强硬的制裁手段，将侵犯学术自由的学校列入黑名单公布。此后，AAUP 颁布的一些声明也为很多机构签署认可。但 AAUP 的声明不具有法律强制力，其采取的制裁措施对一些院校并不能奏效。

20 世纪 50 年代，联邦法院开始介入大学教师学术自由和聘用的事件，在一系列判例中，主要以 AAUP 制定的一系列有关学术自由和终身聘任制的原则声明作为判定的依据，逐渐确立了学术自由受到法律保护的地位。如，1952 年阿德勒诉纽约市教育委员会案（*Adler v. Board of Education of the City of New York*）、1957 年斯威泽诉新罕布什尔州案（*Sweezy V. New Hampshire*）、1967 年凯西恩诉纽约州立大学案（*Keyishian v. Board of Regents of the University of the State of New York*），等等。①

AAUP 一直致力的另一重要工作领域——促进教师参与院校管理，自 20 世纪 80 年代以来在越来越多的高校，特别是私立高校成为现实，也得益于一项法律的推动。1980 年，联邦最高法院在国家劳工关系委员会诉叶史瓦大学案（*National Labor Relations Board V. Yeshiva University*）中认为，如果教师已经参加了具有某种管理功能的委员会，那么这些教师的利益将与大学的利益一致，将被排除在作为专业受雇人组成的集体谈判之外。② 也就是说，那些参加教授治校的教师将没有资格参加与校方的集体谈判。这样，一些高校为避免教师和院方进行集体谈判，纷纷吸收教师参与院校管理。

适宜的社会外部大环境和独特的高等教育系统为美国高等教育中介组织的产生、发展并有效承担某些管理职能创造了条件，公共权力部门和公众对中介组织管理活动权威的确认，为高等教育中介组织提供了助力。

---

① Matthew W. Finkin, *The case for Tenure*. Ithaca：Cornell University Press, 1996.
② 周志宏：《学术自由与大学法》，蔚理法律出版社 1989 年版，第 159 页。

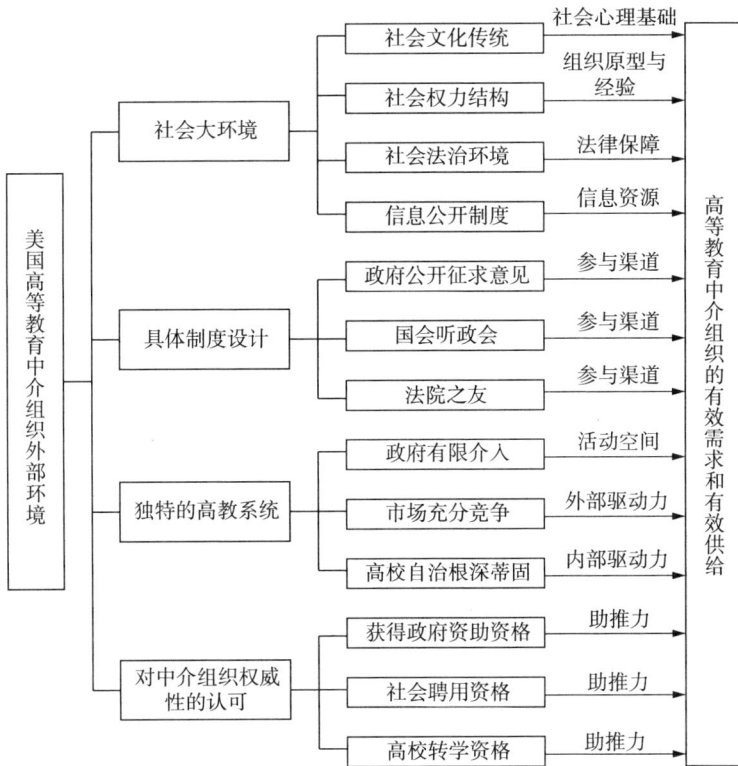

图6　美国高等教育中介组织外部环境因素作用示意图

二、美国高等教育中介组织自身因素

美国高等教育中介组织能够承担重要管理职能，得到了政府、高校和社会公众的认可，也依赖于中介组织自身因素保证了组织活动的有效性，逐渐树立了自己的声誉。

（一）组织成员的专业化与敬业精神

美国高等教育中介组织成员，特别是领导人员，有资深的专业背景，丰富的工作经验，很多都是各领域的杰出人物。

美国大学教授协会的首任会长就是著名的教育家杜威，哥伦比亚大学著名经济学家塞格里曼（Edwin R. A. Segliman）为分委员会主席，其他14名成员分别是美国政治学联合会（APSA）、美国社会学协会（ASS）和美国经济学联合会（AES）的会员；美国教育理事会20世纪前半期的主席是曾经在美国教育总署高等教育委员会任主任的塞缪尔·科本（Samuel Cap-en）和乔治·祖克（George F. Zook）。

再以认证组织为例，要成为各地区认证组织或专业认证组织的专家评估员，要经过严格的挑选，还要经过专门的评估培训。全美教育认证委员会（NCATE）的专家评估员（Members of the NCATE Board of Examiners）一共有 400 名左右，所有的评估员必须由全国性各学术团体提名，然后经过全美教育认证委员会的董事会逐个审查，投票选举产生，可连任。这些专家要经过至少一周的由评估机构组织的严格的评估培训；每隔几年，还要再度培训。① 美国认证组织成员都是申请认证院校外的从事高等教育工作的专家，这些专家具有精深的专业知识，熟悉教学和管理工作，有高度的责任感。这些专家参加评估工作都是不取报酬的，但是他们都把能够当选专家评估员作为一项极高的荣誉，对待评估工作都十分认真。

美国的基金会，特别是大型基金会能够在包括教育在内的诸多领域有所建树，与其领导人员才能、背景直接相关。传统的比较典型的基金会董事会成员和主要负责人具有以下特点：中年以上，家境富裕或至少有经济保障，社会地位处于中高收入阶层；社交圈中多为有钱有势有威望的人物；教育背景多为名牌大学或私立优秀大学，文科多于理科；职业依次为：律师、企业高级职员、银行家、高校校长、医生、牧师、教授、工程师。② 据 20 世纪 70 年代的一项统计，13 家美国最大基金会的董事会成员有一半以上出自哈佛、耶鲁和普林斯顿大学；相当多的成员是《财富》杂志每年列出的 500 家企业中的董事，或名牌大学的董事。③ 许多著名的教育家和名牌大学校长与基金会关系密切，他们不少人在任校长之前或之后在基金会中任要职，或受委托负责某项重要工作。哈佛、芝加哥、加州、纽约、康乃尔大学以及麻省理工学院的校长都在此列。

---

① 万毅平：《美国的高校认证与教育评估》，载《江苏大学学报》（高教研究版）2003 年第 4 期。

② 资中筠：《散财之道——美国现代公益基金会述评》，上海人民出版社 2003 年版，第 332 页。

③ Edward H. Berman, *The Ideology of Philanthropy*. Albany：State University of New York Press, 1983, pp. 32 - 33.

此外，基金会的负责人员不仅有良好的知识背景、丰富的专业经验、很高的社会地位，而且往往对基金会这一制度本身怀有信仰，以极大的热忱献身这一事业，把它作为实现自己理想的天地。如，老洛克菲勒的捐赠事业顾问盖茨（Frederick T. Gates），他是基金会的发起人，并在开创的头十年为董事会中最有影响的成员。他不但劝说了洛克菲勒成立基金会，而且由于自己对医学的信仰，奠定了基金会以医学为主的方向。他以对宗教同样的虔诚对待这项事业，据说他在离任前对董事会著名的临别赠言是：你们死后见到上帝时，他不会问你们那些鸡毛蒜皮的过错和善行，只会问你们一个问题：你们作为洛克菲勒基金会的董事做了什么?① 可见，基金会在他心目中的地位有多重要。

（二）组织工作目标立意高远

高等教育中介组织尽管各有自己关注的特定问题领域，有特定的会员阶层，主要围绕着某一方面开展工作，但其组织目标大多立意高远，并不局限于组织之私利，往往从整个高等教育事业发展，乃至整个国家与社会发展的高度阐明自己工作的意义。

美国大学教授协会的组织目标是增进学术自由和参与管理，为高等教育确立基本的职业价值观和规范，以确保高等教育更好地为公共利益服务。② 在其声明中多次阐明，保护教师的学术自由和终身聘任制的目的，不仅为了教师的利益和高等教育的利益，还为了整个社会的长远利益。1915 年原则声明从大学的组织性质出发，论述了学术自由的必要性，指出，大学是"知识实验室（intellectual experiment station），在那里各种新的理念会萌芽，纵使其果实对于社会整体而言仍属难以下咽的，仍可以被容许发育成熟，直到最后它能变成可以被这个国家及这个世界所接受的知识食粮的一部分。"③ 因此，"总的来说，这份宣言强调，如果大学限制其

---

① Raymond B. Fosdick，*The Story of the Rockefeller Foundation* 1913—1950. New York：Harper & Brothers Publishers，1952，p. 1.

② About AAUP. http：//www. aaup. org/about-aaup，2015 - 06 - 06.

③ "General Report of the Committee of Academic Freedom and Academic Tenure" AAUP Bulletin 17 (1915)：1，Robert M. O'Neil，Academic Freedom：Past，President，and Future. In Philip G. Altbach，Patricia J. Gumport，Robert O. Berdahl，*American Higher Education in the Twenty-first Century*. Baltimore：The Johns Hopkins University Press，1999，p. 90.

教授的学术自由，就宣布了它本身是一所所有权者专有的机构，（proprietary institution），当它在寻求一般大众之捐助时，也应该被如此的加以描述。而大众则应该被建议，这样的大学是没有资格得到一般性的支持与尊重的。"① 1940 年再次重申，学术自由是高等教育和国家利益之所在。"高校是为了社会的共同利益而存在，并非追求教师个人或学校本身的利益。为了社会的共同利益，就必须保障高校教师对其真理的自由探索和阐释。"②

美国各高等教育认证组织在确定其宗旨时，申明是"代表公众来监督高等教育的质量"，以"服务于社会的公共利益"（serving the common good）代替了原来的"服务于协会成员"（serving the membership）。如，中北部地区大学与中学协会（NACACS）负责高校认证的"高等教育委员会"（HLC）在宗旨中声明：以认证组织特有的整合力量、适应性、创造性、代表性去为公共利益服务，通过不断完善认证过程和扩大其服务对象来促进高等教育机构为地区、全国甚至全世界的高等教育服务消费者提供高质量的高等教育服务。③

（三）组织工作机制的独特与成熟

各种类型的高等教育中介组织在发展中，逐渐形成了自己的一套工作方式。

1. 注重立论的事实基础

调查研究，获得有关高等教育实践的第一手资料，把自己的建议、主张、结论建立在坚实的事实调查研究的基础之上，是高等教育中介组织工作的一个共同特点。

20 世纪 60 年代成立的卡内基高等教育委员会，在著名高等教育专家

---

① "General Report of the Committee of Academic Freedom and Academic Tenure" AAUP Bulletin 17（1915）：1，Robert M. O'Neil，Academic Freedom：Past，President，and Future. In Philip G. Altbach，Patricia J. Gumport，Robert O. Berdahl，*American Higher Education in the Twenty-first Century*. Baltimore：The Johns Hopkins University Press，1999，p. 90.

② 1940 Statement of Principles on Academic Freedom and Tenure with 1970 Interpretive Comments. http：//www. aaup. org/redbook-contents. 2015 – 06 – 06.

③ About the Commission ［EB/OL］. http：//www. ncahigher learningcommission. org，2007 – 02 – 21.

克拉克·科尔的领导下，在其存在的 6 年中进行了大量调查，出台了 21 份报告，这为该组织在国会听证会上的陈述提供了坚实的基础①。美国大学教授协会除了关注教师的学术自由权利之外，还关注教师的经济待遇，1937 年公布了第一份关于大学教师经济状况的报告《萧条、复苏与高等教育》（*Depression，Recovery and Higher Education*），呼吁大学董事会及其管理者关注大学教师的经济安全。到现在，每年进行关于美国大学教师收入状况的调查报告，对不同层次类型以及不同学科的大学教师的收入进行调查比较，并在此基础上提出改善大学教师经济待遇的建议。中北部地区大学与中学协会在 1934 年发布的关于认证标准改进的报告，是在经过了 3 年斥资 14 万美元调查基础上完成的。以美国教育理事会（ACE）为首的"六大"高等教育协会组织在为政府政策制定提供建议时，更是注重立论的可靠性。如，前文提到的 104 届国会期间，当联邦学生资助项目受到威胁，资助经费将受到削减时，ACE 等为首的"挽救学生资助联盟"不惜雇佣专业公关公司来进行民意调查，还运用网络调查在校学生的意见，"公众对目前联邦财政学生资助的支持率为 89%，仅次于对社会安全财政支持率 92%。"这为国会作证提供了有力的支撑。

2. 注重利益相关者的互动、合作

美国中介组织在工作中，注意倾听各方的声音，做到公正、公开。

美国大学教授协会在进行有关学术自由的调查时，总是要听取当事双方的意见，调解双方的分歧；在调查报告完成之后，要由当事校方与教师确认所述与事实相符之后才会公布。

认证组织对高校或者专业进行认证时，因为关系到一所院校或专业的重大利益，为保证评估结果的公正，除在人员组成上体现各方的参与和合作之外，在评估过程中，认证组织要与评估对象中的多个人员进行多次互动，以充分听取各方意见。高校要申请认证，需要经过以下环节：院校认证资格申请→院校自我评估→评估小组实地考察→认证决策→周期性复评。在申请认证资格阶段，认证组织在收到院校请求认证的申请后，要与院校的领导或代表进行会晤，就认证的要求与过程以及院校准备情况进行

① Constance Ewing Cook，*Lobbying for Higher Education：How Colleges and Universities Influence Federal Policy.* Nashville：Vanderbilt University Press，1998，p. 149.

沟通。之后，如院校决定申请认证，认证组织就安排人员与院校保持联系，交流情况；在实地考察阶段，认证组织在决定对院校进行实地考察后，被考察院校和认证组织要在报纸、网络等媒体上公布这一信息，邀请公众以书面形式进行第三方评论；在评估组进入院校之前，评估组组长要与院校领导就评估组人员构成与具体行程进行协商；在实地考察中，除查阅各种资料、参观教育教学实地场所外，还要对院校行政领导、教师、学生、管理人员等进行访谈；在考察即将结束时，考察小组要向院校领导通告考察情况和评估组的意见，听取院校方的看法。之后，考察小组的认证报告草案还要送交院校进行审阅，院校向评估小组进行意见反馈。在修订基础上，考察报告上交认证组织中负责认证决策的机构。在认证决策阶段，负责决策认证的人员要审阅院校自评报告、考察组报告、院校对考察报告的意见，还要与认证院校负责人、考察组组长会面，同时还要征求公众的意见，最后形成认证决策。认证组织正是以这种利益相关者之间长期、密切的互动来保持工作的有效。

3. 注重工作的持续改进

尽管美国高等教育中介组织随着时代的发展，工作范围、工作方式会有所调整，但一旦开始某项工作，就在该领域持续不断，几年甚至几十年，不断完善自己的工作。

（1）以美国大学教授协会有关学术自由与教师聘任制度的改进为例

美国大学教授协会（AAUP）所提出的学术自由以及教师终身聘任的主张，最终被高等教育界以及政府权力机构认可，在于其主张的不断完善。

上文提及 AAUP 的 1915 年声明一出，不但舆论界有所质疑，而且高等教育界也并不接受。美国学院院长建立的美国学院协会（Association of American Colleges，AAC），批评 AAUP 排斥作为大学主要成员的普通教师和校长的做法，而且认为 AAUP 关于大学教师言论自由的规定，仅仅考虑到大学教师的言论自由，而没有考虑到大学校长和董事会在维护学校安全和声誉方面的责任和自由。因此，AAC 认为，AAUP 不能代表大学最广泛的利益。此外，AAC 还认为，AAUP 既没有对教师的聘用做出明确的规定，也没有提出教师资格认证的具体标准和方法，所以，AAUP 关于学术自由和终身聘任制的原则和建议是不切实际的空想。据此，AAC 下设的学术自由委员会认为，他们比 AAUP 更能代表大学教师的利益。① 针对各方批评，1915 年，AAUP 在对科罗拉多大学教授指控校长违反学术自由的事件进行调查后，制定了另一份学术自由政策的声明，表明 AAUP 绝不是只代表大学教授的利益，而是整个高校利益的代表。其不仅保护大学教授的学术自由权利，同样保护大学行政当局和董事会免受不公正的指控。

由于 AAUP 卓有成效的工作，AAC 对 AAUP 的态度发生了根本变化。1922 年，AAC 下设的学术自由委员会对 AAUP 的工作给予高度评价，在它发表的有关学术自由和终身聘任制的声明中，认同了 AAUP1915 年声明的有关这一问题的原则。1925 年在美国教育联合会（American Association on Education，AAE）召开的大会总结 10 年来学术自由斗争所取得的经验，大会在修改 1922 年声明的基础上，制定了学术自由与终身聘任制的 1925 年声明，AAUP 和 AAC 共同签署了这个声明，从此打破了两个组织之间的隔阂。从那时起，AAC 就与 AAUP 密切合作，他们共同界定并寻求对学术自由基本原则宣言的更广泛的支持。在之后的 15 年中他们共同合作，终于在 1940 年使彼此合作达到了最高峰。

在 AAUP 和 AAC 的共同努力下，1940 年所公布的"对学术自由与终身聘任制原则之声明"（Statement of Principles on Academic Freedom and Tenure）几乎得到了每个学术性社团、校长组织、学者组织——这样的组织有 150 多个共同签署者——以及数以百计的大学行政单位和管理机关的书面支持。② 在 1940 年所发表的声明中，认为大学教授在下列三个核心方面拥有学术自由。这三个方面是：①研究与发表研究成果的自由；②在教室里讨论课程主题的自由和以公民身份发表演说或写作的自由；③免于大学之检查与惩罚的自由。不过，每种自由都有其限制：关于研究，这份声明特别提醒教授们，"从事有金钱报酬的研究之前应该取得大学当局的谅解"；在课堂中，大学教授则"应该小心翼翼地避免介绍与课程主题无关的争议性事物"；当教师以公民身份发言时，"应该要随时注意正确性，要有相当程度的自制，要尊重别人的意见，并且要极力说明他们并非以学校的立场

---

① John S. Brubacher&Willis Rudy, *Higher Education in Transition：A History of American Colleges and Universities* 1636 – 1976. New York：Harper &Row Publishers, 1976, p. 321.

② Academic Freedom, Tenure, and Due Process. http：//www. aaup. org/redbook-contents, 2015 – 06 – 10.

发表言论。"这项声明的其他部分界定了终身聘任制的要素，包括：对于聘任的时间与条件都要有明确的叙述、有限的试用期中新进人员享有学术自由，以及当要考量可能使教授因而被解聘的指控时，应该遵循严谨的程序。这项声明也提到，聘任与续聘可能会因为"财务危机"（financial exigency）而终止。1940 年原则声明逐步成为美国学院和大学处理学术自由事件的准则，美国法院甚至引用声明的原则，解释大学教师聘用中有关学术自由和终身聘任制等概念，把这些原则作为学术职业应该遵循的惯例，成为法院处理大学教师聘用诉讼的原则和依据。如，在 1940 年声明中特别提到：聘任与续聘可能会因为"财务危机"而终止。法院多次引用 AAUP 声明（1940 年）中关于解聘一位终身聘任教授的前提——财务危机。因为"在多数类似的议题里，很少有其他可信并被广为认可的条件作为依据。"①

之后，AAUP 在不同时期又发布了多次补充完善的声明。"这些原则在学术界已经被证明，纵使历经剧烈的变化，依然具有非常高的可维持性，得以继续通用。"②

从 AAUP 出版的《政策文件与报告》（*Policy Documents and Reports*）（也被称为红皮书 *Red Book*）中记录的报告来看，几乎年年增加新的内容或是对已经存在的内容进行修正。

（2）以认证组织对认证标准的完善为例

认证标准是认证组织对评估对象进行评估认定的基本依据，标准的科学性直接关系到评估的效果。认证组织的认证标准都经过了数次修改，以实现认证保障和提高高等教育质量的目的。

以中北部地区大学与学院协会（North Central Association of Colleges and Schools，NCACS）认证标准的演变为例，自 1912 年该协会公布第一个院校认证标准后的数年，该标准经过了历次修订。1912 年的标准存在的问题是：①标准过于量化，机械刻板。标准一共有 12 条，其中 9 条是量化的具

---

① Robert M. O'Neil, Academic Freedom: Past, President, and Future. In Philip G. Altbach, Patricia J. Gumport, Robert O. Berdahl, *American Higher Education in the Twenty-first Century*. Baltimore: The Johns Hopkins University Press, 1999, p. 93.

② Robert M. O'Neil, Academic Freedom: Past, President, and Future. in *American Higher Education in the Twenty-first Century*. p. 91.

体指标。②注重硬件，局限于表面要求。对反映办学质量的深层内容，如，学生学习效果、教学内容安排等重视不足。针对存在的问题，NCACS 投入巨款开展了一项历时 3 年的研究，并在 1934 年出台了改进认证工作的报告。同时，在吸收最新评价理论研究成果的基础上，20 世纪 40 年代，NCACS 的认证标准有了很大改进，减少了刻板量化的具体要求，注重认证的全面综合。但是在实际评估中仍然无法走出量化刻板的桎梏。第二次世界大战之后，NCACS 一直致力于评估指标的完善，逐渐克服刻板划一、量化机械的问题，突出表现在：注重院校的特色，强调院校工作与院校目标达成的契合度；开始引入院校自评，发挥评估对象的积极性。进入 20 世纪 80 年代之后，又对认证标准和程序进行了四次大的修改，评估指标注重院校自我目标的确定和达成度、学生的学习效果，有利于院校个性的保持和对影响教学实际效果的深层次内容的改进。

（四）监督机制的完善

不仅政府、高校具有自利性，高等教育中介组织也是由有经济理性的人组成的，不可避免地有自利倾向，为保障这些组织的非营利、公益性，美国建立了一套组织内部和外部相结合的监督机制，以保证组织的规范运作。

1. 法律的规范

美国对于包括中介组织在内的非营利组织，有一套完善的法律规范。主要涉及以下几个方面：一是组织中的机构与管理。法律法规对组织的最高权力机构的产生、人员的组成、任期、执行决策的程序都有明确的规定。二是对组织中个人利益的限制。非营利组织的一个基本特征就是"无利润分配"，也就是说，不向管理非营利组织的个人分配利润，而是将利润用于组织的发展。制定有关法律对个人利益限制的目的是为了确保非营利组织资产用于公共目的而非个人目的，并保证非营利组织的纳税优惠待遇和其他有利地位。三是对公众的责任。非营利组织对公众的责任主要有两种：一是忠实义务，指管理不属于自己的财产或金钱时，不为个人利益服务的责任；二是管理组织时的公开性和透明性，通过定期报告和披露制度，让公众充分了解非营利组织的活动。四是商业活动。除了非营利活动之外，非营利组织还经常从事一些"商业"活动以增加收入。美国联邦税法对非营利组织的特定业务活动有着严格限制，对与组织宗旨相关的或不相关的业务活动作了明确规定。与组织宗旨相关的业务是为了实现组织目标而开展的业务活动，这类活动所获得的利润是不用缴税的。不相关的商业活动是指与组织宗旨无关的、以营利为目的的活动，这类活动必须少于年活动或收入总量的一半，而且是需要缴税的。五是募集基金和使用。因为非营利组织经常向公众募集基金，所以往往存在欺诈和滥用，为了减少这种情况，法律会对募捐活动和非营利组织从事的其他相关活动加以限制。

2. 国家权力部门的监督

国家权力部门（国会、政府行政部门以及法院）依法就高等教育中介组织进行监督。

（1）国会的调查与立法

国会议员对其关注的问题进行调查，提出议案。在国会听证会上，议案涉及议题的当事各方与国会议员就议案进行辩论。在此基础上，国会决定是否进行某方面的立法或对已有法律的修订。

以基金会为例，在基金会的发展历史上，国会对它的调查不断。在调查中，有些议员关心的是基金会有无"不合理的积累财富"；而某些议员对基金会所持的社会改良主义倾向、扶植弱势群体的工作计划以及对社会问题研究的自由主义观点心存疑忌。这些调查，有些导致了与基金会有关的法律规范的变革。1913年国会成立了全美工业关系委员会，调查各大企业的工潮情况，这一调查也涉及这些大企业的基金会。该委员会的主席指责这些基金会坐拥巨资、权限不明确、享受免税、不受公众监督、屈从捐赠者的意志等，并认为它们妨碍小型的私人慈善活动；1916年以参议员沃尔什（Frank P. Walsh）为首的联邦政府"工业关系调查小组"对洛克菲勒基金会进行调查和质询，主题是基金会与洛克菲勒财团的利益分界线在哪里，也就是基金会是否是为财团服务的一种掩护。此事成为头条新闻，引起全社会的关注。调查的结果是对基金会的质疑不成立，不过也促使基金会更加谨慎从事，工作模式上更加强调通过资助有关机构和学校来开展活动，避免基金会直接运作项目。1913年国会成立的全美工业关系委员会对大基金会的调查和1916年沃尔什调查（*Walsh Investigation*），直接导致了第一部针对基金会的法律，即《1917年税法》的出台，确定基金会受财政部国内税务局的监督，并且规定总统不得谋求私人资金来支持其某项政策或政策思想。同时，也强化了基金会的独立性：一方面独立于政府，确定其私人性质；另一方面独立于其初始捐赠者或家族，日益脱离其意志的影响。1961 年得克萨斯州的众议员帕特曼（Wright Patman）主持的一项调查从 1961 年开始，陆续揭发了一些基金会违反财政规则、操纵股市、以迂回的手法逃税等不正当行为，1969 年众议院筹款委员会与税务局一起就基金会和慈善机构举行特别听证会，帕特曼作为第一证人，指正基金会的不正当行为。"帕特曼调查"（Patman Investigation）导致了《1969 年税制改革法》对基金会的活动进行了规限，包括：基金会每年投资所得要交一定比例的税，这是美国有史以来第一次要求基金会交税；严禁基金会内部转移资金；基金会每年必须至少捐掉一定比例的当年收入；一般不得持有任何一家公司 20% 以上的有投票权的股票，不得从事危及本金安全的投机；要求每年提交更加详细的报告；严禁资助选举登记、政治宣传以及足以影响立法和政策的游说活动；捐赠给其他非营利机构的款项必须符合公益事业标准，接受单位必须在一年内将此款用于原定目的；对个人的捐赠必须符合严格的经过批准的标准，等等。如有违反，将课以重税，最高达 100%。[①]

再以认证机构为例，自从 1952 年国会通过《退伍军人再适应补助法》开始，国会的调查和不断地修订《高等教育法》中有关认证的条款是国会监督高等教育认证组织活动的重要手段。如，1952 年《退伍军人再适应补助法》和 1965 年《高等教育法》规定联邦教育总署要公布一个国家认可的认证组织或协会的名单，但并没有对认可标准作规定；为了解决学生资助经费中严重的欺诈和滥用问题，1992 年《高等教育法》修正案中首次把联邦教育部对认证的认可标准写入法律，并授权各州设立中学后评审机构（State Postsecondary Review Entities，SPREs），以加强联邦政府对院校申请联邦资助资格的审查，尽管在美国高等教育认证委员会（Council for Higher Education Accreditation，CHEA）为首的高等教育界的反对下，SPREs 一直没有建立，1995 年国会停止对其授权和拨款，在 1998 年的《高等教育法》

---

① 资中筠：《散财之道——美国现代公益基金会述评》，上海人民出版社 2003 年版，第66 页。

修订中取消了建立 SPREs 的决定，但是这也向高等教育认证组织发出了一个信号："好好做，努力保障质量并防范欺诈，否则我们将另起炉灶。"①

2002 年至今，虽然《高等教育法》和《联邦管理条例》有关认证的条款还没有出现变化，但不断有国会议员提出议案，要求加强对认证机构的问责。如，2002 年 107 届国会众议院众议员托马斯·佩特瑞（Thomas E. Petri）提交了 5501 号议案（HR5501），即《高等教育认证机构责任议案》（*Higher Education Accrediting Agency Responsibility Act*），该议案的核心内容为：不再要求院校必须通过认证才能参与联邦资助项目；2003 年 108 届国会众议院除了提交 838 号议案（HR 838）继续要求结束院校认证地位与联邦学生资助资格的联系外，在本届国会上，众议院 4283 号议案（HR4283），即对《高等教育法》进行修正的议案从学生学习结果、远程教育、信息公开和学分转换等几个方面要加强对认证机构的问责。

（2）政府行政部门的监督

与中介组织有关的联邦政府行政部门依据有关法律，就高等教育中介组织活动进行监管。

以基金会为例，对基金会工作的监督，在联邦、州和市三级都有，但以联邦政府为主，因为只有在联邦政府一级有权决定减免税收。实际上税收制度是政府在法律上对基金会进行调控的主要手段，甚或是唯一有效的手段。政府的监控由财政部国内税务局（Internal Revenue Service，IRS）根据国家颁布的有关法律来实施。凡申请免税的基金会都按照一定的程序向税务局提交报告，审查合格即可发放许可证；税务局也经常对已经免税的基金会进行审计，要求基金会提交报告并对捐赠情况进行调查，并向国会递交其所了解的情况，对有关立法提出意见，对违规者实行处罚，直至收回许可证。② 除联邦政府外，州与市政府也有各种约束私人基金会的规定。州政府的执行者是州检察长，监督的重点视情况而定，有的是保证捐赠人的意愿得到执行，有的是审查募资人的资格和行为的正当性，还有的要求有关基金会报告其财务运作情况。

---

① Robert Clidden. *Accreditation at a Crossroads.* http：//www. chea. org/Research/crossroads. asp，2015 – 06 – 06.

② 取消免税资格的处罚太严厉，所以很少执行。从 1996 年起，通过了一些"中间"处分，包括一定比例的罚款。

政府对高等教育中介组织进行监督的最突出的例证，是联邦教育部对高等教育认证组织的"认可"（recongzation）。

从 1952 年启动了联邦教育部的认可程序之后，联邦教育部主要通过对认可标准的调整来对高等教育认证组织进行调控。1952 年至 1968 年，联邦教育总署（the U. S. Office of Education，教育部的前身）一直照搬各高校自发组织的高等教育认证组织的协调机构——全国认证委员会（the National Commission on Accrediting，NCA）对认证组织进行认可的标准。但到 1968 年，教育总署公布了自己的一套认可标准和认可程序，并建立了负责认可的机构和顾问委员会。随着教育消费者保护运动的兴起，教育总署于 1974 年修改了 1968 年的认可标准，增加了对教育消费者权益保护的要求。1992 年以来，为了解决学生资助经费方面严重的欺诈和滥用问题，提高联邦教育部对院校参与联邦学生资助项目的资格审查要求，认可标准不仅要认证组织继续关注其一贯关注的学术内容，如，课程、教职员、学生服务和学生成就等，还要考虑院校的贷款拖欠率和财务审核结果等行政和财务内容。

一般情况下，认证组织，尤其是那些曾经得到联邦教育部认可的认证组织很容易继续得到认可。但是，也并不尽然。如，1992 年，联邦教育部部长拉马斯·亚历山大（Lamas Alexander）推迟了对中部各州学校与学院协会（Middle States Association of Colleges and Schools，MSA）的认可。因为该协会威胁要撤销柏鲁克学院（Baruch College）和威斯敏斯特神学院（Westminster Seminary）的认证地位，前者教职员当中少数民族比例仅为 18%，后者董事会成员全是男性，MSA 认为它们违背了多样性的标准，拉马斯·亚历山大认为限定"多样性"并不是认证组织的本职工作，因此，他推迟了对该协会的认可。[①]

3. 公众的监督

各高等教育中介组织是公益组织，其工作内容是否与其所宣称的宗旨一致，是与之有利益关系的公众关心的问题。所以，美国有关制度规定，

---

① Hearing before the Committee on Health, Education, Labor and Pensions (2004). *Higher Education Accreditation：How Can the System Better Ensure Quality and Accountability?* p. 23. https：// www. help. senate. gov/hearings，2015 – 06 – 08.

高等教育中介组织应该提高其工作的透明度，接受公众的监督。

（1）公众监督的前提是信息的公开

在美国专门设有基金会中心（Foundation Center），其任务是收集和提供有关基金会的信息资料；基金会理事会每年都出版权威性的年鉴《基金会指南》（*Foundation Directory*），向公众介绍基金会的情况。

目前，公众可以通过网络在各大高等教育中介组织的网站上获得关于其工作领域的详细资料。各种信息的公开，为公众的监督提供了前提。

（2）公众监督的方式

以认证组织为例，美国认证组织的成员构成不仅是高校教师，还包括院校代表，也包括职业实践者和公众代表。公众通过直接参与认证组织的活动来监督高等教育认证过程。

此外，各种非政府的组织代表公众进行监督，他们对中介组织进行调查，写出报告，影响舆论，甚至反映到国会，影响立法。如，2002 年，美国大学董事与校友理事会（American Council of Trustees and Alumni, ACTA）公布了一份研究报告《学院认证能够实现其承诺吗?》（*Can College Accreditation Live Up to its Promise?*）。该报告认为：认证只是关注院校的输入和过程，而没有关注产出和结果，尽管几乎所有的院校通过了认证，但高等教育质量却有所下滑；认证带来了大量的货币成本和机会成本，因为院校不仅要交纳会员费和认证考察费等，还要依据认证机构的建议重新分配其有限的资源，而这些建议不一定与院校自身的设想相一致。因此，该报告建议通过引进竞争机制对认证制度进行重大改革，尤其是要结束联邦政府对认证机构的依赖，即切断院校参与联邦学生资助项目资格与认证的关联。2002 年 10 月，众议院举行了名为"保障中学后教育的质量和问责：评估认证的作用"（Assuring Quality and Accountability in Postsecondary Education: Assessing the Role of Accreditation）的听证会，探讨高等教育法修订中的有关认证的条款。

4. 中介组织的自律

为了协调和规范中介组织的行为，有着相同职能的中介组织往往联合组建行业自律组织。

基金会的行业自律：20 世纪后半期，美国基金会成立了自己的行业组织，收集资料、组织各基金会进行交流、合作，研讨和应对各基金会面临的普遍性问题，促进基金会运作的规范化。其中影响比较大的有基金会理事会（Council on Foundations）、印第安纳大学公益事业中心（Center on Philanthropy at Indiana University）等。成立于1964年，总部设在华盛顿的基金会理事会是美国会员最多的基金会行业公会。该组织成立之后除代表基金会向国会作证，争取国会对基金会的支持外，也负责向各个基金会解释新税法，并会同另两个全国性组织——基金会中心和全国公益事业理事会共同拟定了基金会自律的计划。同时，它也就基金会内存在的普遍性问题进行研究，组织会议，敦促基金会改进工作。

认证组织的行业自律：1949年，为了规范认证行为，成立了"全国认证委员会"（the National Commission on Accredition，NCA），对全国的专业认证组织进行认可和协调；同年，"全国区域性认证机构委员会"（the National Committee of Regional Accrediting Agency，NCRAA）成立，对各区域性认证组织进行规范。1964年，NCRAA改组为"高等教育区域认证委员会联合会"（the Federation of Regional Accrediting Commissions of Higher Education，FRACHE），并在华盛顿设立了一个全国性的总部，以加强对全国区域性认证组织的协调；1975年，NCA与FRACHE合并为"中学后教育认证委员会"（the Council on Postsecondary Accreditation，COPA），对全国认证组织（区域性、专业性）进行规范和协调；在1993年，COPA解散后，产生了过渡性组织，到1996年，新的全国高等教育认证规范和协调组织——高等教育认证委员会（the Council for Higher Education Accreditation，CHEA）成立，负责对认证组织（区域性、全国性以及专业性认证组织）进行认可，规范和提高认证组织的认证活动。

（五）组织间力量的整合

美国高等教育中介组织众多，要扩大中介组织在高等教育的影响，维护高等教育的自治，争取合理的权益，分散的各中介组织需要统一行动，形成合力。上文提到的各高等教育行业自律组织都肩负着协调、统一本领域中介组织行为的职责。同时，在涉及共同利益，面对同样的问题时，不同类型的中介组织也逐渐注意到"联合、统一声音"的重要性，越来越多地在活动中结成同盟，取得了"1＋1＞2"的效果。如，美国教育理事会，由不同的协会组织和高等教育机构组成，统一声音来影响政府的决策；由不同组织共同组成的"挽救学生资助联盟"，增强了在学生资助政策中高等教育中介组织的力量。

（六）对中介组织的研究和人员培训

中介组织工作方式的改进，除了各高等教育中介组织自身、其所属的行业公会就本组织的特定领域进行研究之外，美国有专门的学术人员和机构对包括中介组织在内的非营利组织进行研究。最早，由洛克菲勒、福特和卡内基基金会资助耶鲁大学的一位法学教授，建立一项非营利部类研究项目。随后，约翰·霍普金斯大学建立非营利组织中心（Center of Non-profit Organization），讲授硕士课程。从此，对公益事业的研究逐渐成为一门学科。20 世纪 80 年代以后，一系列资料性和研究性的书籍、刊物如雨后春笋般出现，若干大学成立了公益事业或非营利组织研究中心。影响比较大的是在 1990 年，美国约翰·霍普金斯大学政策研究所莱斯特·M. 萨拉蒙（Lester M. Salamon）教授主持了一项在全球范围内对非营利组织进行国际比较研究的项目（The Johns Hopkins Comparative Nonprofit Sector Project，CNSP），由参与的国家划定自己国家非营利领域的界限，比较各国的异同，以便确定美国非营利组织及其运作方式是否有普适性。到 2003 年，全美已有 80 家学术研究中心，其中比较重要的有纽约市立大学和印第安纳大学的公益事业中心。

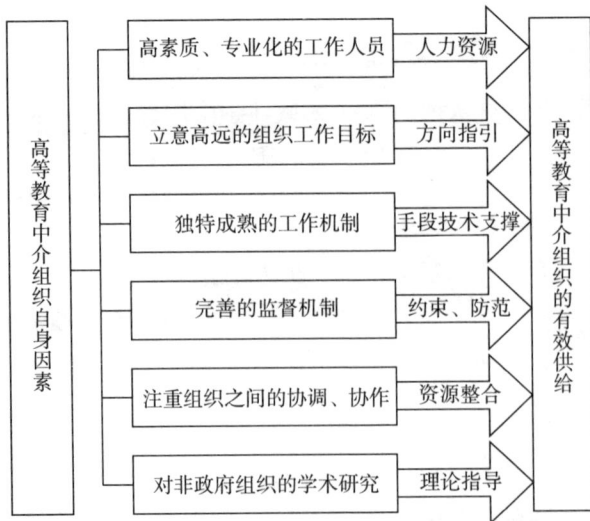

图 7　美国高等教育中介组织自身因素作用示意图

印第安纳大学公益事业中心（Center on Philanthropy at Indiana University）除进行公益事业的研究外，还开展有关的教学和服务。教学的课程包括两部分：一是提供学术研究性的硕士学位课程；二是培训有关公益事业的专业人员，颁发专业证书。为公共服务的机构有一所"募款学校"，是美国唯一以大学为基地的对募款进行教学的学校；还有"捐赠研究所""志愿工作者骨干培训"项目等。该中心出版两份刊物：《募款新指南》和《公益事业研究索引》，为公益募款和公益事业研究提供指南。

小　结

在 20 世纪 50 年代，哈佛大学社会学者 D. 瑞斯曼指出形成事物的某种特征有事物外部即"外在指引"（other-directed）和事物内部即"内在指引"（inner-directed）两方面原因。美国中介组织之所以能有效介入高等教育管理，既因为有适宜组织存在和发展的外部环境，也因为高等教育中介组织在实践之中不断摸索，完善自身工作机制，以卓有成效的工作实绩赢得了政府、公众以及高等教育界的认同，树立了权威。

首先，在美国社会发展中，逐渐形成了公民自治的民情。这种民众遇到问题，习惯于自己组织起来解决而不是求助于政府的习惯，缘自殖民地时期。从 15 世纪末发现新大陆之后，欧洲的殖民者先后登上这片土地，这些殖民者多是清教徒，这些清教徒为逃避宗教迫害为追求自由而来，他们崇尚自由、民主和共和，并把自由作为第一价值（first value）。随着基督教教义的传播，自由、民主的观念逐渐深入人心，成为美国社会文化的一个重要特征。而且，这些早期移民来到北美这片荒无人烟的新大陆，他们不得不孤零零地面对上帝和自然。一方面，他们不得不依靠自己，努力工作；另一方面，当面对强大的外来威胁时，他们也需要与他人合作。很自然，他们采取的措施就是结社，依靠团体的力量来抵御外来威胁。《五月花号公约》的签署，奠定了依靠契约联结而成的团体来求取生存的形式。之后，在美国这样一个多样移民的社会中，结社成为美国社会民众解决群体问题，维护自身利益的一种方式。正如托克维尔描述的：美国人不论年龄多大，不论处于什么地位，不论志趣是什么，无不时时刻刻在组织社团。在美国不仅有人人都可以组织的工商团体，而且还有其他成千上万的团体。① 此外，美国人的财富观念和对教育的重视，也使教育得到了社会力量的关注和扶持。社会团体以各种方式对教育施加影响，也借此实现自己的社会理想。

其次，美国形成了国家—经济—公民社会三元分立的社会权力结构。三种领域各有其运行方式，国家（政府组织体系）在法律约束下采用了官僚制的运行模式，管理国家层面的事务；经济领域按照自由竞争的原则开展经济活动；公民社会，通过公共舆论和社团方式管理团体事务。公民社会中大量自愿结社组织的活动，为高等教育自我管理提供了组织原型和可以借鉴的经验。

最后，美国比较完善的保护公民个人和社会组织权益的法律，使公民和社会组织权益遭到侵犯时，会获得法律的保护，这使得中介组织可以依靠法律来保障自身权益，即使侵害方是国家权力部门也不例外。此外，美国发达的信息传播技术，使美国社会建立了畅通的信息流通网络，使公民可以便捷地获取到相关事务的信息，为参与决策，维护权利提供了前提。

相对于外部适宜的生态环境，独特的高等教育系统提出了对中介组织参与管理的需求，也为中介组织参与管理活动留下了空间。这表现为美国政府对高等教育管理权限受到法律的明确限定，使国家强制权力不能操纵高等教育活动，只能在有限的范围内，在法律允许的权限下干预高等教育。在政府有限介入的体制下，高校才有可能成为相对独立的办学实体。随着社会和高等教育的发展，美国高等教育形成了一个具有相当规模的市场，各种层次的高校通过竞争获取生存和发展所需的各种资源。在市场竞争中，市场竞争的无序和混乱问题逐渐突出，规范院校竞争行为成为必然，美国高等教育缺乏政府权力的统一管理，以及美国社会崇尚结社的传统，促成了各种自我管理的高等教育中介组织出现，以规范高等教育竞争行为。同时，市场竞争的激烈，也产生了通过团体力量争取集体利益的需求。加之，美国高校从殖民地时期开始，就形成了院校自治的传统。在高等教育发展中，面对国家力量和市场力量对高等教育自治的侵蚀，通过结社来捍卫高等教育自治成为高等教育中介组织不断完善自我工作机制的内

---

① ［法］托克维尔：《论美国的民主》（下卷），董果良译，商务印书馆1988年版，第635页。

在动力。

美国高等教育系统维持运转的需要，促成了各种类型高等教育中介组织的产生。美国一些具体的制度设计，如，国会听证会、法院之友等，为中介组织介入高等教育管理提供了正式渠道。同时，政府和公众对高等教育中介组织管理成效的认可，对高等教育中介组织的发展起到了助推作用。

外部适宜的环境和高等教育发展过程中的需求，为高等教育中介组织创立和参与高等教育管理提供了可能。而中介组织自身的一些特点，确保了其参与高等教育管理的能力。一是工作人员资深的专业背景、丰富的工作经验和高度敬业的精神，为组织提供了高素质的人力资源；二是尽管各种类型的中介组织有自己特定的活动领域，代表特定会员阶层的利益，但组织工作目标并不囿于小团体利益，而是从整个高等教育，乃至整个国家和社会发展着眼，这种目标追求可以引导组织避免短期行为，为组织长远发展奠定基础；三是中介组织在长期实践中，逐渐摸索出一套成熟而独特的工作机制。这包括：注重调查研究，深入高等教育实践，获得翔实的一线资料；注意各利益相关者的互动、合作，听取多方意见，做到公正、公开；在工作中适应新的要求，及时做出调整，不断改进自己的工作方式、方法。成熟和独特的工作机制使中介组织在参与高等教育治理中形成了自身的优势，如了解高等教育的实际状况，可以提供较为真实和全面的信息；获得最广泛的支持，扩大组织的代表性，发动一切力量支持高等教育工作等。四是有完善的监督机制，保证组织不以营利为目的。中介组织也是由具有自利倾向的经济理性人组成的，为避免中介组织的自利行为，美国建立一套他律和自律结合的监督机制，包括完善的法律规范、国家权力部门（国会、政府行政部门以及法院）依法监管以及公众的监督。五是注重组织之间力量的整合。美国中介组织数量和类型多，高等教育资源相对稀缺性使中介组织之间难免存在冲突和矛盾，为了统一立场，维护整体利益，也是为了提高组织工作的效益，减少工作成本，美国高等教育中介组织注意到了组织之间的协调，建立专门机构，广结同盟，形成合力，壮大组织的力量。六是开展对中介组织工作的研究和人员培训。对中介组织进行学术研究，为中介组织工作的改进提供理论指导；对人员的培训，可以不断提高中介组织工作人员的专业化水平。中介组织凭借自身的工作，确立了参与高等教育管理的权威，乃至当联邦政府试图渗透自己的力量时，也需要借助中介组织的力量。

正如英国社会学家安东尼·吉登斯的结构二重性理论所指出的那样：社会结构是由人类的行动建构起来的，同时又是人类行动得以建构的条件和中介。美国高等教育中介组织对高等教育管理的有效介入，依赖于美国存在有利于它们成长的环境，也源于这些组织自身的特点。同时，中介组织的有效介入，使美国高等教育领域形成了政府、市场和院校力量共存合作的高等教育治理模式。

第五章　扶植我国中介组织参与高教管理的思考

　　我国从 20 世纪 90 年代以来，在国家教育改革的重要文件中，一直把建立教育中介组织作为促进政府职能转变，实现教育管理体制创新的一个举措，并明确指出需要建立教育中介组织的领域，包括教育决策咨询、高校设置和学位评议与咨询、教育评估、考试服务、资格证书认定、人才需求和毕业生就业指导等。与之相应，高等教育中介组织有关问题的研究也逐渐进入一些学者的视野，尤其是近几年来，研究有增多的趋势。

　　相对于国家政策的要求和研究者的学术研究，反观我国高等教育实践领域，高等教育中介组织的建设明显滞后。虽然我国从 20 世纪 80 年代就出现了类似于美国高等教育协会的高等教育学会组织；90 年代后，建立中介组织获得了国家政策的支持，国家政策明确指出要建立中介组织的高等教育领域，如，评估、决策咨询、信息服务等，由政府发起成立了一些专门职能机构，某种程度上发挥了中介性功能。但不同于美国的高等教育协会，我国的高等教育学会组织职能单一，不承担高等教育管理职能，至今还处于高等教育管理权力格局的边缘；国家政策指定领域出现的专业性职能机构，也不同于美国承担此类职能的中介组织，我国的这些机构从机构设置到运行模式，还不完全具备中介组织的特性，行政化色彩明显。特别是高等教育评估领域，反而经历了评估机构从 20 世纪 90 年代中期的民间化、独立化向官办、行政性逆向发展的过程。我国上述组织的特性反映了我国历史和现实的特殊性。

　　在我国高等教育领域，传统体制下政府权能配置的弊端依然存在，市场力量介入后也显现出诸多问题。要解决我国高等教育中存在的问题，必须走出政府—市场二元力量的循环，寻找新的出路。美国等国家已有的经验表明，建立高等教育中介组织是解决上述问题的一种路径。

历史和现实决定了我国高等教育中介组织介入高等教育管理，是一个渐进的过程。既需要有适合高等教育中介组织发展的外部环境，也需要高等教育中介组织加强自身参与能力，以加速这一进程。

一、我国高等教育中介组织现状

对于我国高等教育领域中，哪些组织可以归入高等教育中介组织的范畴，研究者的具体分类有差异，但所囊括的机构大致相同。有研究者认为，在我国可以归入高等教育中介组织范畴的组织有四类：一类为部分教育部直属事业单位和教育部及各地方教育委员会①有关高等教育的咨询机构，如，国家教育发展研究中心、高校社会科学发展研究中心、教育管理信息中心、全国高校学生信息咨询与就业指导中心、国家教委直属高校工作咨询委员会等；一类为挂靠在教育部涉及高教活动并已注册的社会团体，包括各类高等教育学会、大学基金会和校友会等；一类为各高校联合组织的类行业性组织，如，中国研究生院院长联席会；一类为获得工商部门认可的咨询服务性社会中介机构，包括出国留学中介机构、评估中介机构和后勤中介机构。② 也有研究者认为，在计划经济体制下，就存在政府与大学之间的中介性组织，主要为一些学会、协会等，随着我国市场经济体制的逐步建立，政治体制改革的不断深化，政府职能的转变，以及相应法律政策的出台，大学与政府之间一些更具实质意义的中介性组织发展起来，如，评估中介组织，认为，当前可以归入政府与大学之间的中介性组织主要包括7类：协会类、就业类、评估类、校长会议类、董事会、基金会、校友会。③ 也有研究者认为我国教育中介组织一是教育社团。其中，教育部主管的社团分为协会、研究会组织、大学基金会、大学校友会等。除教育社团外，教育中介组织在中央一级，还包括教育部建立的一些半官方性质的顾问小组或者专家小组，开展政策研究、分析、咨询等，如"211"工程综合实力评估组等。另外，还包括一些教育部直属事业单位，

①　现应该为"教育厅""教育局"。
②　闵维方：《高等教育运行机制研究》，人民教育出版社2002年版，第83—84页。
③　王建华：《我国大学与政府间中介组织的现状、原因与对策》，载《青岛大学学报》（社会科学版）2002年第3期。

如，教育部教育发展研究中心、高等学校社会科学发展研究中心、教育部教育管理信息中心、国家留学基金管理委员会、全国高校学生信息咨询和就业指导中心、中央教育科学研究所等。在地方，出现一些民间性教育中介机构，如，上海教育基金会、宝钢教育基金理事会、霍英东教育基金会等较大规模的基金会。①

从研究者对我国高等教育中介组织的分类来看，似乎国外高等教育中介组织的类型在我国几乎都已经存在。但是当具体考察上述列举的我国高等教育中介组织时，会发现：我国高等教育中介组织从组织设置、活动方式以及发挥的功能等方面，都与国外中介组织存在明显差异；在某些重要的高等教育领域，研究者列举出的高等教育中介组织，行政化特点明显，还不完全具备中介组织的基本特征，可以看做是一种从政府机构向高等教育中介组织过渡的组织形式。

（一）社团类高等教育中介组织

我国高等教育领域中的社会组织，主要是高等教育社会团体（简称社团）。2011 年 4 月，教育部作为业务主管单位的全国性社会组织有 165 个，占全国性社会组织总数的 8.1%，是管理全国性社会组织最多的国家机关之一。② 从数量上说，高等教育社团是高等教育社会组织的主体。按照 1998 年国务院颁布的《社会团体登记管理条例》中对"社团"的定义，"社团"是指中国公民自愿组成，为实现会员共同意愿，按照其章程开展活动的非营利性社会组织。社团按其活动范围，可分为全国性社团、跨行政区域性社团和地方性社团。

按照目前我国实行的"登记管理机关"和"业务主管部门"双重负责的社团管理体制，全国性教育社团，其登记管理机关是民政部，业务主管部门是教育部。2001 年颁布的《教育部主管的社会团体管理暂行办法》明确规定，教育部主管的社会团体是指依法成立、不以营利为目的的全国性教育类和挂靠在高校社会科学类的学会、研究会、协会、基金会以及校友会等民间组织。按照《教育部主管的社会团体管理暂行办法》的规定，成

---

① 于海峰、曹海军、孙艳：《中国语境下非政府性教育中介组织研究》，载《清华大学教育研究》2011 年第 4 期。

② 杜玉波：《序言》，载教育部：《全国性教育类社会团体办事指南》，2011 年 3 月 1 日。

立社团必须有与社团活动主要涉及的学科或专业相关的高校或研究机构等单位作为挂靠单位。目前，教育部主管的社团挂靠在包括中央部委有关部门、全国性行业协会、大型企业公司以及高校和研究机构等单位。

截止到2015年，在教育部主管的158家社团中，有145家社团的活动内容涉及高等教育。其中，专门的高等教育社团（即基本上专门为高等教育活动主体服务的社团）47个。相对来说，历史长、分支机构多、影响大的是中国高等教育学会。相对于学会而言，教育类基金会发展较晚，对高校的影响不大。截止到2015年，全国有教育类基金会22个，其中有14个大学基金会。①

本研究只介绍全国性高等教育社团的现状。一是因为研究资料的局限；二是因为全国性高等教育社团较之地方性高等教育社团，影响大。

学会、研究会、协会类社团占据了我国高等教育社团的绝大多数，这类组织与美国的高等教育协会组织不同，主要有以下特性：②

（1）职能单一，不承担高等教育管理职能

我国高等教育社团组织基本上以自愿、民间性学术活动为主，会员在此主要是交流学术研究观点和实际工作经验，社团活动游离在政府政策制定活动之外，还没有发挥"下情上达"的作用。以中国高等教育学会为例，尽管学会一直把"为教育行政部门发挥参谋和咨询作用"作为组织目标之一，学会及其会员单位也曾经承担过一些行政部门委托的调研任务，但总体上来说，研究成果主要是以论文、专著等形式呈现，学术研究对政府的政策制定影响较小。

（2）独立性差，对政府存在依附性

我国高等教育学会、研究会尽管从组织属性上是民间组织，但组织独立性差，表现在组织人员安排、经费获得、活动开展等方面都不同程度地依赖于政府部门行政力量。从组织人员安排来看，1998年之前，高等教育社团大都聘请党政机关的领导兼任社团的领导；即使在1998年中共中央办公厅、国务院办公厅《关于党政机关领导干部不兼任社会团体领导职务的

---

① 教育部办公厅：《社会组织名录》，http：//www.moe.gov.cn/s78/A01/zclm/moe_968/s8229/，2015 – 06 – 10.
② 张素芹、杨凤英：《我国高等教育社团组织现状和主要问题》，载《教育与职业》2010年第14期。

通知》（中办发〔1998〕17号）下发以后，一些全国性高等教育社团组织也大多聘请刚刚退休或者有党政机关领导经历的人来担任社团领导；从社团经费来源看，一些高等教育社团的经费主要依靠业务主管部门的拨款；社团开展活动，也往往要借助政府部门的力量。社团往往"借号发令"，借助于教育行政部门的名号，以教育行政部门和社团组织联合的名义下发活动通知。笔者走访某省高等教育学会，重要的活动都是以省教育行政部门和学会联合的形式来开展，如，召开会议、举办培训班，学会组织的学术研究评奖活动，获奖证书印有行政部门印章后，参加评奖者数量大增。国家机构力量的介入尽管为高等教育社团的活动提供了一定的保障，但是不可避免地受行政力量的影响，社团的自主性下降。

（3）组织力量薄弱，活动能力有限

我国对社团实行双重管理体制，社团成立的一个前提是要有挂靠单位，往往是"两块牌子，一套人马"，与挂靠单位的某一部门合署办公，专职工作人员较少，而且人员结构不合理。有些社团主要是由离退休人员或即将离退休的人员组成，有些是政府部门机构改革的分流人员，年龄结构不合理，人员的专业化水平不高，学历层次较低。从经费来源来看，组织多元渠道筹措经费的能力有限，活动的开展受到财力的限制。人力、财力的制约影响组织活动能力，社团活动往往得不到应有的重视。

（4）监督机制不健全，活动透明性不高

目前，我国对社团的规范制度主要是1998年颁布的《社团登记管理条例》，对其管理缺乏规范的监督机制，特别是缺乏社会监督机制。

社会团体虽然从形式上说，设置了相应的组织机构，制订了组织章程等一些基本组织文件，但是因为社团领导成员大多是兼职人员，往往没有充足的时间和精力来认真履行自己的领导职责，常常是秘书处或其他常设机构的人员来行使实际的管理权限。社团的会员主要是参与社团的活动，基本不参与社团本身的组织管理。社团的实际运作受人为因素影响大，甚至掌握在少数人手中，监督机制不健全，社团的某些活动甚至偏离社团的宗旨。如，一些社团开展培训、咨询等服务活动，收取一定的费用，但因为其属于非营利机构，不同于企业部门，对其经济活动的监管不力，导致某些社团利用社团非营利组织的牌子为组织谋取私利。

(5) 忽视组织内部和组织间协作，资源未充分利用

我国高等教育社团数量较多，特别是高等教育学会、研究会和协会，组织分布几乎覆盖了所有省份和所有学科领域，社团拥有的无形资源可谓丰富，但这些资源没有充分利用。一个原因是社团内部和社团之间缺乏协调与合作，资源没有整合。以中国高等教育学会为例，截止到 2015 年，其下有分支机构 63 个、行业高等教育学会 16 个、省级高等教育学会 31 个、大学高等教育学会 12 个。中国高等教育学会之下的会员单位虽然数量众多，但会员之间的协作不足，没有充分发挥高等教育学会会员广泛、覆盖面大的优势。尽管中国高等教育学会已经注意到了这个问题，并于 2001 年成立了全国高等教育科学研究机构协作组，作为协调学会涵盖的全国高等教育科学研究机构的组织，但该组织主要是以召开研讨会的方式，来组织各高等教育研究机构就某些高等教育问题进行研讨，其协调与资源整合功能有待提高。

尽管近年来，我国高等教育社团在不断改进自己的工作，有些社团，如，中国高等教育学会明确提出，要更好地发挥其中介功能，但从总体上看，我国高等教育社团活动领域相对狭窄，没有充分发挥组织会员贴近高等教育实践和专业化的优势，"下情上达"的功能不明显，对国家高等教育决策的参谋咨询作用还有限。

（二）官办中介性高等教育组织

20 世纪 90 年代以来，我国重要的教育改革文件中，明确提出要在一些专业性较强的高等教育活动领域，包括教育决策咨询、高校设置和学位评议与咨询、教育评估、考试服务、资格证书认定、人才需求和毕业生就业指导等领域，建立中介机构，以适应高等教育体制改革的需要。之后，在上述领域，由政府部门发起成立了一些专门机构，但发展不平衡，代表的高等教育利益相关者有限，而且从组织设置和活动模式，还不具备中介组织的全部特征，可以看做是高等教育中介组织的过渡形式。

1. 高等教育决策咨询领域

为推动教育决策的科学化和民主化，从 20 世纪 80 年代末起，由教育行政部门发起成立了一些为政府决策进行咨询的高等教育组织。其中，影响比较大的有教育部直属高校工作咨询委员会和国家教育发展研究中心。

教育部直属高校工作咨询委员会是教育部对其直属高校有关工作，以及有关高等教育改革发展问题的咨询机构。1989 年 8 月，由原国家教委成立。其目的是"为了进一步办好国家教委直属高校，使直属高校领导参与宏观管理和协调直属高校的工作，建立科学化、民主化的决策机制，增加决策工作的透明度"。① 目前，委员会主要就教育部直属高校的各项工作，为教育部的有关决策提供咨询服务。咨询委员会的委员是由教育部直属高校、省部共建高校（主要是教育部与省级人民政府共建高校）的党委书记和校长组成。② 委员会设执行主席作为领导机构，设秘书处负责委员会的组织、协调等工作，秘书处设在教育部负责直属高校工作的机构内，教育部负责直属高校工作的机构负责人兼任秘书长。③

国家教育发展研究中心（以下简称中心）是于 1986 年经国务院批准建立的国家教育宏观决策咨询研究机构，原名为"国家教育发展与政策研究中心"，1988 年改现名，隶属于教育部。中心开展国家教育发展战略和体制改革的重大决策研究，承担国家哲学社会科学和部委级的重点研究课题，重点研究教育与经济社会发展的关系、教育宏观结构体系调整与体制创新，进行国际教育政策比较研究和与国际组织的合作研究，为国家教育改革和发展的重大决策提供理论指导和咨询服务。中心内设教育发展战略研究室、教育体制改革研究室、比较教育研究室、教育政策评估研究室、基础教育研究室、高等教育研究室、终身教育研究室及办公室等 8 个处室。中心设立专家咨询委员会，由国内知名专家学者组成，同时聘请了数十位有影响的中青年学者为兼职研究员。

2. 高等教育评估领域

从 20 世纪 90 年代以来，教育评估逐渐成为我国政府管理高等教育的一种重要方式。与之相应，中央和各地成立了承担教育评估任务的专门机构。最早建立的高校评估机构是成立于 1993 年的北京高校质量评议中心。

① 《国家教委成立直属高校工作咨询委员会》，载《中国教育年鉴》，人民教育出版社 1990 年版，第 125 页。

② 如学校党委书记、校长换届，该校咨询委员也相应自动更替，由新任党委书记和校长担任。

③ 1989 年成立之时，设主席、副主席、秘书长，到 1994 年第五次全体（扩大）会议上决定不再设副主席。

之后，一些省份陆续建立了教育评估机构。如，1996 年建立了上海高等教育评估事务所、1997 年建立了江苏省教育评估院、1999 年建立了辽宁省教育评估事务所、2000 年建立了云南高等教育评估事务所。对我国高等教育影响最大的评估机构是教育部高等教育教学评估中心和教育部学位与研究生教育发展中心。

教育部高等教育教学评估中心成立于 2004 年 8 月。中心的主要任务是负责组织全国范围内的普通高等教育本专科教育评估。具体包括：（1）根据教育部制定的方针、政策和评估指标体系，具体实施高校教学、办学机构教学和专业教学工作的评估；（2）开展评估专家的培训工作；（3）开展高等教育教学改革及评估工作的政策、法规和理论研究，为教育部有关政策的制定提供参考；（4）承担有关高等教育评估的咨询和信息服务工作；（5）开展高等教育教学研究的民间国际交流与合作；（6）开展与外国及港澳台地区高等教育评估（认证）社会中介机构的合作与交流；根据政府授权与有关非政府组织和民间机构签订有关高等教育教学评估协议。中心成立以来，主要工作是负责实施教育部五年一轮的高校本科教学评估。

教育部学位和研究生教育发展中心成立于 2003 年 7 月，其前身是 1994 年成立的挂靠在清华大学的高校与科研院所学位与研究生教育评估所。该中心负责承担我国学位与研究生教育的评估、科研、学位认证、国际交流等工作。具体包括：（1）承担教育部、国务院学位委员会委托开展的学位与研究生教育的评估、评审工作，并根据需要面向社会自主开展与学位和研究生教育有关的评估、评审工作；（2）开展学位与研究生教育的科研工作，为教育部和国务院学位委员会有关政策的制定提供参考；（3）承担以研究生毕业同等学力人员申请硕士（博士）学位的有关全国统考和在职人员攻读专业硕士学位全国联考的命题和考务工作；（4）承担我国学位与外国学位、我国内地学位与港澳台地区学位的对等研究以及相互承认学位协议有关咨询工作；（5）根据政府授权与有关非政府组织，和民间机构签订有关学位与研究生教育评估及互认的合作协议；（6）承担学位证书及相关材料的认证、鉴定和咨询工作；（7）负责全国学位与研究生教育信息系统的建设、维护并面向社会提供服务；（8）开展学位与研究生教育的民间国际交流与合作；（9）主办《中国研究生》杂志，受国务院学位委员会委托承担《学位与研究生教育》杂志的编辑、出版和发行工作；

（10）开展与学位和研究生教育有关的其他工作。

3. 高校毕业生人才需求和就业指导领域

从 20 世纪 90 年代末我国高等教育大扩招以来，高校毕业生就业成为国家和社会关注的一个重要问题。在高校毕业生需求和就业指导方面，逐步建立了从中央到省到高校的较为系统的高校毕业生需求信息收集、发布和就业指导机构。在国家层面，全国高校学生信息咨询与就业指导中心，是专门从事高校学生信息咨询和毕业生就业指导工作的专业、权威机构，该中心成立于 1991 年，从 2001 年正式启动高校毕业生就业的信息咨询工作；各省（直辖市、自治区）陆续建立了高校毕业生就业指导中心，各高校也建立了专门负责毕业生就业信息咨询和指导的机构。

4. 上述领域中介性组织的特性

上述领域出现的高等教育决策咨询、评估、高校毕业生人才需求和就业指导机构，承担的是业务性职能，履行职能不只依靠行政力量，还要借助专业人员和社会力量。而且，从应然状态来说，应主要依靠专业和社会力量，这些组织的活动一定程度上发挥了信息传递、减少交易费用等中介组织的作用。但不同于美国承担相应职能的中介组织，我国这些组织从组织机构设置、运行模式等方面还不完全具备中介组织的属性。

（1）行政化色彩浓厚

上述高等教育咨询、评估和毕业生人才需求和就业指导组织的生成方式都是由政府发起，国家教育发展研究中心、教育部高等教育教学评估中心、教育部学位与研究生教育发展研究中心、全国高校学生信息咨询与就业指导中心，都是教育部的事业单位，各省（直辖市、自治区）高校毕业生就业指导中心也是相应省教育行政部门的事业单位，这些组织的人员安排需要经政府有关部门认可；组织在国家行政部门领导下，接受政府部门的委托开展活动；办公经费主要是国家财政拨款，教育部高等教育教学评估中心更是定位为"行政性事业单位"；组织内部依然采用的是科层制组织模式；组织活动开展是行政力量和学术力量混合作用的过程。

以教育部高等教育教学评估中心为例，该中心是由教育部负责筹建的，由教育部党组决定并报中央编制办批复同意而成立的。该中心日常工作人员为事业编制，人员的聘用需要教育部批准。开展活动要接受教育部的委托，并依据教育部制定的方针、政策和评估指标体系开展评估活动；评估过程由中心聘请的学术专家负责实地考察，对评估院校出具评估鉴定意见；最后，由教育部组建的专家委员会认定评估结果，由中心负责发布。

表15　目前我国高等教育本科教学评估中各组织的职责

组织	教育部	教育部高等学校教学评估中心	教学工作专家组	高校
职责	制定评估的方针、政策和评估指标体系，组织专家委员会认定评估结论	执行国家评估政策，负责评估的具体组织工作	按国家评估指标进行实地评估，提出有关评估结论的意见	接受评估，按照国家认定的评估结论要求整改

（2）发展不平衡，类型单一

在高等教育政策咨询、评估、就业指导等活动领域，高等教育中介性组织发展不平衡。主要表现在：

从组织成立方式来看，自上而下成立的官办组织占据主导地位。教育部学位与研究生教育发展中心前身是挂靠在清华大学的民办性质的高校和科研院所学位和研究生教育评估所，但2003年归入教育部，成为教育部的事业单位，在教育部和国家学位委员会领导下开展工作。虽然在高等教育评估领域也有一些民间开展的评估，但对高校影响最大的还是这些官办机构的评估活动。

从中介性组织类型上看，在高校毕业生人才需求和就业指导方面，中介性组织数量较多，并已经形成了从中央到地方再到高校的较为完善的组织体系，而在其他领域，如，高等教育评估、教育决策咨询等领域，即使是官办性的中介性组织，数量也少，类型单一。在高等教育评估领域，不仅以官办的高等教育评估组织为主，而且主要是全国性、院校教学综合评估，地方性以及专业性评估机构缺乏，这就造成了目前普通高校本科评估，基本上使用的是一套统一的评估指标体系，"用一把尺子裁量众多的高校"，反映了国家对普通高校教学条件和教学水平的一般性要求，但难以反映千差万别的高等教育现实。在参与国家教育政策制定方面，教育部直属高校工作咨询委员会可以表达直属高校或部分省部共建高校的意见，数量众多的地方高校、作为高校中活动主体的教师、学生，以及作为高等教育利益直接相关者的学生家长、社会用人单位还缺乏有效表达自身利益的组织。

（3）代表的高等教育利益相关者有限

已有的官办中介性组织，更多的是发挥了"上情下达"的作用，"下情上达"作用不明显。以教育部直属高校工作咨询委员会为例，其活动流程如下：中央主管教育工作的领导或国家教育主管部门的领导讲话，传达政府教育改革的精神，提出会议的议题→咨询委员会进行讨论，提出意见→国家教育主管部门参照咨询委员会意见，调整政策。相对来说，委员会的活动被动性大，很少主动向政策制定机构提出自己的政策意见。参加直属高校咨询委员会的只是直属高校或省部共建高校的校长和书记，不可避免的是，咨询委员会的意见很大程度上代表了这些高校行政领导层的立场。再以国家教育发展研究中心为例，尽管中心在有关政策制定的调研期间，会召开咨询会、座谈会，但中心咨询调研的主要对象还是"教育行政部门"以及数量有限的专家。

官办的高等教育评估机构以国家指令的形式，按照政府部门制定的高等教育评估指标体系对高校进行评估，评估者与被评估者之间是一种被动支配关系，而不是主动的互动关系，被评院校的主动性不足。尽管在评估中，评估专家要听取被评院校的意见，但意见表达是在既定范围框架之下进行。评估还不能充分听取高校管理者、教师、学生的意见，更没有社会人士的参与。这种评估活动虽然客观上可以促进高校改善教育教学工作，但更多的是为贯彻国家的高等教育政策服务。

（4）监督机制不健全

对已有官办性质的高等教育咨询、评估、就业指导等组织的活动，还缺乏完善的监督机制，影响组织活动的成效。以教育部高等教育教学评估中心为例，目前还仅仅是公布评估的认定结果，对学校实地考察的评估专家鉴定意见、学校的自评报告等与评估认定结果直接相关的认定依据只是在教育部组织召开的专家委员会范围内公开。社会公众对评估的结果，难免是"知其然而不知其所以然"。所以，难以起到社会监督、同行监督的作用。在一定程度上，正是因为缺乏有效的监督机制，某些院校才在评估中出现"造假"，难以达到评估的预期目标。

可见，我国的国家政策明确指出要建立高等教育中介组织的领域，出现的承担咨询、评估、人才需求信息服务的职能部门，不同于美国承担此类职能的高等教育中介组织，从组织设置、运行方式、发挥的功能等方面来看，我国此类组织中介性不足，这在高等教育评估方面体现得最为突出。

表 16　我国高等教育教学评估机构与美国高等教育认证组织的不同

比较内容	我国高等教育评估机构	美国高等教育认证组织
类型	单一，垄断评估权力	多样，分担评估权力
性质	官办	民间
经费来源	主要是国家拨款	多种渠道
评估权威来源	政府行政权力＋学术专业权力	学术专业权力＋公众认可
与政府的关系	领导与被领导关系 政府直接插手评估活动	合作关系 政府间接影响评估
被评估对象的地位	强制与被动接受	主动与自愿申请

总体来看，尽管从 20 世纪 90 年代以来，在国家政策扶持下，我国高等教育民办社团组织发展较快，数量增加，而且以中国高等教育学会为代表的学会、协会组织也在不断加强组织建设，拓展自己的工作领域，但基本上还是以群众性学术研究活动为主，基本不承担管理职能，为国家政府决策提供信息、咨询等服务的中介功能有限，对我国高等教育管理没有产生实质性影响。我国在高等教育决策咨询、高等教育评估、高校毕业生人才需求和就业指导领域，政府发起成立了一些具有中介性的机构，相对于民间性的高等教育社团而言，上述机构的活动对我国高等教育发展产生了重要影响，但上述组织对行政权力过于倚重，还不完全具备中介组织的特征。

二、制约我国高等教育中介组织参与管理的因素

尽管从 20 世纪 90 年代以来，我国政府在教育改革重要文件中一再提出要建立中介性组织，也指出要进一步发挥非政府的行业协会组织和社会中介机构的作用，以推进高等教育管理体制的改革。但在高等教育实践领域，非政府的学会和协会的角色没有大的变化，依然以群众性学术活动为主，不承担高等教育管理职能，处于高等教育权力格局中的边缘。在高等教育决策咨询、评估、高校毕业生需求和就业指导领域，由政府发起成立的专业性职能组织占据了绝对优势，这些组织活动的开展有学术力量的参

与，一定程度上发挥了中介性组织的功能，但行政化色彩浓厚，对行政力量倚重明显。我国高等教育中介组织发展中呈现出明显的"官强民弱"、组织活动借助行政力量发号施令、基本不承担管理职能的特点，与我国历史上形成的社会权力模式以及政府与高校关系的特殊性密切相关，更是当前政府角色错位，权能过于强大使然。[1]

（一）历史上全能主义国家的社会权力模式，公民社会缺失

治理型社会调控机制形成的一个重要基础是公民社会的存在，公民社会中的自愿型组织作为区别于"国家"和"市场"的第三方力量，参与社会事务的管理。美国高等教育中介组织能够承担重要的管理职能，一个基础是美国历史上形成了"国家—经济—公民社会"三元分立的社会权力结构，并在这种社会权力结构中逐渐形成了公民自治的传统。

与西方社会不同，我国在漫长的历史发展中，没有形成一个相对独立于国家的"社会"。"中国是一个具有悠久封建传统的国家，自周秦以来，就建立了以家族宗法制度为基础，政治国家为根本的一元社会结构。在这一社会结构中，封建国家不仅成为社会的统治者，而且完全取代了社会，使社会丧失了独立的品格。不仅如此，近代以来由于帝国主义的侵略，中国一直未形成西方典型意义的市民社会。"[2] 在我国封建社会中，政治对全社会广泛侵入和覆盖，形成了"全能主义政治"的权力模式，这是一种"政治系统的权力可以不受限制地侵入和控制社会每一个层面和每一个阶层的政治制度"。[3] 1949 年，中华人民共和国建立后，新政权效仿苏联的计划经济，强化政治国家的职能，全能主义政治模式得到延续，建立了总体性社会[4]。

① 杨凤英、袁刚：《我国高等教育中介组织发展迟滞的原因分析》，载《科学大众》2009 年第 11 期。

② 袁祖社：《权力与自由——市民社会的人学考察》，中国社会科学出版社 2003 年版，第 88 页。

③ 许纪霖、陈达凯：《中国现代化史》（第 1 卷 1880—1949），上海三联书店 1995 年版，第 11 页。

④ 总体性社会，有不同的翻译方法，清华大学教授孙立平将"总体性社会"翻译为 total society，见孙立平：《总体性社会研究——对改革前中国社会结构的概要分析》，载《中国社会科学季刊》1993 年第 1 期；美国政治学者罗斯金将其翻译为 totalitarian society，见［美］迈克尔·罗斯金等：《政治学》，林震等译，华夏出版社 2002 年版，第 54 页。

　　总体性社会是这样一种社会：国家权力总体性地渗透和扩散到全社会各个组织，① 国家权力无所不在。政府作为国家权力的行使机构，几乎拥有了无限的权力，它掌握了所有政治、军事和司法权力，还试图重新组织社会、决定社会的价值观念，通过控制公民的偏好、监视他们的行动和限制他们的自由等方式来干预公民个人的生活。② 1949 年之后，新政权首先通过三大改造消灭了私有经济，建立了单一的所有制，随后通过城市中的单位制和农村中的人民公社制度、户籍制度、就业以及福利等一系列制度安排，国家控制了社会中最重要的稀缺资源，包括物质资源、生存发展的机会以及信息资源等，特别是与人民生活关系最为密切的就业机会和得到生活资料配给的机会。国家通过对各种社会资源的全面控制达到了控制全部社会生活的目的，政治活动、经济活动、文化教育活动乃至个人私生活，无不在国家权力掌控之中，社会中的单位和个人形成了对国家的绝对依赖，一些民间性的社团也被整合进官方系统之中，否则这些组织无法在国家之外去获得资源，这些组织的活动范围极为有限。

　　1949 年新中国成立之后，国家不仅通过一系列的现实制度安排，把社会中的各种组织、每个社会成员整合到国家权力系统之中，而且通过一场场思想观念改造的运动成功地把国家提倡的意识形态社会化，国家"通过创造'利益一致'的幻影来冲淡人们对自身利益的关注，人们在对这一幻象的关注和陶醉中丧失了个体的自觉意识，从而按照官方的意识形态的要求以规范自己的行为。"③ 在新中国成立之后到改革开放之前，在我国社会中占主导地位的思想是社会本位，单位和个人缺乏去维护群体和个人利益的意识。

　　1949 年之后的中国社会的权力结构模式以及与之相适应的社会意识形态观念，使公民社会在改革开放之前的中国社会无以存在。

　　（二）历史上政校合一的管理体制，高校缺乏自治传统

　　我国高等教育中介组织不承担管理职能，一个重要原因是从历史上我国高校与政府之间就有依存关系，高校缺乏自治的传统；新中国成立后建

---

① ［美］乔·萨托利：《民主新论》，冯克利、阎克文译，东方出版社 1998 年版，第 228 页。
② ［美］迈克尔·罗斯金等：《政治学》，林震等译，华夏出版社 2002 年版，第 54—55 页。
③ 杨阳：《意识形态：概念分歧的背后》，载《江苏社会科学》2000 年第 2 期。

立的政府高度集权的高等教育管理体制，使高校成为政府的附属物，政府是高校资源获得的唯一来源，也是控制高校运转的唯一力量。

我国从夏、商开始就有了大学的雏形，但当时的大学不是纯粹的教育机构，而是官学一体，教育活动和政治活动混合，教师由官吏充当，招收的是王室和贵族子弟，目的是培养社会中的官吏。之后，从汉代的太学到清朝的国子监，培养封建王朝的官吏始终是兴学的目的，学校的管辖权依然集中在官方手中，从教材选择、课业安排、考试方式等都由官方负责，学校少有自主权力。

我国现代高等教育制度从近代高校建立开始。而近代高校的创办从一开始就以政治论为其哲学基础，是国家救亡图存的产物。"大学作为一种西方社会的舶来品，它在东方国家的生长是与国家政治紧密联系的，教育救国成为当时大学在东方国家产生和发展的最重要理由。"① 京师大学堂是中国第一所明确以大学为称号的高校，京师大学堂创办的目的是：中西并重，以西学为学堂之一门，不以西学为学堂之全体；以西文为西学之发凡，不以西文为西学之研究。② 可见，京师大学堂秉承了洋务派"中学为体，西学为用"的原则，背负了救国的重任，教育教学的目的是为政治国家的生存服务。在管理体制上，京师大学堂的管理继承了汉唐以来大学、国子学的管理方式，在人员管理、课程设置、考试等管理上依然采用了政府管理的方式。

新中国成立后，中央政府对旧中国的高等教育从内容、制度到理念都进行了彻底的改造，建立了政府高度集权的高等教育管理模式。政府掌握了高等教育发展所需的所有资源，依靠计划来进行分配；政府通过制定各种有关高等教育活动的政策，把管理的触角延伸到高校内部。高校成为政府的附属物，自主活动的空间很少。在高等教育领域，事无巨细，都由政府安排。"在计划经济体制下，高等教育系统是整个计划体制的一部分；高校隶属于政府计划部门和管理部门。它们是按照政府有关部门的指令性计划设置专业，招收学生，制定课程计划和教学计划，按照政府机构制定的毕业生分配计划将学生分配到用人单位。学校没有自主办学的权利，用人单位是毕业生的被动接受者，学生也不能完全根据个人的特长与偏好选择适当的工作单位

---

① 赵婷婷：《自治、控制与合作：政府与大学关系的演进历程》，载《现代大学教育》2001年第2期。

② 熊明安：《中国高等教育史》，重庆出版社1983年版，第309页。

和职业。政府及其有关管理部门集办学权和管理权于一身。"① 这种自上而下的行政管理体制，形成了高校对政府的依赖关系，自身失去了自我发展的动力。同时，这种严格的外部控制，也使高校没有自我发展的可能。

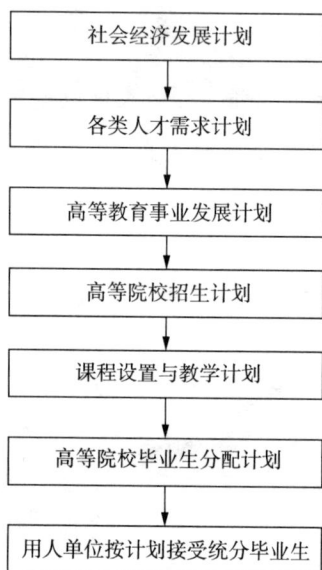

```
┌──────────────────────┐
│   社会经济发展计划    │
└──────────┬───────────┘
           ↓
┌──────────────────────┐
│   各类人才需求计划    │
└──────────┬───────────┘
           ↓
┌──────────────────────┐
│  高等教育事业发展计划 │
└──────────┬───────────┘
           ↓
┌──────────────────────┐
│  高等院校招生计划     │
└──────────┬───────────┘
           ↓
┌──────────────────────┐
│  课程设置与教学计划   │
└──────────┬───────────┘
           ↓
┌──────────────────────┐
│ 高等院校毕业生分配计划│
└──────────┬───────────┘
           ↓
┌──────────────────────┐
│用人单位按计划接受统分毕业生│
└──────────────────────┘
```

图8　计划经济条件下高等教育系统的宏观运行机制示意图

资料来源：闵维方：《高等教育运行机制研究》，人民教育出版社2002年版，第3页。

在这种体制下，高校只与政府发生直接关系，与社会的联系通过政府这一中介来实现，高校的外部关系被简化为高校与政府的关系，高校只对政府负责。

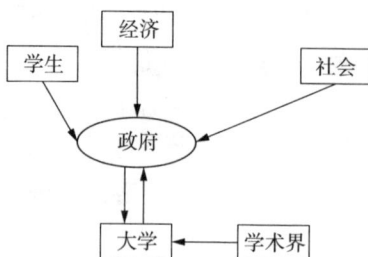

图9　计划经济体制下大学与环境的关系

资料来源：闵维方：《高等教育运行机制研究》，人民教育出版社2002年版，第82页。

---

① 闵维方：《高等教育运行机制研究》，人民教育出版社2002年版，第3页。

尽管在上图中，学术界对大学有一定的影响，但这种影响限定在学术研究的范围，而且处于边缘状态。有研究者称这种计划体制下的政校关系为"政校一体化"，并分析了其特点：1. 教育权高度集中于政府，政府全面控制大学，大学成为了政府机构的附属物；2. 政校之间形成内部的行政关系，政府作为行政首脑，采用行政命令的方式，直接介入大学内部事务；政府与大学之间形成上下级的行政领导关系，行政权力凌驾于学术力量之上。① 西方学者对我国 1949 年之后高校的评论言辞更为激烈，"随着共产党对中国大学领导作用的确立，及全国范围内无所不包的学术机构网的建立，一种新式的'翰林院'产生了，大学自治和学术自由让位于社会主义官僚的学术权威和学术垄断。"②

我国高等教育从古代社会开始，就形成了"官学一体"的体制，高校在国家权力的控制之下；近代以来的现代高等教育从开始就与政治国家有脐带关系；1949 年新中国成立后，建立了高度中央集权的高等教育管理体制，形成了政府单一权力控制高等教育的权力格局，高校成为了政府的附属物。政府对高校的强力控制，使高等教育既不可能产生对高等教育中介组织的需求，也无法形成对高等教育中介组织的供给。

（三）目前政府角色错位，挤压中介组织发展空间

尽管从 20 世纪 80 年代以来，我国就一直把转变政府职能，给予高校办学自主权作为高等教育改革的重要内容。但是二十多年的以"政府放权"为基本内容的改革，并没有从根本上撼动以行政力量为主导的高等教育管理体制，高等教育领域中政府角色错位、权能过于强大的问题依然存在。

我国政府在管理高等教育中存在着角色错位，即政府行政机构在履行对高校的管理职责、行使管理权力的过程中，其角色偏离了自身的职责任务、活动范围、运行轨道，从而出现了权力滥用的现象。这主要表现在：

---

① 朱新梅：《知识与权力：高等教育政治学新论》，教育科学出版社 2007 年版，第 166—168 页。

② ［加］许美德：《中国大学 1895—1995：一个文化冲突的世纪》，许洁英主译，教育科学出版社 2000 年版，第 11 页。

一是权限范围内外的角色错位，指政府在管理高等教育的过程中，往往以"全能者"的身份出现，超出其权限范围，涉足本该由高校自己管理的内部事务，管理了许多不该管、管不了、也管不好的事情；二是多重与分化角色的错位，指政府集高校的举办者、办学者、管理者于一身的多重角色，还没有很好的分离，造成了政校不分，政校关系混乱，高校缺乏办学活力；三是主次要角色的错位，指政府的主要角色应该是宏观调控，是"掌舵"而不是"划桨"，但在实际中政府没有专注于对高校的规划、监督、调控角色，却花费大量时间和精力于高校内部日常事务的管理。政府的角色错位，给政府和高校都带来了损害。一方面，政府由于对高校具体事务干预过多，造成精力分散，负担过重，不可避免地导致忽略大局、决策失误、资源配置效率低下等问题；另一方面，压抑了高校的办学活力，滋长了高校"等、靠、要"的惰性思想，阻碍了社会力量参与办学和高校自治的积极性，延缓了社会各种教育中介组织的发育和成长，也使得高等教育的资源分配难以按照市场规则进行正常配置和运行。[1] 因为政府权能的无限扩张，政府承担了本来完全可以由社会或市场自己去履行和完成的事情，这样，其他社会组织就渐渐失去了管理自身生活、抵制政府插手的能力。[2]

从总体上来看，我国社会权力结构是政治全能型的单一权力结构，这种社会权力结构使我国从历史上就缺乏民间自治的传统。从古代社会以来，"官学合一"的高等教育办学模式使我国高校从历史上就处于国家权力的控制之下，1949 年之后的"政校一体化"高等教育体制强化了政府对高校的控制，高校成为了政府的附属物。这种政府权力对高等教育全面控制的管理体制，虽然从 20 世纪 80 年代开始就对其进行改革，但目前还没有从根本上改变政府权能过于强大的格局，我国高等教育管理依然呈现出政府力量强势干预的局面，乃至某些领域所进行的转变政府权能的改革经过一段尝试之后，还是会回到"依靠行政力量"的老路上去，这是我国高等教育中介性组织几乎不承担管理职能的重要原因。

---

① 龙献忠：《论高等教育治理视野下的政府角色转变》，载《现代大学教育》2004 年第 1 期。
② 董云川：《现代大学制度中的政府、社会、学校》，载《高等教育研究》2002 年第 9 期。

三、扶植我国中介组织参与高等教育管理的思路

我国高等教育规模的扩张、高等教育体制的改革，改变了我国高校生存和发展的外部环境，高校需要直接面对社会办学，高校与社会的依存关系越来越明显。同时，政府作为社会的公共权力机构，一方面要承担监管高等教育的职责；另一方面，由于政府部门自身不可避免的局限以及高等教育自身的内在特性，需要政府转变直接管理高等教育的方式。高校、政府和社会都产生了相互沟通、协作的需要。中介组织介入高等教育管理，有效分担政府的某些管理职能，有助于在不违背高等教育自身发展规律的前提下，提高政府监管的有效性，也能使高校及时了解社会需求，提升社会服务效益。扶植高等教育中介组织参与高等教育管理，是我国高等教育体制改革的需要，是高等教育管理体制向从"管制"向"治理"转型的有效途径。

尽管我国高等教育中介组织数量不足，类型单一，没有充分发挥中介功能，不完全具备中介组织应当具有的特质，但催生高等教育中介组织的力量已经存在，并不断壮大。其中，最重要的是出现了有利于高等教育中介组织发展的政策导向。鉴于我国国情，我国高校中介组织的发展及其对高等教育管理活动的有效介入，都需要国家政策的扶植。同时，已有的高等教育中介组织，如，高等教育社团，应该开拓工作思路，完善工作机制，提高自身参与高等教育管理活动的能力，以出色的工作获得国家、社会以及高等教育界的认可。[①]

（一）转变观念，明确认识，建立有利的社会文化环境

美国高等教育中介组织广泛存在并有效介入高等教育管理的一个重要前提是存在有利于中介组织的社会文化环境，政府、高等教育界以及社会认可这些组织的活动，当遇到问题的时候能够主动借助这些非政府的组织来寻求问题的解决。在我国历史上，受政治文化以及社会制度安排的影响，国家权力部门一直是调控社会运转的核心甚至是唯一的部门，非政府的民间组织一直处于社会权力结构的边缘。直到今天，政府、社会以及高

---

① 杨凤英、袁刚：《加快我国高等教育中介组织发展的对策分析》，载《学理论》2009 年第 25 期。

等教育界对建立中介组织的重要性仍然认识不充分，没有从高等教育体制创新的角度来审视高等教育中介组织存在的意义。澄清认识，转变观念，是高等教育中介组织快速发展的前提。

首先，从深化我国高等教育管理体制改革的角度，理解扶植中介组织参与高等教育管理的重要意义。从 20 世纪 80 年代以来，我国高等教育系统生存和发展的外部环境发生了变化，高等教育本身也变得复杂化，高等教育系统的运转需要多元力量的合作；多元化的高等教育利益相关者出于维护自身利益的需要，也要求参与高等教育的管理，而教育中介组织介入高等教育管理，是实现多元力量合作治理高等教育的一种有效途径。

从高等教育系统所处的生态环境来看，1993 年十四届三中全会明确提出了建立社会主义市场经济体制的改革目标，与之相应，高等教育领域以招生、就业和经费筹措为引擎，进行了引入市场力量的改革，高校从传统体制下与社会隔离的状态转变为直接面对社会办学。高校不再是简单地执行政府计划，而是要考虑社会和个人的高等教育需求。高校发展不仅受到政府力量的约束，还直接受到市场力量的牵制。

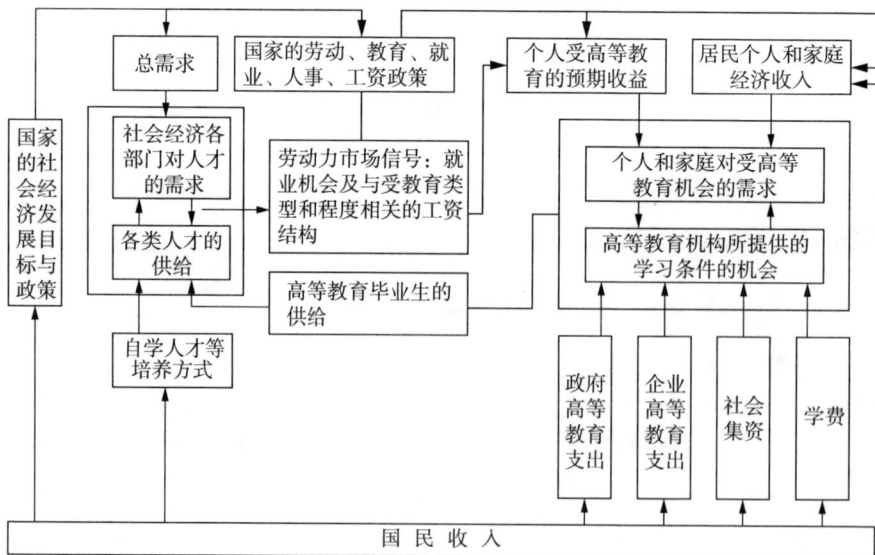

图 10　市场经济条件下高等教育系统的运行机制和宏观调控示意图

资料来源：闵维方：《高等教育运行机制研究》，人民教育出版社 2002 年版，第 12 页。

政府单一权力控制高等教育失去了现实的基础：一是政府的能力有

限，难以满足社会的高等教育需求；二是政府单一权力控制高等教育已经失去了其合法性，即政府对高等教育的单一力量控制难以获得社会、高等教育界的自觉认同。20世纪90年代以来的高等教育体制改革，主要是希望借助市场这只"看不见的手"来克服以往政府高度集权的弊端，但市场力量介入高等教育系统之后，又引发了诸多新问题，解决这些新问题，历史上政府"放权—收权"循环的老路不是解决问题的出路，需要寻找新的路径。

从高等教育系统自身来看，随着高等教育宏观体制和微观体制的改革，规模扩大，层次结构复杂，内部竞争激烈，变革加快，内部利益主体多元。在竞争的环境中，高校成为了有自身独立利益的实体，也需要借助一定的途径向政府、社会传递自己的呼声。同时，每一所院校都要缜密筹划自己的发展规划，面对复杂的生存环境，高校的发展需要政府的引导、高等教育专家智囊的协助以及社会其他领域人士的参与。

教育中介组织作为介于政府、市场和高校之间的一种力量，为三方提供了沟通、协商、谈判的平台，三方在充分协商的基础上，确立共同认可的目标和行为，结成合作伙伴关系，从而"既可以约束政府违背办学规律、脱离实际的强制性干预，又可以阻挡市场和社会对大学的过分'侵袭'，还可以不同程度地制约大学有悖于政府、市场和社会的盲目倾向。"① 所以说，高等教育中介组织参与高等教育管理，是满足政府、市场和高校三方需求，推进高等教育管理体制向"治理"转变的有效途径。

其次，消除畏难心理，充分认识扶植我国中介组织参与高等教育管理的有利因素。尽管我国高等教育中介组织基本处于高等教育管理权力格局之外，但是我国已经出现了有利于高等教育中介组织参与管理的有利因素。一是在我国高等教育改革文件中，多次提出建立咨询、评估、就业指导等社会机构，扶植学会、行业协会等参与教育公共治理，高等教育中介组织参与教育管理有了国家政策的支持。二是从1985年《中共中央关于教育体制改革的决定》以来，我国颁布的重大教育政策文件，都把转变政

---

① 何勇平：《大学治理：走向现代大学制度建设之路》，载《重庆工商大学学报》（社会科学版）2013年第5期。

府职能，扩大高校自主权，作为一个重要的内容。① 1985 年颁布的《中共中央关于教育体制改革的决定》指出，我国高校办学效率不高的原因是，教育行政机构对学校的直接管理，使高校缺乏办学自主权，难以适应社会的需要。为此，提出当前高等教育体制改革的关键，是改革政府对高校统得过多的管理体制，在国家统一的教育方针和计划指导之下，扩大高校的办学自主权，加强高校同生产、科研和社会其他各方面的联系。② 1993 年颁布的《中国教育改革和发展纲要》提出：在政府与学校的关系上，要按照政事分开的原则，通过立法，明确高校的权利与义务，使高校真正成为面向社会自主办学的法人实体。1998 年《高等教育法》更是以法律的形式对高校的办学自主权做了明确的规定。《高等教育法》第 11 条规定："高校应当面向社会，依法自主办学，实行民主管理"。"这标志着立法者对高校作为政府附属机构之观念的彻底反思，表明对高校作为独立自主法人原则的尊重和认同。"③ 政府要转变职能，还高校以自主权，已经获得了国家决策层的认同，客观上催生了政府和高校对高等教育中介组织的需求。三是我国已经有大量的高等教育社团组织，是可以利用的组织资源。

（二）改变政府分权路径，扶持、授权于中介组织

从 20 世纪 80 年代中期以来，转变政府职能，变革全能型政府角色，给予高校一定办学自主权，是我国高等教育改革的一项基本内容。但是二十多年过去了，我国以政府放权为主要内容的改革并没有从根本上撼动以行政力量为主导的高等教育管理体制，高校依然缺乏应有的自主权。其原因何在？有研究者认为，其原因在于我国已有的"政府放权"的高等教育改革是政府行政体制内的分权改革，是在中央政府与地方政府之间进行管理高等教育权力的分割④。也有研究者认为，已有的改革从权力变迁的角

---

① 康宁：《中国经济转型中高等教育资源配置的制度创新》，教育科学出版社 2005 年版，第 401—410 页。

② 何东昌：《关于教育体制改革的几点说明》，载《中华人民共和国重要教育文献》，海南出版社 1998 年版，第 2280 页。

③ 周光礼：《学术自由与社会干预——大学学术自由的制度分析》，华中科技大学出版社 2003 年版，第 161—162 页。

④ 史雯婷：《从高等教育的社会治理看第三部门的发展》，载《江苏高教》2004 年第 3 期。

度，表现为两种形式：一种是同级政府不同部门之间或中央政府与地方政府之间的"集权"与"分权"；一种是权力的分化，制约大学的主体结构出现了分化，由过去单一的政府转变为政府与市场两个主体，大学同时受到政府与市场双重压力，其自主性依然处于缺失状态。① 也就是说，以往我国高等教育管理体制中的分权改革的路径，一是在政府行政体制内进行管理权力的转移，二是从政府行政体制内向市场进行管理权力的分化，作为高等教育活动组织的高校并未获得应有的自主权。所以，扶植高等教育中介组织参与教育管理，要转变以往改革中政府分权的路径。要转变政府放权的路径，不仅是解决中央政府和地方政府之间的权力配置问题，也不仅是要向市场分权，更重要的是向高校和社会放权，还权于高校，授权于高等教育中介组织。

首先，实行政校分离。制约我国高等教育中介组织参与管理的一个重要原因是政府还没有从根本上转变管理高等教育的方式。"政府"与"高校"是两类不同性质组织的观念并没有真正确立起来，路径依赖使政府习惯于用行政的方式直接管理高校。政府权力和职能过于强大，高校自我管理的权力还很小，对政府的依赖依然明显，挤压了高等教育中介组织存在和发展的空间。所以，我国高等教育中介组织参与高等教育管理的一个重要前提，就是真正实行"政校分离"。

其次，政府要扶植高等教育中介组织发展，授权于高等教育中介组织。我国高等教育中介组织的建立，离不开政府的扶植，其中最为重要的是，政府要授权于高等教育中介组织。我国毕业生人才需求和就业指导组织建设，尽管目前还以官办为主，但毕竟建立了从中央到地方再到高校的较为完整的体系，这主要是得益于政府的强力助推。就建立高校毕业生就业指导机构的有关事宜，国家有关部门曾多次下发了专门文件，对高校毕业生就业指导机构设置提出了明确的要求，包括经费来源、办公条件、人员安排等做出了明确具体的规定，要求做到"机构到位，人员到位、经费到位"。高校毕业生需求和就业指导机构在短时间内组织建设相对完善，并发挥了社会用人单位和高校之间人才交流中介的重要作用。可见，在高等教育中介组织建设的起步阶段，需要政府部门的扶植。其实，在美国，

---

① 许杰：《政府分权与大学自主》，广东高等教育出版社 2008 年版，第 4 页。

高等教育中介组织活动权威性的获得也与政府部门和公众对其工作的认可分不开。如，因为联邦政府委托认证组织来行使确定高校是否有资格获得联邦资助的权力，社会诸多用人部门把高校是否通过认证作为是否聘用其毕业生的重要条件，美国高等教育认证组织活动的权威性得到了巩固。再如，联邦法院把美国大学教授协会关于教师聘任的规定作为有关案件判决的重要依据，从而提高了该协会的地位。在我国这样一个自古就有"信官不信民"传统的国家，政府的扶植对高等教育中介组织的工作开展有更为重要的影响。

目前，除了我国在政策文件中已经明确的高等教育决策咨询、评估和毕业生人才需求和就业指导、院校设置和学位评议、考试、资格认证、专业培训领域外，高等教育财政拨款也是需要高等教育中介组织参与的重要领域。因为财政拨款是政府影响高等教育发展的重要手段，也是高校最为关注的问题。美国各大组织影响联邦政府政策制定的一个重要内容就是参与联邦政府高等教育资助政策的制定。另外，随着我国高等教育国际化的推进，涉及国际教育交流、贸易和服务的工作，也需要高等教育中介组织活动的参与。在上述领域，既可以建立新的专门高等教育中介组织，也可以利用现有的高等教育社团，委托其开展工作。

值得注意的是，政府要授权高等教育中介组织承担某些管理职能，要监管其活动，但不能直接插手高等教育中介组织的活动，政府与高等教育中介组织之间应该是相互合作、相互监督的关系。政府通过政策、法规来引导、规范高等教育中介组织的行为。美国联邦政府通过对高等教育认证组织的"认可"来"遥控"高等教育评估活动的开展，而不是直接插手高等教育的评估。这样，在联邦政府、高等教育认证组织以及高校之间就形成了既相互依存又彼此独立的关系。这一经验值得我们借鉴，在政府与高等教育中介组织之间应该保持必要的张力。

以我国高等教育评估为例，目前，要改变由单一机构垄断高等教育评估的局面，可以利用现有的高等教育学会和协会组织。国家教育行政部门可以委托这些组织来承担高等教育的院校、专业设置资格和教育教学质量的评估工作，而政府部门负责对这些协会和学会的"元评估"，承担认定学会和协会开展评估资格、审核其评估公正性等职能，而由学会和协会来具体实施评估活动。这样，高校的教育评估可以实现分层次、分类型和分专业的评估，评估活动更加符合不同层次类型高校、不同专业教育教学活动的特殊性。而且，多个机构开展高等教育评估，评估组织之间形成竞争，评估机构要生存和发展必须加强自律，提高组织自身专业化水平，保持评估的客观公正，最终会推进高等教育评估的规范化。这种评估组织安排既可以避免现在单一机构垄断高等教育评估的诸多弊端，也可以弥补国家教育行政部门在人力和信息方面的不足，实现政府对高校的有效监控。

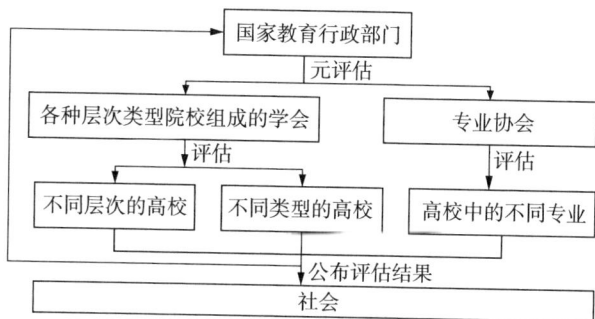

图11　高等教育学会、协会参与评估流程图

政府职能转变与中介组织发展并参与管理是相互促进、协调发展的关系。政府职能的转变，是中介组织发展的基础和动力；没有政府职能的转变，就没有中介组织赖以生存发展的土壤。同时，加快高等教育中介组织的建设，把政府承担的一些业务性、服务性职能从政府行政职能中剥离出来，转由中介组织承担，政府实现职能转变也就有了现实依托，政府真正从对高等教育的直接管理变为间接管理，从高等教育活动的"划桨者"转变为"掌舵者"。正如治理理论研究专家斯托克所说："办好事情的能力并不在于政府的权力，不在于政府下命令或运用其权威，政府可以运用新的工具和技术来控制和指引，而政府的能力和责任均在于此。"①

（三）完善中介组织监督机制，规范中介组织行为

高等教育中介组织的成员也是"经济人"，如果缺乏有效的监督机制，任何权力都会诱发腐败。中介组织如果要成为政府管理职能分担的一个机

---

① 俞可平：《治理与善治》，社会科学文献出版社2000年版，第34—35页。

构，对其活动必须进行有效的监督。美国高等教育中介组织能够承担多种管理职能，一个重要原因是有完善的监督机制，来自法律、行政部门以及公众的监督，使高等教育中介组织不至成为某些成员谋取私利的工具。

首先，解决政府在高等教育中介组织管理中存在的"缺位"和"越位"问题。"缺位"指政府该管的没有管好。政府对高等教育中介组织的管理职能主要是制定有关发展规划、健全有关法规体系、建立相关制度以及定期的检查监督。我国政府在这方面的管理还很不到位，尤其是有关的法制建设滞后。"越位"指政府不该管的又管得太多，集中表现在政府直接插手高等教育中介组织的活动。所以，政府应当从高等教育中介组织的具体活动中抽身，承担起中介组织运转规则制定者、监督者的责任。

具体来说，其一，国家立法机关和教育、民政等行政部门，要加快《社会中介组织法》《教育中介组织条例》等有关高等教育中介组织的法律和法规的立法进程，并借鉴国际惯例，从我国现阶段的实际情况出发，逐步制定和形成系统配套的不同层次法律法规体系，使教育中介组织定位准确、功能明晰、行为有界、进退有据；其二，设置和强化适应教育中介组织健康发展的执法、监督机构，真正做到有法可依，有法必依，违法必究；其三，用法律的方式明确规范政府、高校与教育中介组织之间的关系，明确权限边界、各自的职责；其四，建立中介组织诚信公示和失信（出具虚假资信证明、虚假评估、虚假鉴定）惩戒制度。其中，应当特别注意的是，要通过法律手段明确规定高等教育中介组织的职责，对违规行为有具体的惩戒措施，使违规者不得利。同时，也应该明确高等教育中介组织的权利，当中介组织的权益受到侵害时，能提供有效的法律救济。

其次，完善公众有效监督高等教育中介组织活动的有关制度。美国公众可通过参与高等教育中介组织的活动来直接监督其活动的公正性，或通过对中介组织的调查，揭发其存在的问题。当前，我国可以充分利用现代传媒，特别是网络的便利条件，建立中介组织活动信息公开制度，为公众的监督提供前提，使中介组织的活动处于公众监督之下。

（四）加强中介组织自身建设，提高参与能力

从美国高等教育中介组织的发展历程来看，美国高等教育中介组织并不是一开始就得到了社会、政府和高校的认可，而是经历了一个不断完善

自我，提高组织参与高等教育活动能力，逐步树立自身威信的过程。其成功经验之一是有自己明确的组织定位，并在某个特定领域，不断改进自己的工作方式，最终以工作实绩赢得社会、政府、高校各方的支持，形成了一个良性互动的关系。

中介组织外部生存环境的改变需要一个过程，我国已有的高等教育中介组织，主要是高等教育社团，应当明确自身优势，完善工作机制，不断开拓组织活动领域，以出色的工作争取各方的支持。例如，近年来中国高等教育学会（以下简称"学会"）已经在不断创新工作方法，拓展组织活动的空间。学会于1999年成立了"高校技术物质中心"，该中心每年都举办高教仪器设备展示订货会，参加订货会的有关厂商和高校规模越来越大，为校企之间搭建了一个交流的平台；为提高学会的学术研究水平，学会从2003年起，在其承办的"高等教育国际论坛"中首次设立"博士生论坛"；从2004年起，开展"全国高等教育学优秀博士论文"的评选，优化了学会研究队伍的素质，促进学术研究水平的提高。另外，学会充分利用网络技术，在2003年，建立了"中国高等教育发展和改革网"，利用网络平台来提供高等教育改革和发展的信息服务，同时也扩大了组织自身的影响。学会也开始利用自身会员覆盖面广，会员了解高等教育工作实际状况的优势，主动向国家教育管理部门提出政策建议。如，2005年，学会根据高校后勤管理工作者的意见，向教育部提出《关于提请进一步关注高校后勤社会化改革的建议信》，建议成立部级高校后勤社会化改革指导委员会和后勤社会化改革办公室，持续推动高校后勤社会化改革，《建议信》得到了有关政策制定部门的重视。中国高等教育学会的尝试值得其他组织借鉴。这说明，高等教育中介组织的发展一方面依赖于政府部门的扶持，另一方面也依靠组织自己的争取。当前，高校之间需要合作，高校与社会之间需要相互了解彼此的信息；政府部门需要及时了解高等教育系统运行的真实情况，需要各界出谋划策，协助政府来提高政策制定的科学性和执行的有效性。可以说，政府、高校和社会都有对中介组织的需求，中介组织应当抓住机遇，充分利用各种有利资源，改进自身工作，以卓有成效的工作获得各方的支持。

（五）加强中介组织间的协调与合作，整合资源

美国高等教育中介组织数量众多，即使是同一类型的高等教育中介组

织也存在多个。尽管在某些问题上，组织间存在分歧，但是各中介组织一直注重组织之间的协调与合作，不但存在专门进行组织间协调的机构，而且当遇到影响各组织共同利益的事件时，它们往往联合起来，统一声音，联合行动。这种组织之间的联合，无疑壮大了组织的力量。而我国已有的各类高等教育中介组织之间缺乏沟通与合作，特别是高等教育学会组织，数量不少但力量分散。如，中国高等教育学会下属的分支机构众多，覆盖地域和学科广泛，如果学会把这些分散的力量整合起来，充分发挥学会会员广泛分布在基层的优势，合作开展有关高等教育问题的研究活动，应当拥有其他组织难以比拟的优势。

同时，高等教育中介组织也应该注意加强和政府部门、企事业单位以及高校等其他组织的合作，发挥各自的资源优势，弥补单一力量的不足。

（六）加强中介组织研究，提供理论指导

美国不仅在高等教育实践领域活跃着众多的高等教育中介组织，还在学术界有研究者对其活动进行专门的研究，为中介组织的规范运行和长远发展提供理论指导。在我国，对高等教育中介组织的研究还处于起步阶段，即使是对整个非政府组织（NGO）的研究也才刚刚开始。在中国，NGO 这个词大约在 1996 年才开始被一些媒体使用，在 2000 年 NGO 才开始为人们所接受。"但迄今为止，尽管每年都有一些论文和著作问世，却一直没有形成令人信服的规范的概念体系和理论框架，更不要说像其他学科那样形成各种不同的流派。"[①] 目前，专门研究 NGO 的机构是清华大学 NGO 研究所。该研究所从 1999 年上半年开始着手有关中国非政府组织的调查研究。尽管该研究所自成立以来，开展了一些有声有色的研究工作，也出版了一些学术成果，但研究还处于对我国已有的非政府组织基本情况的调查和梳理阶段。对作为其中一部分的教育中介组织没有给予特别的关注。近一两年，有关中介组织的研究逐渐增多，但大多是一般性的理论构建，难以为中介组织的实践运行提供参考。

尽管我国政府从政策上肯定了建立高等教育中介组织，由中介组织承担某些管理职能的必要性，并明确了需要建立中介组织的领域，现实中我国也存在着一些高等教育中介组织，某些中介组织开始在一些领域发挥作

---

① 王名：《非营利组织管理概论》，中国人民大学出版社 2002 年版，"前言"I。

用，但因历史和现实条件的制约，我国高等教育中介组织不但数量不足，参与领域有限，而且其活动有浓厚的行政色彩，不完全具备中介组织的特质，没有充分发挥在政府、高校和社会之间进行信息沟通、利益平衡的作用。我国中介组织的发展一方面受制于外部环境，特别是政府管理高等教育职能的转变；另一方面，也取决于组织自身的完善。在当前条件下，加快中介组织的建设，逐步推动我国高等教育管理模式向多元力量共存合作的"治理模式"转变，任重道远。

小　结

我国从20世纪80年代就出现了类似于美国高等教育协会的高等教育学会、协会等高等教育社团。而且，从20世纪90年代以来，在国家重要的有关教育改革的政策文件中，多次提出要建立教育中介组织，把建立教育中介组织作为实现政府管理职能转变、推进高等教育管理体制改革的重要举措，并明确了需要建立教育中介组织的领域。与国家政策要求相应，教育中介组织的研究进入我国一些学术研究者的视野，关于教育中介组织的研究逐渐增多。但反观我国高等教育实践领域，直到目前，高等教育中介组织建设迟缓，已有的高等教育学会、协会等组织依然处于高等教育管理权力格局之外。

目前，我国高等教育领域存在着数量众多的高等教育社团，但类型单一，以学术研究性学会、协会为主体，基金会屈指可数，筹资能力有限，对高校影响不大；校友会倒是不断增加，但处于联谊阶段，对高校发展没有实质性影响。即使是发展较早、数量众多、覆盖地域和学科广泛的高等教育学会和协会，也没有对高等教育管理产生实质性影响，依然处于高等教育管理权力格局的边缘。这些组织的活动主要是开展群众性学术研究活动，多采用研讨会、座谈会的形式，研究成果以论文和著作出现，研究活动对国家、高校的政策制定影响不大。而且，这些组织在人员安排、经费获得和活动开展等方面，要倚仗政府行政部门，存在依附性；组织专职工作人员数量不足、专业化程度不高，组织制度建设不健全，组织内部和组织之间忽视资源的整合，会员众多，但单兵作战，没有形成合力，组织本应有的优势没有发挥，限制了组织参与高等教育活动的能力。可以说，这些数量众多的高等教育协会、学会作为各高等教育活动主体的松散联合组织，游离在高等教育管理之外。

与高等教育学会、协会的游离状态相比，在 20 世纪 90 年代之后，我国在高等教育咨询、评估、高校毕业生人才需求和就业指导等领域，由政府部门发起成立了一些专门的职能机构，其中以教育部直属高校工作咨询委员会、国家教育发展研究中心、教育部高等教育教学评估中心、教育部学位与研究生教育发展中心为代表。这些机构履行的是非行政性职能，承担的是专业性活动，其活动的开展要依靠学术界力量，一定程度上发挥了中介组织功能。但我国的这些官办中介性组织，不完全具备中介组织的特征，主要表现在：1. 独立性差，带有浓厚的行政化色彩。这些组织基本都是教育行政部门下属的事业单位，人员安排受限于政府部门的编制计划，经费基本是财政拨款，活动开展由政府部门发起，听从政府部门指挥，活动中是行政—学术—行政相继作用的过程；2. 发展不平衡，类型单一。在高校毕业生需求和就业指导领域，基本建立了从中央到省再到高校较为完整的组织体系，但教育决策咨询组织局限在教育部直属高校、省部共建高校层面的参与，评估类组织局限在高校整体性评估，分院校类型、分专业的评估机构尚未建立。3. 中介性不足，代表的利益相关者有限。这些组织更多的是发挥了"上情下达"的作用，"下情上达"作用不明显。教育部直属高校工作咨询委员会可以表达直属高校、省部共建高校的呼声，但数量众多的地方院校还缺乏有效向政府部门传递自身利益的组织；国家教育发展研究中心承担政府部门委托的研究议题，所调研的对象也有限；教育评估机构开展的评估活动，评估者与被评估者依然是被动服从关系。4. 监督机制不健全，影响组织活动成效。组织活动的重要信息没有向公众公开，公众无法有效地监督教育中介组织的活动。相对于高等教育社团来说，这些官办的中介性组织对我国高等教育实践活动产生了实质性影响，但因为其行政化色彩浓厚，可以看做是行政力量的延伸，没有充分发挥中介组织在政府、高校和社会中应有的沟通、协调、整合功能。

我国高等教育实践领域，中介性组织发展滞后、"民弱官强"、行政化明显等问题，既根源于我国历史上政治全能主义的社会权力结构以及原有的政府集权的高等教育管理体制，也与已有政府分权的高等教育改革路径密不可分。全能型政治国家的社会权力模式使我国在历史上就没有公民社会分享治理社会权力的传统；1949 年新中国成立后，这种全能型政治国家的模式得到了强化，国家权力触角深入到社会的每一个层面、每一个社会成员，社会被整合在国家权力严密控制之下，民间社会失去了存在的空间。在高等教育管理方面，从封建社会起，我国"官学一体"化特征明显；到 1949 年之后，建立了政府高度集权的高等教育管理体制，高校成为政府的附属物，不存在高等教育中介组织需求和供给的可能。即使到 20 世纪 80 年代以后，我国不断推进高等教育管理体制改革，提出政府要转变职能，下放权力，从"全能"向"有限"转变。但已有的政府分权的高等教育改革，并没有向高校归还其应有的自治权力，政府部门依然习惯于利用行政手段来直接介入高校内部事务，政府权能过于强大，挤压了高等教育中介组织存在和发展的空间。

随着高等教育改革的推进，政府单一力量控制高等教育的模式失去了合法性。从 20 世纪 90 年代以后，我国高等教育领域进行了引入市场力量的改革，市场介入高等教育之后，出现了诸多问题。解决上述问题，需要走出旧有的政府"放权—收权"循环的路径。以美国为代表的发达国家的经验表明，中介组织介入高等教育管理，实现高等教育多元力量合作治理，是解决问题的一种有效途径。

在我国，要加快高等教育中介组织建设，主要做好以下工作：一是要转变观念，真正明确高等教育中介组织存在、发展，介入高等教育管理的重要意义。二是我国特殊的国情，决定了我国高等教育中介组织的发展关键是政府部门要真正转变角色，还权于高校，扶植和授权于高等教育中介组织。三是要建立完善的高等教育中介组织监督机制，保障其活动的公益性。四是已有的高等教育中介组织应加强自身建设，完善组织工作机制，以出色的工作赢得政府、高校和公众的信任。五是注意中介组织之间以及中介组织与其他组织之间的合作。六是加强有关中介组织的学术研究和人员培训，为中介组织的活动提供理论指导，提高中介组织人员的素质。

从 20 世纪 80 年代中期开始，我国开始改革传统计划经济体制下政府单一权力控制高等教育的体制，转变政府职能，给予高校办学自主权。到 90 年代中期，建立与社会主义市场经济体制相适应的高等教育管理体制成为改革的目标，市场力量被引入高等教育领域。但是，市场在克服以往政府单一权力控制高等教育的某些弊端的同时，也引发了一系列新问题。90 年代末，我国高等教育开始从精英教育向大众化教育迈进，高等教育规模急剧扩张，市场取向高等教育改革引发的问题凸显，高等教育改革问题成为社会关注的一个焦点①。政府单一权力控制高等教育存在弊端，市场取向的改革也不是解决问题的良方，改革的出路何在？学术界开始反思已有的高等教育改革实践，对高校的属性、政府在高等教育的角色、市场在高等教育中的适用性和有限性等问题，进行了广泛、深入研讨，研究的一个核心问题是如何处理政府、市场、高校三者之间的关系。随着研究的深入，"高等教育治理"逐渐进入研究者的视野。

"治理"一词在当代的提出，在政治学上，主要是指不同于"统治"的一种新的社会秩序管理模式。在这种管理模式中，政府的角色是有限的，管理社会事务的权力主体是多元的，既可以是政府，也可以是其他社会机构，或者是政府与其他社会机构的合作；管理过程中的权力运行不是自上而下单向度的，而是上下互动多向度的；强调通过合作、协商、伙伴关系、确立共同目标来实施对公共事务的管理。在管理学上，治理是指由活动的利益相关者共同参与公共事务的管理，强调给予那些容易被忽视的

---

① 甘阳：《大学问题问答录》，载《书城》2005 年第 9 期。

利益相关者参与管理公共事务的机会。实质上，"治理"强调了管理公共事务权力的分享、各活动利益相关者平等的主体地位以及相互之间的合作，实现这种合作的方式是通过充分的交流、协商、谈判。治理模式提出的直接原因是在社会资源的配置中，人们"既看到了政府的失效，也看到了市场的失效"①，其现实的社会基础是公民社会的壮大。

"高等教育治理"是社会公共事务的治理模式在高等教育管理中的应用，是指高等教育系统的有效运行要依靠高等教育活动利益相关者的多主体共同参与，通过相互沟通、协商和谈判，确立共同的目标和彼此认可的行为方式，以实现利益的整合和高等教育活动效用最大化。这种高等教育治理模式的提出，是因为在高等教育系统中政府、市场和院校力量都有存在的合理性，但又各自有其局限性，高等教育系统的有效运转必须依靠政府、市场、院校的共同参与和相互合作。

如何使政府、市场和院校力量共同参与，合作管理高等教育的"高等教育治理模式"从理论转变为现实？建立教育中介组织是一个有效的途径。一些国家已经利用高等教育中介组织，实现了政府、市场和高校多方力量共同参与、合作共治高等教育。其中，最为典型的国家是美国。

在美国高等教育中，存在着数量众多、类型多样的高等教育中介组织，其中以各种类型的协会组织和基金会组织为代表。这些组织承担了重要的高等教育管理职能：参与政府决策，影响高等教育政策制定；在高等教育招生、评估、职业规范等领域，实现行业自我管理；介入高校内部，参与高校内部管理。在美国高等教育领域，政府巧妙地借助高等教育中介组织的力量来调控高等教育发展，使其为国家目标服务；高等教育中介组织介入管理领域，也使美国在没有政府统一集中管理的情况下，高等教育界自我管理、自我规范，避免了市场竞争可能引发的无序、混乱、机会主义行为等问题，发挥了市场竞争的优势。高等教育中介组织的介入，也为高校提供了了解社会需求的渠道。高校借助高等教育中介组织，一方面向政府和社会申明自己的主张，维护自治的权力，抵制政府和市场对高等教育活动的牵制；另一方面也利用这一渠道了解国家和社会的需求，适时地进行调整和改革。高等教育中介组织参与多个领域的高等教育管理活动，

---

① 俞可平：《全球治理引论》，载《马克思主义与现实》2002 年第 1 期。

介于高等教育活动各利益相关者之间，使它们相互之间通过沟通、协商和谈判，确立相互认可的高等教育活动目标和行为方式，构成了一个相互依存、彼此合作的组织网络，呈现出了多元力量合作共治的高等教育治理图景。

英国著名比较教育学家阿什比说：任何类型的大学都是遗产和环境的产物。① 美国高等教育领域存在数量众多、职能多样的高等教育中介组织，成为高等教育系统运转不可或缺的重要组成部分，与美国社会和高等教育发展历史和环境直接相关。美国从殖民地时期开始，就有民间自治的传统。之后，在社会发展中逐渐形成了"公民自治"的民情，社会公众习惯于依赖自我力量，通过自发的组织来协商解决群体问题，而不是动辄依靠官方力量。这种崇尚自治的文化传统为非政府组织的存在奠定了社会文化心理基础。在美国社会生活中，存在着形形色色的非政府、民间自治组织，这为高等教育中介组织的产生提供了组织原型和组织活动经验。大量民间组织的存在，使美国社会形成了国家—经济—公民社会分立共存的社会权力结构，国家权力机关、企业和民间组织各有其活动范围，按照不同的机制运转。美国大量公民自治组织的形成，也与美国有相对完善的保护公民权利的法律制度直接相关，公民可以依法建立自治组织，当公民及其组织利益受到侵害时，可以通过法律途径寻求救济，即使侵害方是国家权力机关也不例外，这为公民自治组织的活动提供了强有力的法律保障。此外，美国发达的信息传媒技术和完善的信息公开制度，为公民参与国家生活提供了前提。相对于有利于高等教育中介组织存在的社会外部环境来说，美国一些具体的制度设计，如，国会听证会、法院之友等，为中介组织参与高等教育管理，特别是参与国家有关高等教育决策提供了现实的、合法渠道。美国高等教育系统的独特性更是催生高等教育中介组织的直接原因。美国实行了分权制高等管理体制，联邦政府不具有直接管理高等教育的法定权力。联邦政府对高等教育的渗透主要是采用法律、经济资助和信息服务的方式。高等教育管理权主要在州，即使在州的层次，美国高校作为独立法人，州政府也不直接插手高等教育内部事务。在美国，商品经

---

① ［英］阿什比：《科技发达时代的大学教育》，滕大春、滕大生译，人民教育出版社 1983 年版，第 7 页。

济的观念和对市场的思考渗透到了社会的各个领域①，高等教育领域也不例外，市场竞争是美国高等教育的基本特征。所有高校都要通过竞争的手段去争取社会和政府的支持，以此获得高校发展所需的人力、物力和财力资源。在竞争的过程中，曾经出现过机会主义、混乱、质量参差不齐等问题，产生了对高等教育系统进行规制的需要。公民自治的民情和对政府集权的高度警惕，使高等教育界自发组织起来，成立非政府的高等教育中介组织，承担起高校入学资格、院校和专业设置基准、高等教育教学质量评估、教师聘任和权益维护等职能，维护高等教育系统的正常秩序。同时，美国高校根深蒂固的自治传统是各高校纷纷建立自己的组织、抵制外部力量侵蚀、捍卫高等教育自身发展逻辑的内在驱动力量。

适宜于高等教育中介组织生存和发展的组织外部生态环境，产生了对高等教育中介组织的需求，也为高等教育中介组织的供给创造了条件。同时，各种类型的高等教育中介组织在成长过程中形成的组织特质，为中介组织有效参与高等教育管理提供了有力支撑。高素质的组织人员、立意高远的组织目标、成熟的工作机制、完善的监督机制、有效的组织间协调和力量整合、注重对工作的理论研究和人员培训等，为高等教育中介组织卓有成效开展工作提供了内在保障。在不断的实践中，这些组织以自己出色的工作实绩赢得了政府、高校以及公众的信任。

适宜的高等教育中介组织外部环境和独特的组织内在特质，使美国既有对高等教育中介组织参与管理的有效需求，也有对高等教育中介组织的有效供给，高等教育中介组织才能够活跃在高等教育管理的各个领域，充分发挥监管、沟通、协调、整合和信息服务功能，使高等教育领域中政府、市场和高校相互制约、优势互补，合作治理高等教育，推动高等教育系统在结构复杂化、职能多样化、变革加速化的背景下有序高效运行。

以美国为代表的国家借助高等教育中介组织，协调政府、市场、高校多元力量之间的关系，高等教育的发展兼顾到了高等教育的外部需求和内在发展逻辑，为解决我国当前高等教育改革中出现的问题提供了思路。

其实，我国从 20 世纪 80 年代就存在类似于美国高等教育协会的高等

---

① ［美］马丁·特罗：《美国高等教育——过去、现在与未来》，载《北京大学高等教育论坛》1989 年第 1 期。

教育学会组织；从90年代中期以后，在我国重要的教育改革文件中，也多次提出要建立教育中介组织，以推动政府职能转变，推进高等教育体制改革。但是反观我国高等教育实践领域，高等教育中介组织发展迟滞；已有的高等教育学会组织数量众多，会员覆盖领域广泛，但这些组织依然游离于高等教育管理权力格局之外，不承担高等教育管理职能，学术研究活动对国家政策制定的影响不明显，甚至其自身生存也在相当程度上倚仗政府的行政力量。20世纪90年代以来，适应高等教育体制改革的政策要求，在我国高等教育领域，由政府部门发起并成立了一些承担高等教育咨询、评估、高校毕业生人才需求和就业指导的机构。这些机构承担的是业务性强的职能，其职能的履行要仰仗高等教育界专业人士、社会其他力量的配合，一定程度上发挥了中介组织的作用，但是这些组织不仅数量不足，发展不平衡，更为突出的问题是行政化色彩浓厚，组织内部依然采用了政府部门的科层制结构，组织中最重要的权力，即人事权、财权、活动发起和结果认定权都掌握在政府部门手中。在某些领域，如，高等教育评估，由于把原来相对分散的职能，集中到了单一的专门机构中，这一机构垄断了高等教育评估，机构的实际角色甚至有"政府行政权力再次集中化"的倾向。

我国高等教育学会组织角色的边缘化和依附性的存在、专门的官办中介性机构的行政化，与我国社会权力结构模式以及高等教育系统的特殊性直接相关。纵观我国的发展历史，全能型政治国家的社会权力结构模式是我国社会权力结构的突出特点，从封建社会开始，政治国家就拥有至高无上的权力，没有发育出类似于西方的公民社会。1949年新中国成立后，这种全能型政治国家的模式得到了强化，几乎社会中所有组织和社会中的每一个成员都被组织化到国家权力体系控制之下，政府几乎垄断了管理社会生活的所有权力，公民自治组织没有存在的可能。在高等教育领域，从古代开始，我国高等学府就是"官学合一"的机构，处于政府直接管理之下；近代新式学堂开启了我国现代高等教育的进程，但这些近代高校，其兴办的目的是"救国图存"，适应国家需要是其第一要义，在管理上延续了古代高等学府由政府管理的体制。1949年之后，我国模仿苏联的教育管理模式，建立了政府高度集权的高等教育管理体制，政府权力触角深入到高等教育活动各个层面，高校成为政府的附属物，作为政府决策的执行机构而存在。政府集高等教育举办者、管理者、办学者多重角色于一身，采用行政方式直接管理高校各种事务，学术力量听命于行政力量的指挥。在这种政府全能的高等教育管理体制下，没有对高等教育中介组织的需求，也不会有高等教育中介组织的供给。

虽然从 20 世纪 80 年代中期起，我国就启动了以改变政府单一权力控制高等教育为核心的高等教育体制改革，特别是 90 年代中期以来，借助市场力量，高等教育体制改革全面铺开。但是，改革并没有实现政府权能的实质性改变，反而在市场的压力下，使高校比以往更加倚重政府的扶持，政府的政策取向对高校的生存和发展有着更加重要的意义。政府依然掌控着高校发展的重要资源，习惯于直接插手高等教育活动；高校需要通过各种方式来争取政府的扶持，但缺乏有效的组织渠道。可以说，面对竞争的压力，高校有对高等教育中介组织的需求，借助组织化的方式，参与国家决策，了解社会需求。目前，我国高等教育中介组织发展滞后的主要症结在于政府在高等教育管理中的角色错位，权能过于强大，难以形成对高等教育中介组织有效的供给。

转变政府角色，框定政府、市场和高校各自的活动边界是加快我国高等教育中介组织建设、推进我国高等教育管理体制向"治理"转型的关键所在。"高等教育治理的前提是政府角色的转变。在现代社会中，政府的基本职能是保证社会公平和市场不能提供的公共产品，这是政府的基本责任。"① 政府的角色是宏观管理，是保障高等教育公平和高等教育的基本质量；社会是补充国家财力不足的重要渠道，市场竞争机制运用的目的是提高资源的利用效率；高校有自身的发展逻辑，应该享有管理自身事务的权力。采取哪些切实有效的措施，使对政府、市场和高校诸角色的设定从理论转变为现实，是高等教育中介组织存在和发展的重要前提，也是本研究需要继续研究的问题。

此外，研究者们在提倡用"治理"来应对社会调控中的政府失灵和市场失灵，并推进"治理"从理念向现实转变的过程中，逐步意识到了治理的成效问题。一些研究者提出，治理可以弥补市场和政府的不足，但它不是国家和市场的替代物；治理同样存在失效的可能，并就如何克服"治理

---

① 许杰：《政府分权与大学自主》，广东高等教育出版社 2008 年版，第 223 页。

的失效"提出了一些主张。所以，高等教育治理并不是不要政府，而是需要"小而强"的政府；不是不要市场，是需要"规范成熟的市场"。高等教育中介组织作为高等教育治理从理论向现实转变的重要组织载体，也有自身的组织局限，需要与政府、市场和高校共存于高等教育之中，相互监督、相互制约，建立合作伙伴关系。而且，值得注意的是，教育中介组织成员也是理性的"经济人"，也有追求自身利益最大化的天然倾向。所以，要建立完善的监督机制，保障中介组织公益性。同时，高等教育中介组织作为非政府、非高校的组织，应该有自己独特的运行机制。如何处理中介组织与其他力量之间的关系？怎样对中介组织的活动实施有效监督？如何完善中介组织的工作机制？这些都是高等教育中介组织建立并有效参与高等教育管理活动需要解决的问题，也是本研究需要进一步研究的内容。

历史和现实决定了我国高等教育中介组织的建设任重而道远，本研究也只是一个开端。

后　记

　　1998 年我的硕士学位论文，对美国高等教育领域中的竞争机制进行了初步研究。硕士毕业后，留在我的母校——河北大学高等教育研究所工作，因为工作需要和个人兴趣，高等教育就成为自己的主要研究领域。2004 年进入北京大学教育学院教育经济与管理专业攻读博士学位，在与导师毛祖桓教授商讨博士论文选题时，导师建议我对美国、英国等发达国家高等教育领域中的中介组织进行研究。开始刚刚接触这个选题时，内心是有抵触的，认为，在我国高等教育领域，非政府组织影响甚微，花费那么多时间和精力去研究这种边缘化的选题价值不大。但当我静下心来，认真阅读美国和英国高等教育中介组织的资料时，才逐渐意识到在英美高等教育领域，非政府中介组织的重要作用。在与导师的多次沟通中，也逐渐明朗：在我国高等教育管理体制改革的过程中，政府职能转变是改革的基本方向，但是政府原来承担的那些专业性、具体性职能，从政府机构剥离出来后，需要由其他组织承担这些职能，英美中介组织介入高等教育管理的经验可以为我国高等教育管理体制改革提供一些思路。随着研究的推进，从内心佩服导师的敏锐，对非政府中介组织的研究兴趣也逐渐增加。

　　在博士论文写作过程中，边研究边总结，先后在《教育学报》《比较教育研究》《高等工程教育研究》等专业刊物上发表了与论文选题有关的6 篇论文。博士论文完成之时，我对美国高等教育中介组织也有了较为系统、深入的认识。

　　2008 年 1 月博士毕业返校工作后，又进一步整理了美国高等教育中介组织的研究成果，陆续在专业刊物上发表。2011 年，"第三方治理——美国高等教育管理中的非政府组织研究"获得教育部人文社会科学研究立项，进一步鼓舞了我对美国非政府组织进行系统研究的信心。

　　就在自己踌躇满志计划进一步深化自己的研究之时，家庭和个人连续遭遇了比较重要的变故，一定程度影响了研究的进展。在各位亲人、老师、同学、朋友的帮助下，我对美国高等教育中介组织的研究才得以继续，并以本书的形式得以系统呈现。

自20世纪80年代以来，管理体制改革就是我国高等教育改革的重要内容，转变政府职能是改革的基本方向。但是经过30年的改革，管理体制改革依然任重道远。如何处理高等教育领域中政府、市场和高校的关系依然是当前我国高等教育管理中的重要问题。政府、市场、高校在高等教育管理中各有其存在的必要性，但又各有其局限性，多元力量合作治理高等教育应当是我国高等教育管理模式的应然选择，中介组织介入高等教育管理是这种应然模式向实然转变的一个有效途径。

本书系统梳理了美国高等教育中介组织所承担的管理职能，期望能够为我国高等教育管理体制改革提供参考。对美国高等教育非政府中介组织的研究，为避免蜻蜓点水式研究的不足，本书只选取了美国高等教育领域中某些重要的中介组织进行研究，对其他更加多样化组织的舍弃，是本书的遗憾。此外，本书中的很大部分内容来自英文资料的解读，因为自身能力局限，其中也难免有理解不准确之处。

时光荏苒，从最初博士论文选择美国高等教育中介组织进行研究，已经过去了10年。回望过去的时光，心中有感激，也有惭愧。感激一路走来对我提供无私帮助和关爱的人，惭愧于自己没有能全身心投入到学术研究中。

感谢我的博士生导师毛祖桓教授对我学术研究能力提升的指导，感谢河北大学教育学院师生对我长期以来的关心和帮助，感谢长期以来给予我生活、学业、工作以无私帮助的亲人、师长、朋友们。

本书得以最终出版，感谢河北大学提供的资助，感谢人民出版社李斌、杨朝霞老师，是他们用自己专业和细心的工作，让我能够把本书尽量完美地呈现给读者。

本书所涉及的研究内容，如我国高等教育管理体制改革、美国高等教育中介组织职能，仍有很多问题需要继续探讨和研究。与我个人而言，本书是过去一段时期研究成果的总结，也是我下一阶段研究的基础。

杨凤英

2015年11月

主要参考文献

一、中文文献

图书类

1. 曹淑江：《教育制度和教育组织的经济学分析》，北京师范大学出版社 2004 年版。

2. 昌柏利等著：《大众化背景下的高等教育质量问题研究》，陕西人民出版社 2008 年版。

3. 陈学飞、秦惠民：《高等教育理论研究精论集》，中央编译出版社 2004 年版。

4. 褚宏启：《中国教育管理评论》（第 2 卷），教育科学出版社 2004 版。

5. 戴志敏、石毅铭、蒋绍忠：《大学教育基金会管理研究》，浙江大学出版社 2010 年版。

6. 范文曜、马陆亭：《国际视角下的高等教育质量评估与财政拨款》，教育科学出版社 2004 年版。

7. 付淑琼：《高等教育系统的专业协调力量：美国大学教授协会研究》，浙江大学出版社 2011 年版。

8. 高鸿业：《西方经济学——微观部分》，中国经济出版社 1996 年版。

9. 培勇、崔军：《公共部门经济学》，中国人民大学出版社 2001 年版。

10. 郭朝红：《影响教师政策的中介组织》，天津教育出版社 2006 年版。

11. 国家教育行政学院：《国际视野中的高等教育管理》，广西师范大学出版社 2006 年版。

12. 韩映雄：《高等教育质量管理：体系与方法》，北京大学出版社 2013 年版。

13. 何增科：《公民社会与第三部门》，社会科学文献出版社 2000 年版。

14. 和震：《美国大学自治制度的形成与发展》，北京师范大学出版社 2008 年版。

15. 黄宇智：《当代中国高等教育论要》，汕头大学出版社 1994 年版。

16. 金耀基：《大学之理念》，生活·读书·新知三联书店 2001 年版。

17. 康晓光：《权力的转移——转型时期中国权力格局的变迁》，浙江人民出版社 1999 年版。

18. 康宁：《中国经济转型中高等教育资源配置的制度创新》，教育科学出版社 2005 年版。

19. 刘复兴：《教育政策的价值分析》，教育科学出版社 2003 年版。

20. 卢晓中：《当代世界高等教育理念及对中国的影响》，上海教育出版社 2001 年版。

21. 陆根书、钟宇平：《高等教育成本回收的理论与实证分析》，北京师范大学出版社 2002 年版。

22. 吕凤太：《社会中介组织研究》，学林出版社 1998 年版。

23. 毛亚庆：《从两极到中介——科学教育和人文教育方法论研究》，北京师范大学出版社 1999 年版。

24. 蒙丽珍、古炳玮：《财政学》（第 3 版），东北财经大学出版社 2013 年版。

25. 闵维方：《高等教育运行机制》，人民教育出版社 2002 年版。

26. 汪玉凯：《现代政治学》，陕西人民出版社 1989 年版。

27. 王名：《非营利组织管理概论》，中国人民大学出版社 2002 年版。

28. 王建成：《美国高等教育认证制度研究》，教育科学出版社 2007 年版。

29. 吴文侃、杨汉清：《比较教育学》，人民教育出版社 1989 年版。

30. 吴必康：《权力与知识》，福建人民出版社 1998 年版。

31. 熊明安：《中国高等教育史》，重庆出版社 1983 年版。

32. 熊耕：《美国高等教育协会组织研究》，知识产权出版社 2010 年版。

33. 徐冬青：《市场引入与主体重构——现代学校制度若干问题研究》，辽宁人民出版社 2009 年版。

34. 许纪霖、陈达凯：《中国现代化史》（第 1 卷 1880—1949），上海三联书店 1995 年版。

35. 许杰:《政府分权与大学自主》,广东高等教育出版社 2008 年版。

36. 颜丙峰、宋晓慧:《教育中介组织的理论与实践》,上海人民出版社 2006 年版。

37. 阎光才:《美国的学术体制:历史、结构与运行特征》,教育科学出版社 2011 年版。

38. 叶澜:《教育研究方法论初探》,上海教育出版社 1999 年版。

39. 俞可平:《治理与善治》,社会科学文献出版社 2000 年版。

40. 袁祖社:《权力与自由——市民社会的人学考察》,中国社会科学出版社 2003 年版。

41. 曾满超:《教育政策的经济分析》,人民教育出版社 2000 年版。

42. 张民选:《理想与择校——大学生资助政策的国际比较》,人民教育出版社 1999 年版。

43. 张云德:《社会中介组织的理论与运作》,上海人民出版社 2003 年版。

44. 赵一凡:《美国的历史文献》,生活·读书·新知三联书店 1989 年版。

45. 郑富芝、范文曜:《高等教育发展政策国别报告》,教育科学出版社 2002 年版。

46. 中国行政管理学会课题组:《中国社会中介组织发展研究》,中国经济出版社 2006 年版。

47. 周志宏:《学术自由与大学法》,蔚理法律出版社 1989 年版。

48. 周光礼:《学术自由与社会干预——大学学术自由的制度分析》,华中科技大学出版社 2003 年版。

49. 周光礼:《教育与法律:中国教育关系的变革》,社会科学文献出版社 2005 年版。

50. 朱光磊:《当代中国政府过程》,天津人民出版社 1997 年版。

51. 朱新梅:《政府干预与大学公共性的实现——中国大学的公共性研究》,教育科学出版社 2007 年版。

52. 资中筠:《散财之道——美国现代公益基金会述评》,上海人民出版社 2003 年版。

53. 〔美〕伯顿·R. 克拉克:《高等教育系统——学术组织的跨国研

究》，王承绪等译，杭州大学出版社 1994 年版。

54. 〔美〕布坎南：《宪法经济学》，载刘军宁：《市场社会与公共秩序》，生活·读书·新知三联书店 1996 年版。

55. 〔美〕丹尼尔·布尔斯廷：《美国人：建国历程》，中国对外翻译出版公司译，生活·读书·新知三联书店 1993 年版。

56. 〔美〕德里克·博克：《美国高等教育》，乔佳义译，北京师范大学出版社 1991 年版。

57. 〔美〕菲利蒲·G. 阿尔特巴赫：《比较高等教育：知识、大学与发展》，人民教育出版社教育室译，人民教育出版社 2001 年版。

58. 〔美〕哈维·S. 罗森：《财政学》（第 6 版），赵志耘译，中国人民大学出版社 2003 年版。

59. 〔美〕汉密尔顿、杰伊、麦迪逊：《联邦党人文集》，程逢如等译，商务印书馆 1980 年版。

60. 〔美〕克拉克·克尔：《大学的功用》，陈学飞等译，江西教育出版社 1993 年版。

61. 〔美〕莱斯特·M. 萨拉蒙：《第三域的兴起》，载李亚平、于海：《第三域的兴起》，复旦大学出版社 1988 年版。

62. 〔美〕劳伦斯·A. 克雷明：《美国教育史：殖民地时期的历程 1607—1783》（卷一），周玉军等译，北京师范大学出版社 2003 年版。

63. 〔美〕迈克尔·罗斯金等：《政治学》，林震等译，华夏出版社 2002 年版。

64. 〔美〕Martin Carnoy：《教育经济学国际百科全书》（第 2 版），闵维方等译，高等教育出版社 2000 年版。

65. 〔美〕米尔顿·弗里德曼：《资本主义与自由》，张瑞玉译，商务印书馆 1986 年版。

66. 〔美〕罗伯特·K. 殷：《案例研究设计与方法》，周海涛主译，重庆大学出版社 2004 年版。

67. 〔美〕乔·萨托利：《民主新论》，冯克利、阎克文译，东方出版社 1998 年版。

68. 〔美〕R. 科斯：《社会成本问题》，载 R. 科斯等：《财产权利与制度变迁》，刘守英等译，上海三联书店、上海人民出版社 1994 年版。

69. ［美］萨缪尔森：《经济学》（下）（第 12 版），高鸿业等译，中国发展出版社 1992 年版。

70. ［美］斯蒂格利茨：《公共部门经济学》（第 3 版），郭庆旺等译，中国人民大学出版社 2005 年版。

71. ［美］文森特·奥斯特洛姆：《美国公共行政的思想危机》，毛寿龙译，三联书店上海分店 1999 年版。

72. ［美］文森特·奥斯特洛姆：《复合共和制的政治理论》，毛寿龙译，三联书店上海分店 1999 年版。

73. ［美］沃浓·路易·帕灵顿：《美国思想史（1620—1920)》，陈永国译，吉林人民出版社 2002 年版。

74. ［美］伊恩·罗伯逊：《社会学》，黄育馥译，商务印书馆 1991 年版。

75. ［美］约翰·S·布鲁贝克：《高等教育哲学》，王承绪等译，浙江教育出版社 2002 年版。

76. ［英］阿什比：《科技发达时代的大学教育》，滕大春、滕大生译，人民教育出版社 1983 年版。

77. ［英］戴维·米勒、韦农·波格丹诺：《布莱克维尔政治学百科全书》，中国政法大学出版社 1992 年版。

78. ［英］哈耶克：《自由秩序原理》，邓正来译，生活·读书·新知三联书店 1997 年版。

79. ［英］玛丽·亨克尔、布瑞·达里特：《国家、高等教育与市场》，谷贤林等译，教育科学出版社 2005 年版。

80. ［英］亚当·斯密：《国民财富的性质和原因的研究》（下卷），郭大力、王亚南译，商务印书馆 1974 年版。

81. ［加］许美德：《中国大学 1895—1995：一个文化冲突的世纪》，许洁英主译，教育科学出版社 2000 年版。

82. ［加］约翰·范德格拉夫等：《学术权力——七国高等教育管理体制比较》，王承绪等译，浙江教育出版社 2001 年版。

83. ［法］托克维尔：《论美国的民主》（上），董果良译，商务印书馆 1991 年版。

84. ［德］哈贝马斯：《公共领域的结构转型》，曹卫东等译，学林出版社 1999 年版。

85. ［日］野尻武敏、百百和：《经济政策学》，魏杰等译，经济日报出版社 1993 年版。

期刊论文和学位论文类

1. 白雪：《美国大学学府的变质》，载《世界教育信息》1999 年第 4 期。

2. 代春强：《社会中介组织与我国政治发展探析》，载《云南行政学院学报》2000 年第 2 期。

3. 戴炳源、万安培：《中国中产阶层现状特点及发展态势简析》，载《财政研究》1998 年第 9 期。

4. 戴革萍、毛水生、王庆文：《关于高等教育评估中介机构的几点思考》，载《高等理科教育》2003 年第 3 期。

5. 丁小浩：《对中国高校不同家庭收入学生群体的调查报告》，载《清华大学教育研究》2000 年第 2 期。

6. 董云川：《现代大学制度中的政府、社会、学校》，载《高等教育研究》2002 年第 9 期。

7. 甘阳：《大学问题问答录》，载《书城》2005 年第 9 期。

8. 范履冰、曾龙：《论教育中介组织的角色和作用》，载《国家教育行政学院学报》2011 年第 8 期。

9. 方舟子：《我见过的美国国会听证会》，载《环球》2002 年第 5 期。

10. 冯芳：《教育中介组织发展的现实困境与出路》，载《当代教育科学》2014 年第 21 期。

11. 何勇平：《大学治理：走向现代大学制度建设之路》，载《重庆工商大学学报》（社会科学版）2013 年第 5 期。

12. 黄福涛：《20 世纪西方高等教育发展的特征与趋势》，载《厦门大学学报》1999 年第 2 期。

13. 贾群生：《中介机构：新的观点》，载《辽宁高等教育研究》1997 年第 2 期。

14. 金东海：《发达国家教育中介组织及其借鉴意义》，载《西北师范大学学报》（社科版）1995 年第 6 期。

15. 金东海、李小红：《教育管理专业化与教育中介组织构建的思考》，载《高等理科教育》2004 年第 3 期。

16. 井维华、韩延明：《关于高等教育理论研究有效服务于教育实践的几点理性思考》，载《辽宁高等教育研究》1999 年第 2 期

17. 劳凯声：《社会转型与教育的重新定位》，载《教育研究》2002 年第 2 期。

18. 劳凯声：《教育市场的可能性及其限度》，载《北京师范大学学报》2005 年第 1 期。

19. 李松龄：《关于发展知识经济若干理论问题的探讨》，载《财经理论与实践》1999 年第 1 期。

20. 李彦荣：《我国教育中介组织发展的特点与对策》，载《教育发展研究》2007 年第 19 期。

21. 李盛兵：《美国本科教育的新挑战》，载《比较教育研究》2008 年第 3 期。

22. 李定仁：《教学工作是一种融入教师生命激情的事业——谈高校教学特点与青年教师成长》，载《当代教育与文化》2010 年第 1 期。

23. 廖湘阳、王战军：《我国教育中介机构的组织特性分析》，载《江苏高教》2002 年第 5 期。

24. 刘精明：《教育与社会分层结构的变迁——关于中高级白领职业阶层的分析》，载《中国人民大学学报》2001 年第 2 期。

25. 刘志业、栾开正、李卫东：《教育过度与高校毕业生就业问题分析》，载《高等教育研究》2003 年第 4 期。

26. 刘宝存：《高等教育强国建设与我国高等教育改革的政策走向》，载《河北师范大学学报》（教育科学版），2012 年第 1 期。

27. 刘耀明：《教育中介组织失灵及制度变革》，载《教育理论与实践》2012 年第 34 期。

28. 龙献忠：《论高等教育治理视野下的政府角色转变》，载《现代大学教育》2004 年第 1 期。

29. 卢乃桂、许庆豫：《我国 90 年代教育机会不平等现象分析》，载《华东师范大学学报》（教育科学版）2001 年第 4 期。

30. 马迎贤：《组织间关系：资源依赖视角的研究综述》，载《管理评论》2005 年第 2 期。

31. 桑锦龙：《教育中介组织建设：教育体制创新的重要环节》，载《教育科学研究》2000 年第 4 期。

32. 盛冰：《教育中介组织：现状、问题与发展对策》，载《高教探索》2002 年第 3 期。

33. 史秋衡：《高等教育产业理念比较及匡正》，载《高等教育研究》2001 年第 3 期。

34. 史晓宇：《关于高校扩招后提高教学质量的思考》，载《云南师范大学学报》2002 年第 4 期。

35. 史雯婷：《从高等教育的社会治理看第三部门的发展》，载《江苏高教》2004 年第 3 期。

36. 孙立平：《总体性社会研究——对改革前中国社会结构的概要分析》，载《中国社会科学季刊》1993 年第 1 期。

37. 孙志军：《过度教育：西方的研究与经验》，载《比较教育研究》2001 年第 5 期。

38. 田平：《建立中介机构：协调政府与大学的关系》，载《高等教育研究》1996 年第 5 期。

39. 田晓青：《教育程度在劳动力市场中形成的职业分割研究》，载《中国市场》2014 年第 28 期。

40. 万毅平：《美国的高校认证与教育评估》，载《江苏大学学报》（高教研究版）2003 年第 4 期。

41. 王建华：《我国大学与政府间中介组织的现状、原因与对策》，载《青岛大学学报》（社会科学版）2002 年第 3 期。

42. 王明洲：《论信息不对称与教育中介组织》，载《中国职业技术教育》2002 年第 18 期。

43. 王冀生：《建设具有中国特色的高等教育评估制度的基本要点》，载《高等教育研究》1994 年第 1 期。

44. 王冀生：《建立教育评估的社会中介组织》，载《教育发展研究》1996 年第 5 期。

45. 王英杰：《美国高等教育发展与改革百年回眸》，载《高等教育研究》2000 年第 1 期。

46. 王善迈：《关于教育产业化的讨论》，载《北京师范大学学报》

（人文社科版）2000 年第 1 期。

47. 王建平：《高校扩招与质量保证》，载《重庆大学学报》（社会科学版）2001 年第 5 期。

48. 王正威：《高校扩招后必须"宽进严出"》，载《洛阳师范学院学报》2000 年第 6 期。

49. 邬大光：《全面理解高等教育的产业属性》，载《有色金属高教研究》1999 年第 4 期。

50. 邬大光、柯佑祥：《关于高等教育产业属性的理论思考》，载《教育研究》2000 年第 6 期。

51. 邬大光、陈袅鹰：《2006 年中国高等教育盘点》，载《高等教育研究》2007 年第 2 期。

52. 吴忠民、林聚任：《城市居民的社会流动——来自山东省五城市的调查》，载《中国社会科学》1998 年第 2 期。

53. 夏天阳：《高教改革与教育社会中介组织》，载《上海高教研究》1997 年第 5 期。

54. 向冠春、刘娜：《我国高等教育与社会流动关系嬗变》，载《现代教育管理》2011 年第 1 期。

55. 熊耕：《美国高等教育认证制度的特点》，载《比较教育研究》2002 年第 9 期。

56. 熊耕：《美国高等教育认证制度的起源及其形成动力分析》，载《外国教育研究》2004 年第 6 期。

57. 杨东平：《试论教育腐败》，载《北京大学教育评论》2003 年第 2 期。

58. 杨移贻：《中介组织：现代高等教育管理的重要一环》，载《高等教育研究》2003 年第 7 期。

59. 杨凤英、毛祖桓：《美国高校教师的权利维护——以美国大学教授协会活动为例》，载《比较教育研究》2008 年第 2 期。

60. 杨凤英、毛祖桓：《市场取向高教改革的成效、问题及原因》，载《高等工程教育研究》2008 年第 3 期。

61. 杨凤英、袁刚：《美国高校影响政府决策的途径和方式——从高等教育协会组织活动管窥》，载《比较教育研究》2010 年第 3 期。

62. 杨凤英、袁刚：《加快我国高等教育中介组织发展的对策分析》，载《学理论》2009 年第 25 期。

63. 杨凤英、殷必轩：《美国高等教育跨州区域协作的达成——高等教育州际协作组织活动的视角》，载《山东高等教育》2013 年第 1 期。

64. 杨克瑞：《美国〈高等教育法〉的历史演变分析》，载《比较教育研究》2005 年第 4 期。

65. 杨念鲁、王晓燕：《积极培育教育中介组织》，载《辽宁教育》2014 年第 10 期。

66. 尤伟：《我国高等教育中介组织的公共治理》，载《现代教育管理》2014 年第 11 期。

67. 于泓：《转变政府职能促进中介机构健康发展》，载《中国集体经济》2001 年第 3 期。

68. 于海峰、曹海军、孙艳：《中国语境下非政府性教育中介组织研究》，载《清华大学教育研究》2011 年第 4 期。

69. 俞可平：《全球治理引论》，载《马克思主义与现实》2002 年第 1 期。

70. 余利惠：《实施校本管理，构建现代学校制度》，载《教育发展研究》2003 年第 12 期。

71. 袁伟时：《学术的尊严与学者的自尊》，载《开放时代》1996 年第 4 期。

72. 袁连生：《我国居民高等教育支付能力分析》，载《清华大学教育研究》2001 年第 3 期。

73. 袁刚：《有限且有效：政府干预高等教育的应然模式》，载《河北师范大学学报》（教育科学版）2010 年第 3 期。

74. 张振宇：《试论高等教育中介组织产生的合理性》，载《大学教育科学》2005 年第 2 期。

75. 张璋：《治理：公共行政的新理念》，载《公共行政》2000 年第 3 期。

76. 张素芹、杨凤英：《我国高等教育社团组织现状和主要问题》，载《教育与职业》2010 年第 14 期。

77. 赵婷婷：《自治、控制与合作：政府与大学关系的演进历程》，载

《现代大学教育》2001 年第 2 期。

78. 志学：《录取新生不报到：值得注意的新动向》，载《高校招生》2002 年第 1 期。

79. 周春红：《净土不净：高校领域腐败现象透视》，载《中国监察》2003 年第 15 期。

80. ［美］马丁·特罗：《美国高等教育——过去、现在和未来》，载《北京大学高等教育论坛》1989 年第 1 期。

81. ［美］道格拉斯·诺斯：《制度变迁理论纲要》，载《改革》1995 年第 3 期。

82. 陈能洁：《社会转型时期高等教育评估中介机构的培育》，华东师范大学 2004 年硕士学位论文。

83. 方乐：《美国政府与高等教育认证机构之间关系的研究》，上海师范大学 2005 年硕士学位论文。

84. 郭庆：《我国教育中介组织研究——机构诠释与发展对策》，北京师范大学 2004 年博士学位论文。

85. 胡春花：《我国政府与高校间中介性组织有关问题的研究》，苏州大学 2004 年硕士学位论文。

86. 欧金荣：《试论中国高等教育评估中介组织的创新》，华中师范大学 2003 年硕士学位论文。

87. 王建华：《大学中介性组织研究》，厦门大学 2002 年硕士学位论文。

88. 熊耕：《美国高等教育认证制度研究》，北京师范大学 2003 年硕士学位论文。

89. 杨晓江：《教育评估中介机构研究》，华东师范大学 1998 年博士论文。

90. 周小虎：《利益集团视角下的美国教师组织对教育政策影响的研究》，东北师范大学 2006 年博士学位论文。

91. 朱国辉：《建立我国高等教育评估中介机构的研究》，中南大学 2002 年硕士学位论文。

二、外文文献

图书和期刊论文类

1. Charles E. Lindblom, *Politics and Markets：The World's Political Economic System.* New York：Basic Books, Inc, Publisher, 1977.

2. Christopher J. Lucas, *American Higher Education：A History.* NewYork：St Martins Pr, 1994.

3. Christopher Jencks&David Riesman, *The Academic Revolution.* New Brunswick：Transaction Publishers, 2001.

4. Constance Ewing Cook, ed. *Lobbying for Higher Education：How Colleges and Universities Influence Federal Policy.* Nashville：Vanderbilt University Press, 1998.

5. D. Parsons Michael, *Power and Politics：Federal Higher Education Policy Making in the 1990's.* NewYork：State University of New York Press, 1997.

6. Edward H. Berman, *The Ideology of Philanthropy.* Albany：State University of New York Press, 1983.

7. E. Grady Bogue, Robert L. Sanders, eds. *The Evidence For Quality.* San Francisca：Jossey-Bass Publishers, 1992.

8. F. F. Harcleroad, *Accreditation：Voluntary Enterprise in Understanding Accreditation.* San Francisca：Jossey-Bass Publishers, 1983.

9. Hugh Hawkins, Binding Together：*the Rise of National Associations in American Higher Education* 1887—1950. Baltimore：Johns Hopkins University Press, 1992.

10. J. Herbst, *From Crisis to Crisis：American College Government,* 1636—1819. Cambridge：Harvard University Press, 1982.

11. John Brennan, Peter de Vries, Ruth Williams, eds. *Standards and Quality in Higher Education.* London：Jessica Kingsley Publishers Ltd, 1997.

12. Joseph F. Kauffman, *The College Presidency-Yesterday and Today, ASHE Reader on Organization and Governance in Higher Education.* Needham Heights：Ginn Press, 1986.

13. John S. Brubacher &Willis Rudy, *Higher Education In Transition：A*

History of American Colleges and Universities. Piscataway：Transaction Publishers，1997.

14. K. E. Young，H. R. Chamber and H. R. Kells，eds. *Understanding Accreditation.* San Francisca：Jossey-Bass Publishers，1983.

15. L. Goedgebuure，etc. eds. *Higher Education Policy：An International Comparative Perspective.* Oxford：Pergamon Press，1993.

16. Matthew W. Finkin，*The case for Tenure.* Ithaca：Cornell University Press，1996.

17. Michael D. Parsons，*Power and Politics：Federal Higher Education Policy-making in the* 1990s. New York：State University of New York Press，1997.

18. Neil Hamilton，*Zealotry and Academic Freedom：A Legal and Historical Perspective.* New Brunswick：Transaction Publishers，1996.

19. Nielson，Waldemar A，eds. *The Big Foundations.* New York：Columbia University Press，1972.

20. P. A. Samuelson&W. D. Nordhaus. eds，*Microeconomics.* New York：Grow-Hill Book Company，1989.

21. Paul L. Dressel，*The Autonomy of Public Colleges.* San Francisco：Jossey-Bass，1980.

22. Philo A. Hudcheson，ed. *A Professional Professoriate：Unionization，Bureaucratization and AAUP.* Nashville：Vanderbilt University Press，2000.

23. Philo A. Hutcheson，*A Professional Professoriate：Unionization，Bureaucratization，and AAUP.* Nashville：Vanderbilt University Press，2000.

24. Philip G. Altbach，Robert O. Berdahl，Patricia J. Gumport，eds. *American Higher Education in the Twenty-first Century.* Baltimore：The Johns Hopkins University Press,1999.

25. Raymond B. Fosdick，*The Story of the Rockefeller Foundation* 1913—1950. New York：Harper & Brothers Publishers，1952.

26. Richard Hofstadter，*Academic Freedom：in The Age of the College.* New York：Columbia University Press，1955.

27. Richard Hofstadter &W. Smith，*American Higher Education：A Documentary History.* Chicago：The University of Chicago Press，1961.

28. Richard Miller, *Major American Higher Education Issues and the challenges in the 1990s.* London: Jessica Kingsley Publishers, 1990

29. Richard M. Freeland, *Academia's Golden Age: Universities in Massachusetts 1945—1970.* Oxford University Press, 1992.

30. Roger L. Geiger, ed. *Private Sectors in Higher Education: Structure, Function, and Change in Eight Countries.* Ann Arbor: The University of Michigan Press, 1986.

31. Walter P. Metzger, *Academic Freedom in the Age of the University.* New York: Columbia University Press, 1955.

32. W. H. Cowley, *Presidents, Professors, and Trustees: The Evolution of American Academic Government.* Francisco: Jossey-Bass Publishers, 1980.

33. Courtney Leatherman, "*The Carnegie Foundation shift its Location and Its Emphasis*". *The Chronicle of Higher Education* ,1997,Vol. 43(34),p. 34.

34. D. Acemoglu, "Why do New Technologies Complement Skill? Direct Technical Change and Wage Inquality. " *Quarterly Journal Economics* , 1998, Vol. 113 (4), pp. 1055—1089.

35. De Boer, "Walking Tightropes in Higher Education. " *The Journal of Higher Education Policy*, 1992, Vol. 5 (3), p. 34.

36. Elaine El-khawas, "Are Buffer Organizations Doomed to Fail? Inevitable Dilemmas and Tensions. " *The Journal of Higher Education Policy*, 1992, Vol. 5 (3), p. 18.

37. G. Psacharopoulos, "Returns to Education: A Future International Update and Implications. " *The Journal of Human Resources*, 1985, Vol. 20 (4), pp. 583—604.

38. J. J. Rotemberg & G. Saloner, "Competition and Human Capital Accumulation: A theory of Inter-regional Specialization and Trade. " *Regional Science and Urban Economics*, 2000, Vol. 30 (2), pp. 373—404.

39. Harland G. Bloland, "Creating CHEA: Building a New National Organization on Accrediting. " The *Journal of Higher Education*, 1999, Vol. 70 (4), pp. 1—32.

40. L. R. Alley, "Diverting a Crisis in Global Haman and Economic Devel-

opment： a New Transnational Model for Lifelong Continuous Learning and Personal Knowledge Management. ” *Higher Education in Europe*, 1999, Vol. XXIV （2）, pp. 187—195.

41. Maeve Cooke, “Five Arguments for Deliberative Democracy. ” Political Studies, 2000, Vol. 48 （5）, pp. 947—969.

42. P. M. Romer, “*Increasing Returns and Long-run Growth.* ” *Journal of Political Economic*, 1986, Vol. 94 （5）, pp. 1002—1037.

43. R. E. Lucas, “On the Mechanics of Economic Development. ” *Journal of Monetary Economics*, 1988, Vol. 22 （1）, pp. 3—42.

44. Sheila Slaughter, “Retrenchment in the 1980s： the Politics and Prestige of Gender. ” *Journal of Higher Education*, 1993, Vol. 64 （7）, pp. 250—282.

45. Trow Martin,“The Expansion and Transformation of Higher Education. ” *International Review of Education*,1972,Vol. 18(1),pp. 61—63.

46. T. W. Schultz, “The Economic Importance of Human Capital in Modernization. ” *Education Economics*, 1993, Vol. 1 （1）, pp. 13—19.

47. Yukio Miyata, “An Empirical Analysis of Innovative Activity of Universities in the United States. ” *Technovation*, 2000Vol. 20 （8）, pp. 413—425.

电子文献类

1. About AAUP. http： //www. aaup. org/about-aaup, 2015 – 06 – 06.

2. About the Commission ［EB/OL］. http： //www. ncahigher learning commission. org, 2007 – 02 – 21.

3. About MHECTECH. http： //www. mhectech. org/about-mhectech. 2015 – 05 – 31.

4. Academic Freedom, Tenure, and Due Process. http： //www. aaup. org/ redbook-contents, 2015 – 06 – 10.

5. ACE, Letter to Congress. http： //www. acenet. edu/Search/Pages/results. aspx？ k = letterto Congress, 2015 – 03 – 27.

6. ACE, Letter to Congress. http： //www. acenet. edu/Search/Pages/results. aspx？ k = letterto Congress, 2015 – 03 – 27.

7. ACE, Amicus Brief to the U. S. Supreme Court in University of Michigan Ad-

missions Cases. http：//www. acenet. edu/news-room/Pages/Amicus-Brief-Supreme-Court-Michigan-Admissions-Cases. aspx，2015 – 04 – 01.

8. Andrew Carnegie and *The Gospel of Wealth.* http：//www. hks. harvard. edu/fs/phall/05. Wealth. pdf. 2015 – 05 – 31.

9. Censured Administrations 1930—2002. http：//www. aaup. org/AAUP/issuessed/AF/allcen. htm，2013 – 02 – 05.

10. Challenge to lead 2020. http：//www. sreb. org/page/1072/challenge_ to_ lead_ 2020. html. 2015 – 05 – 31.

College and Career Readiness. http：//www. sreb. org/page/1073/college_ and_ career_ readiness. html. 2015 – 05 – 16.

11. Comments. http：//www. aaup. org/redbook-contents. 2015 – 06 – 06.

12. Development Math Demonstration Project. http：//www. mhectech. org/nebhe-developmental-math-demonstration-project/devmath/. 2016 – 06 – 05.

13. Education Statistics. http：//nces. ed. gov/programs/digest/2014menu_ tables. asp. 2015 – 03 – 12.

14. Hearing before the Committee on Health，Education，Labor and Pensions（2004）. *Higher Education Accreditation：How Can the System Better Ensure Quality and Accountability?* p. 23. https：//www. help. senate. gov/hearings，2015 – 06 – 08.

15. Judith S. Eaton. . *Accreditation and Recognization in the United States. http：//www. chea. org/pdf/AccredRecogUS_* 2012. pdf. 2015 – 06 – 05.

16. MHEC e-Transcript Initiative（ETI）. http：//www. mhec. org/programs. 2015 – 06 – 01.

17. North American Network of Science Labs on Line. http：//www. wiche. edu/nanslo/resources/research. 2015 – 06 – 02.

18. Policy and Data Resources. http：//www. wiche. edu/resources/policy/297. 2015 – 05 – 16.

19. Robert Clidden. *Accreditation at a Crossroads.* http：//www. chea. org/Research/crossroads. asp，2015 – 06 – 06.

20. RSP Tuition Break. http：//www. nebhe. org/programs-overview/rsp-tuition-break/overview/. 2015 – 06 – 30.

21. United States Department of Education. National Center for Education Statistics. The Digest of Statement on Collective Bargaining. http：//www. aaup. org/AAUP/pubsres/policydocs/contents/statementcolbargaining. htm，2015 –03 –02.

22. *Veterans Administration. GI Bill History.* http：//www. gibill. va. gov/education/GI Bill. htm. 2014 –11 –11.

WICHE. WICHE Six Decades of Collaboration in the West. http：//www. wiche. edu/pub/wiche-six-decades-collaboration-west. 2015 –06 –30

23. What is the MESP. http：//msep. mhec. org. 2015 –06 –30.

24. 1998 Amendents to Higher Education Act of 1965. http：//www2. ed. gov/policy/highered/leg/hea98/index. html，2015 –06 –05.

25. 1940 Statement of Principles on Academic Freedom and Tenure with 1970 Interpretive Comments. http：//www. aaup. org/redbook-contents. 2015 –06 –06.